普通高等学校"十三五"省级规划教材
慕课示范项目成果配套教材

网络营销教程

主 编 潘园园 方 刚
副主编 王 于 武 迪
编写人员（以姓氏笔画为序）
　　　　王 韦　王 晶　王扬宇
　　　　王珊珊　王凌晖　方 刚
　　　　史泰松　许晓晓　李学灵
　　　　武 迪　查林涛　姚盼盼
　　　　潘园园

中国科学技术大学出版社

内 容 简 介

本书是安徽省高等学校"十三五"省级规划教材,共17个项目,介绍了网络营销的基本知识、开展网络营销的前期准备、网络营销的多种策略和网络营销的具体形式,每个项目都包含学习目标、案例导入、课后思考和项目实操。"学习目标"明确本项目课程结束后学生应理解、掌握和应用的知识内容;由"案例导入"开始项目的学习;"课后思考"是巩固项目的理论知识;"项目实操"是在理论基础上完成实践操作,既是对教学内容的巩固,又是对教学效果的检测。

本书可作为高等职业院校电子商务、物流管理、市场营销等专业学生的教材,也适合电子商务从业者阅读、参考。

图书在版编目(CIP)数据

网络营销教程/潘园园,方刚主编. —合肥:中国科学技术大学出版社,2021.8(2023.2重印)
ISBN 978-7-312-05173-9

Ⅰ. 网… Ⅱ. ① 潘… ② 方… Ⅲ. 网络营销—高等职业教育—教材 Ⅳ. F713.365.2

中国版本图书馆CIP数据核字(2021)第041508号

网络营销教程
WANGLUO YINGXIAO JIAOCHENG

出版	中国科学技术大学出版社 安徽省合肥市金寨路96号,230026 http://press.ustc.edu.cn https://zgkxjsdxcbs.tmall.com
印刷	合肥市宏基印刷有限公司
发行	中国科学技术大学出版社
开本	787 mm×1092 mm 1/16
印张	21
字数	411千
版次	2021年8月第1版
印次	2023年2月第2次印刷
定价	49.00元

前　言

网络不但改变了人们的观念、生活方式和工作方式,而且也在改变和影响着企业的管理观念、生产方式和经营方式,网络营销是互联网技术发展的必然产物。网络营销在20多年的发展历程中经历了不同的发展阶段,每个阶段都有着特定的生态和代表型企业,但是很快又会随着新技术的出现而迅速改变,这充分验证了永续创新是互联网思维的核心。互联网应用的不断创新,成为促进营销理论与实践发展的直接驱动力,越来越多的企业认识到了这种新营销模式的强大生命力。随着5G、物联网、人工智能、区块链等关键技术的进一步推广与应用,网络营销也将被赋予新的时代内涵。无论是互联网自主创业者,还是有志于从事网络营销相关工作的人员,只有紧跟互联网发展的步伐,才能适应时代的需求。

本书为安徽省高等学校"十三五"省级规划教材(2017ghjc390),聚焦高素质技术技能型人才的培养目标,紧扣课程标准,采用项目导向、任务驱动的编写形式,将学生所需掌握的知识和技能贯穿在学生完成项目任务的过程中。本书特点如下:内容设计体现了职业性、实践性和开放性的要求,将课程教学与职业技能培养有机融合;以案例导入的方式引导学生进行学习,并在相关知识点穿插对应的阅读思考环节,帮助学生加深理解;每个项目中均设置了可操作性较强的"项目实训"栏目,帮助学生在学习完知识后迅速动手实践,提高应用技能的能力;以安徽省省级质量工程"大规模在线开放课程(MOOC)示范项目:网络营销"项目为依托,提供了丰富的数字化教学资源,可满足多元化的教学需求。

本书慕课资源:安徽省网络课程学习中心(e会学)http://www.ehuixue.cn/

本书由安徽国际商务职业学院潘园园、方刚任主编,安徽电气工程学校王于、安徽工业经济职业技术学院武迪任副主编。全书共设17个项目,具体编写分工如下:项目1、项目7由安徽国际商务职业学院许晓晓编写,项目2由安徽国际商务职业学院王扬宇编写,项目3、项目4由安徽工商职业学院王韦编写,项目5由安徽国际商务职业学院方刚编写,项目6由安徽电气工程学校王于编写,项目8、项目13由安徽国际商务职业学院王珊珊编写,项目9由安徽国际商务职业学院姚盼盼编写,项目10由安徽国际商务职业学院潘园园编写,项目11由合肥科技职业学院王晶编写,项目12由皖西学院查林涛编写,项目14由安徽工业经济职业技术学院武迪、李学灵编写,项目15、项目16由安徽工商职业学院王凌晖编写,项目17由安徽国际商务职业学院史泰松编写。本书为校企合作建设性成果,在编写过程中得到了安徽燕之坊电子商务有限公司、合肥千园电子商务有限公司、安徽高梵电子商务有限公司所提供的任职实践、在职培训、案例素材等不同形式的支持,在此特别表示感谢。

本书在编写的过程中参考了网络营销书籍、电子资源和相关资料,遵循有关学术规范,将其列入了参考文献中。由于文献收集和整理过程中可能存在疏漏,如存在未标注的情况,在此致以歉意。由于编者水平有限,书中难免有疏漏、不足之处,恳请广大读者批评指正。

编　者

目　录

i　前言

项目1
001　认知网络营销

- 003　1.1　网络营销基础认知
- 010　1.2　网络营销岗位认知

项目2
014　网络营销目标市场分析

- 016　2.1　网络营销市场环境分析
- 020　2.2　网络市场及市场细分
- 022　2.3　网络目标市场选择和定位

项目3
027　网络市场调研

- 029　3.1　网络市场调研概述
- 033　3.2　网络市场调查问卷设计

项目4
040　网络营销产品策略

- 041　4.1　网络营销产品概述
- 047　4.2　网络品牌策略
- 051　4.3　网络营销新产品策略

项目5
057　网络营销价格策略

- 059　5.1　网络营销定价概述
- 063　5.2　网络营销定价策略

项目6
072　网络营销渠道策略

- 074　6.1　网络营销渠道概述
- 081　6.2　网络营销渠道建设与管理

项目 7

086　网络营销促销策略

- 088　7.1　网络营销促销概述
- 093　7.2　网络站点促销
- 099　7.3　网络公共关系
- 108　7.4　网络广告

项目 8

117　搜索引擎营销

- 119　8.1　认识搜索引擎营销
- 124　8.2　付费搜索引擎推广
- 131　8.3　搜索引擎优化

项目 9

137　微博营销

- 139　9.1　认识微博营销
- 145　9.2　微博营销技巧

项目 10

158　微信营销

- 160　10.1　认识微信营销
- 171　10.2　微信营销技巧

项目 11

181　视频营销

- 183　11.1　认识视频营销
- 189　11.2　短视频营销
- 202　11.3　网红与直播
- 211　11.4　视频营销技巧

项目 12

218　论坛营销

- 219　12.1　认识论坛营销
- 222　12.2　论坛营销的策划
- 228　12.3　设计与维护帖子

项目 13

232　问答营销

- 234　13.1　百度百科营销
- 236　13.2　百度知道营销
- 240　13.3　知乎营销
- 246　13.4　FAQ营销

项目 14

252　新闻营销

- 253　14.1　认识新闻营销
- 257　14.2　新闻营销的策略
- 263　14.3　新闻营销稿件的写作

项目 15

271 事件营销

- 273 15.1 认识事件营销
- 277 15.2 事件营销策划
- 283 15.3 事件营销效果监测

项目 16

290 病毒营销

- 292 16.1 认识病毒营销
- 295 16.2 病毒营销策划
- 303 16.3 病毒营销效果监测

项目 17

308 其他营销

- 310 17.1 饥饿营销
- 314 17.2 口碑营销
- 319 17.3 软文营销
- 324 17.4 SNS营销

项目1　认知网络营销

知识目标

- 理解网络营销的产生与发展过程
- 掌握网络营销的内涵、特点及功能
- 掌握企业网络营销的岗位设置及技能要求

技能目标

- 能够运用所学知识评析企业网络营销的开展状况
- 能够访问主要招聘网站，了解目标岗位并分析其各项要求
- 能够明确自身的职场发展目标并制订实施规划

案例导入

星巴克"猫爪杯"的萌宠营销

伴随经济社会和互联网技术的飞速发展,网络营销应运而生。相比传统的营销方式,其具有跨时空、交互强、效率高等诸多优势,越来越多的企业或商家都把网络营销作为重要的营销战略之一,创造出丰富多样的网络营销模式。

2019年2月26日,星巴克推出了春季版"2019星巴克樱花杯","樱花杯"系列里的"猫爪杯"一时大火,有关星巴克"猫爪杯"的百度指数和微信指数也直线上升。连夜排队购买"猫爪杯"的奇景使星巴克"猫爪杯"的热度更加上涨,一时间,社交网络上的"猫爪杯"成为"一杯难求"的热门产品。

图1-1 星巴克"猫爪杯"

星巴克通过营造"猫爪杯"求过于供的感觉,使"猫爪杯"狠狠地火了一把。"猫爪杯"只能接受预定,且每天限量1000个,这听起来熟悉的操作把一个普普通通的玻璃杯从原价199元炒到了600多元。

越是得不到的商品,消费者的心里就越想得到。"千金难买"的商品切中的正是消费者的求名心理、求新心理、好奇心理、从众心理。

(资料来源:微信公众号"网络推广很容易")

任务提示

你是否在网上购买过食品、衣服、化妆品、电子产品或者电影票?其实,网络营销就在我们身边,渗透在日常生活的方方面面。那么,网络营销是什么?它有什么独特的地方?电商企业需要哪些网络营销人才?本项目内容的学习,将为你揭晓谜底。

任务1.1　网络营销基础认知

1.1.1　网络营销发展概况

1. 网络营销的起源

随着网络技术的快速发展,互联网在全球范围内迅速普及,人们的生产、生活方式发生了翻天覆地的变化。越来越多的人连接并进入互联网,伴随着上网时间的不断增加,人们的社交、购物、餐饮、娱乐、教育、医疗等多个方面已逐步实现网络化。

从世界范围来看,1993年出现了基于互联网的搜索引擎;1994年10月,网络广告诞生;1995年7月,目前全球最大的网上商店亚马逊公司成立。另外,美国亚利桑那州两位从事移民签证咨询服务的律师夫妇Laurcncc Cantcr和Martha Siegel通过互联网发布E-mail广告,只花费了20美元的上网通信费就吸引到25000名客户,赚了10万美元。这次事件带来的极大反响,促使人们开始关注和思索网络营销的有关问题,网络营销的概念也逐渐形成。一般认为,网络营销诞生于1994年。

2. 我国网络营销的发展

相对于经济发达国家,我国的网络营销发展起步较晚,其大致可分为5个发展阶段:传奇阶段、萌芽阶段、发展应用阶段、市场形成和发展阶段以及网络营销社会化转变阶段。

(1)传奇阶段(1997年之前)

1994年4月20日,我国国际互联网正式开通,企业开始认识和接触到互联网。不过在1997年之前,大部分人对互联网的感觉是陌生的,对于网络营销更是没有清晰的概念。这一时期的网络营销具有"传奇"的特点,很少有企业将网络营销作为其主要的营销手段。

(2) 萌芽阶段(1997~2000年)

1997年前后的部分事件标志着我国网络营销进入了萌芽阶段。比如,在ChinaByte网站上出现了第一个商业性网络广告;网络杂志商索易开始提供第一份免费网络杂志,并获得第一个邮件赞助商,E-mail营销服务应运而生。另外,以阿里巴巴为代表的一批B2B网站及B2C、C2C网站的快速发展也促进了网络营销业务范围的扩大。同时,中国频道、万网等基础应用服务商和搜狐、网易、常青藤等一批中文搜索引擎的诞生,也为企业开展网络营销提供了广阔的空间。

(3) 发展应用阶段(2001~2003年)

2001年之后,一批专业服务商快速崛起,提供了域名注册、虚拟主机、网站建设等多种服务。另外,大型门户网站分类目录、搜索引擎关键词广告、E-mail营销等服务项目也有了明显的进步和发展,网络营销服务体系逐渐形成并完善,为企业开展网络营销奠定了良好的基础。越来越多的中小企业把网络运营作为重要的营销渠道,网络营销环境不断优化,网络营销进入实质性的应用和发展时期。

(4) 市场形成和发展阶段(2004~2008年)

2004年之后,网络营销服务市场蓬勃发展,出现了网络分类广告、网上商店平台、网站流量统计系统等多种网络营销资源和管理工具,为更多的企业提供了发展网络营销的机会。一些新型的网络营销方式和概念受到关注,国内出现了一批影响力较大的中文博客网站,随着博客使用人数的不断增加,已有企业尝试使用博客开展网络营销,拓宽了网络营销的发展渠道和机会。

(5) 网络营销社会化转变阶段(2009年至今)

随着Web2.0逐渐深入发展,网络营销更加注重网络信息传递的交互作用,用户不仅仅是网站内容的浏览者,也是网站内容的制作者和传播者。网络营销进入社会化的发展阶段,出现了更多社交化的网络营销平台,比如新浪微博、QQ、微信等,同时因为移动网络的日渐成熟和移动终端持有者的不断增加,网络营销开始向全民参与的阶段发展。

3. 网络营销的新趋势

2010年之后,我国出现了各种全新的网络模式和营销理念,网络营销也经历了一场深刻的变革。近几年,网络营销日渐呈现出多元化与生态化的发展特征,包括网络营销渠道、方法、资源的多元化,社会关系网络的多元化等;同时网络营销生态化思维正在形成,即以用户关系网络的价值体系为基础,设计网络营销战略,通过口碑传播,实现低成本、广范围、高效率的病毒式营销。网络营销在新经济的洗礼下呈现出新的发展特色。

(1) 全网营销是必经之路

随着网络营销竞争的加剧,通过单一的平台开展营销已经远远不能满足企业发展的需要,跨平台综合利用多种方式开展网络营销,从而获得尽可能多的流量,是企业长久生存和发展的必然选择。

(2) 程序化营销势不可挡

网络营销流程的程序化、标准化管理,有助于为营销人员提供参照和依据,避免因个体差异而导致的不一致,影响企业的信誉和形象;同时程序化营销可以进行全渠道管理,提升网络营销效率,为消费者创造更加满意的购物体验。

(3) 注重数据的价值

消费者面临的信息量极大,而注意力有限,这就需要企业利用收集的相关信息,通过细致的数据分析构建消费者人群画像,精准锁定目标消费群体,与高价值消费者建立更加深入友好的关系。

(4) 算法成为个性化营销的关键

算法是一系列解决问题的清晰指令,代表着用系统的方法描述解决问题的策略机制。如今,网络营销对算法的依赖程度越来越高,各大平台都通过相应的算法增强网络营销的效果,比如利用算法深挖用户需求,以提升自然搜索能力。

(5) 用户需求理念贯穿营销全过程

在"拥有用户,才能拥有未来"的时代,把握用户的需求、为用户提供独特优质的体验是企业成功的关键因素。随着用户要求的不断提升,从产品的开发和设计、营销和交易、配送和客服到售后服务等各个环节,都需要企业表达出对用户的友好和关注,这样才能获得忠实的客户。

(6) 社交营销蓬勃发展

社交营销又称社会化营销或社交媒体营销,其重点在于通过大量的社交平台开展关系营销,实现口碑宣传。随着各类社交媒体的用户数量及人们花费在社交媒体上的时间不断增加,社交媒体的营销价值逐渐提升。微博、微信、博客、**QQ**等成为开展网络营销的重要阵地,更加深入的互动、更引人注目的内容以及与消费者的友好合作已成为企业开展网络营销的重要支撑。

(7) 面向移动终端的优化必不可少

根据中国互联网络信息中心(以下简称CNNIC)的数据统计,截至2019年6月,我国手机网民规模已达8.47亿。随着移动互联网技术的发展、智能手机和平板电脑的普及和消费者上网习惯的改变,面向移动终端的优化应用成为企业一项至关重要的任务。

(8) "身临其境"的内容营销崛起

随着增强现实技术、虚拟现实技术等新兴技术的发展和进步,可以为消费者打造更加真实的购物体验,比如服装、鞋子、帽子等在线穿搭、VR汽车试驾等。同时,内容营销是指通过合理的内容创建、发布及传播,向网络用户传递有价值的信息。网络营销内容的价值性是根本因素,优质的内容搭配良好的体验,才可以有效提升网络营销效果。

(9)流媒体视频直播营销快速发展

社交媒体用户开始寻求更加即时的内容,短视频、直播等平台进入用户眼中。随着抖音、快手的走红,短视频又获得一次大爆发;同时越来越多的应用软件和平台开通了直播的功能,获得了一定的用户群体,短视频与直播已成为网络营销的重要手段。

(10)原生广告的重要性日渐增加

越来越多的企业选择网络广告开展营销,消费者面对众多的网络广告有时难免会心生厌烦。而原生广告因与所在页面具有和谐性、隐蔽性的特点,对用户的干扰比较小,所以越来越多的企业开始采用新颖、独特的原生广告开展营销。

1.1.2 网络营销的含义

随着网络营销环境的不断发展变化,作为一门新兴学科,网络营销的思想理念、营销模式和方法不断创新,目前还没有一个公认的、可以涵盖网络营销内涵和外延的权威定义。一般来说,根据其实现方式不同,网络营销可以分为广义和狭义的两种理解方式。广义的网络营销是指企业利用一切计算机网络(包括企业内部网Intranet、行业系统专线EDI及国际互联网Internet)进行营销的活动;狭义的网络营销是指基于国际互联网的营销活动。

本书引用学者冯英健对网络营销的定义:网络营销是基于互联网络及社会关系网络连接企业、用户及公众,向用户及公众传递有价值的信息和服务,为实现顾客价值及企业营销目标所进行的规划、实施及运营管理活动。

1.1.3 网络营销的特点

根据CNNIC的数据统计,截至2019年6月,我国网民规模已达8.54亿,互联网普及率为61.2%。互联网为个人、企业及整个社会带来了高速、便捷、高效的发展,促进了经济和社会效益的提升。网络营销作为互联网应用的重要实现方式,展现了巨大的发展潜力和价值,相比传统营销具有多种优势和特点。

1. 跨时空

互联网的技术特性,实现了超越地域限制的24小时全天候网络营销。世界各地的消费者只要利用互联网终端设备连接进入网络,即可实现超时空的信息检索查询、热门话题讨论、实时交流互动、网络购物下单及支付等,这种跨时空的特性极大地拓展了企业开展营销活动的范围和空间。

2. 多媒体

通信和数字技术的进步,网络营销服务商专业水平的不断提升,极大地丰富了企业开展网络营销的方式方法,除了纯文本的呈现方式外,还可附加图像、动画、音频、视频等多种呈现方式,或将VR、AR等技术应用到网络营销中,通过环境沉浸式、体验式营销,带给用户更好的购物体验。

3. 交互式

社交平台不断涌现和发展,社会化电子商务获得了空前的发展,BBS营销、博客营销、微博营销、微信营销、短视频营销、软文营销等方式方法的创新,使得用户的消费主动性不断增强,通过这种更加透明化、互动式的营销方式,构建起用户与企业之间、用户与用户之间的庞大社会关系网络,从而形成低成本、强有力的网络营销渠道。

4. 拟人化

网络营销更为注重的是人性化的软营销,通过一对一的营销服务,精准把握消费者需求,在友好、关怀的氛围中引导用户产生购买欲望。同时鼓励消费者参与产品设计与制作,尊重其意见和建议,使企业与消费者建立长期的信任合作关系,并通过个性化营销增强用户黏性。

5. 高效性

基于计算机网络强大的信息储备能力,企业可以发布大量的信息,且可以将其长时期保存以供消费者查阅。同时根据市场环境和供需状态的改变,企业可以及时更新产品和服务信息,变更营销策略,把握促销的最佳时间点,为企业带来利润。

6. 经济性

网络营销为交易双方畅通了交流渠道。很多生产厂商可以通过互联网直接面对消费者,减少了中间环节,可以有效降低交易费用和渠道成本。同时,网上交易节省了传统营销中的店面租金、水电费等销售成本,提升了交易的效益。

1.1.4 网络营销的基本功能

与传统营销方式相比,网络营销在多个方面表现出传统营销所无法比拟的优势。通过网络营销实践应用的归纳总结,其主要具有以下功能。

1. 信息搜索功能

网络营销具有强大的信息搜索功能。对企业来说,通过信息搜索可以了解国家重大的方针和政策,查询产业和行业发展情况和相关数据,知晓竞争对手的营销策略和动向,查看消费者的意见和反馈。对消费者来说,便利的信息检索工具和操作界面,有助于其精准地查找所需产品。

2. 信息发布功能

信息发布是企业开展网站推广、品牌建设、产品销售、网络调研等各项工作的基础。通过网络营销,企业可以持续性发布多种营销信息,信息数量和发布时间均不受限制,消费者、客户、合作伙伴等也能利用互联网跨时空地接触到企业的信息。同时企业借助网络可进行信息管理,及时更新完善信息、跟踪信息的浏览和转载情况、处理客户反馈,提升网络营销的渗透力和变现力。

3. 商情调查功能

网上市场调研具有周期短、成本低、见效快的特点,相比传统的抽样调查,受众更广、调查结果更科学。对于调研数据的分析和应用,网络提供了强大的数据处理系统和工具,有利于企业深挖数据价值,更好地服务于经营和发展。

4. 销售渠道开拓功能

网络技术的应用,使购物变得便利和高效,丰富逼真的产品展示、优惠透明的价格、双向的友好互动、多样的促销活动,给消费者提供了优良的购物体验。同时,互联网庞大的社交关系网络可以实现信息的大量流转,通过信息在多个平台之间、在不同的用户群体之间爆发式的增长和传播,企业可以极大地拓宽营销渠道,获得更多的收益。

5. 品牌价值扩展和延伸功能

在企业网站建设的基础上,无论是大型企业还是中小型企业,都可以便捷地利用互联网展示自己的品牌标识和特色,通过搜索引擎、超级链接、微博等互联网平台,打响品牌知名度,提升品牌价值,增强企业竞争力。

6. 特色服务功能

网络营销可以带给用户非一般的服务体验,消费者可以随时随地借助微信、QQ、微博、BBS等信息服务平台进行社交沟通,可以借助多种手机APP实现在线休闲娱乐、订餐、购物、支付等服务。网络营销也为多种个性化和定制化服务提供了便利,企业和用户实时互动交流,可以多方位多角度地把握用户需求,可以极大地提升客户满意度。

7. 顾客关系管理功能

良好的顾客关系对于企业开发顾客长期价值具有至关重要的作用。网络营销采用以客户为中心的营销模式,通过及时的互动、优质的客户服务,不断增进与顾客的关系。因而,网络营销成为提升客户满意度和顾客忠诚度的有效手段。

8. 经济效益增值功能

网络营销通过减少中间销售环节、节省实体门店费用等方式为企业节省了大量的销售成本和费用。同时,网络营销强大的沟通互联能力,为企业拓宽了产品和服务营销渠道,有助于实现经济效益增值。同时,网络信息传播快速、高效,网络广告形式丰富多样,为企业增加了宣传的机会和曝光量,有利于塑造企业形象,提升品牌价值。

阅读思考 1-1

网络营销的优缺点

网络营销的优点包括:

1. 宽广的运营空间、全天候的运营时刻。
2. 无店铺、低库存的运营方式。
3. 低成本的竞争战略。
4. 精简化的营销环节。

网络营销的缺点包括:

1. 营销体会受约束。
2. 缺少信任感。
3. 存在技术与安全性问题。
4. 品牌忠诚度低。

网络营销的发展日新月异,举例说明网络营销带来的生产经营变化都有哪些?

任务1.2　网络营销岗位认知

1.2.1　电子商务企业组织架构

企业组织结构是企业进行流程运转、部门设置及职能规划等最基本的结构依据,常见的组织结构形式包括直线制、直线职能制、事业部制、矩阵制及网络制等。组织架构的设置需要结合企业的总目标,在各部门之间合理配置企业资源,并确定各部门活动条件和范围,形成相对稳定的科学管理体系。

电商环境下,企业的组织架构呈现出虚拟化、扁平化、柔性化、无边界化、网络化、多元化等特点。根据组织目标、经营品类、企业规模及发展阶段等情况,不同企业的组织结构或各部门名称、划分等可能各有差异,一般电商企业的组织架构如图1-2所示。

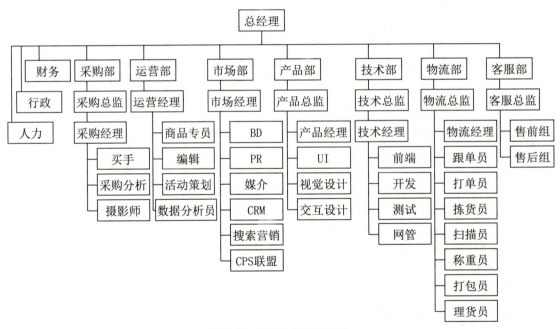

图1-2　电商企业组织架构

1.2.2 网络营销岗位设置

不同的电商企业因自身资源及对外部环境的适应,其岗位设置和职能划分会各具特色,网络营销部分岗位的工作职责和任职要求如下。

1. 网络运营专员

岗位职责:① 负责网站、微博、微信等网络平台的内容发布及维护、活动策划等运营事宜;② 完成网络营销流程的制订、优化工作;③ 负责各平台的运营质量监控、数据分析、运营能力提升;④ 负责网络运营规划的落地执行,并提供运营支持;⑤ 完成部门经理安排的其他工作。

任职要求:① 拥有一定的电子商务或网络营销工作经验;② 具备项目管理、营销策划、品牌推广等理论知识和一定的实践能力;③ 具有较强的数据分析能力及丰富的分析经验;④ 具备较好的文案能力和网站策划能力,对客户体验有深刻认识;⑤ 对网络营销全流程具备一定的认知和执行能力。

2. SEO专员

岗位职责:① 负责网站关键词在各大搜索引擎中的排名,提升网站流量,增加网站用户数;② 熟知各大搜索引擎的排名规则和原理,并制订优化策略;③ 掌握网站内容优化、关键词优化、内部链接优化等网站优化能力;④ 负责网站外部优化,通过数据、流量或服务交换,以及战略合作联盟等,掌握拓展外部链接的方法;⑤ 评估投放效果,出具分析报告,制订网址优化策略。

任职要求:① 精通各大搜索引擎的排名原理,熟悉各类网站推广技术;② 掌握搜索引擎优化的原理和策略、网络优化推广的主要模式;③ 具有较强的数据分析能力,能根据分析结果找出问题的症结并给出合理的解决方案;④ 有较强的网站关键词监控、竞争对手监控能力;⑤ 具备和第三方平台或网站进行流量、数据交换或反向链接的公关能力。

3. 网络推广专员

岗位职责:① 负责公司线上活动方案的撰写、实施与管理;② 对网站推广效果进行分析、评估,并提供可行性改进建议;③ 利用微信、BBS、博客等多种渠道开展网站推广,并负责相关的软文写作与编辑;④ 寻求与第三方平台或网站的合作事宜,实施资源互换;⑤ 对网站的精准、有效流量负责,不断提高网站知名度。

任职要求:① 熟悉网络营销渠道建设、电商网站建设与维护、网络站点推广方法;② 具备品牌策划、传播策划、网络营销等系统的理论知识和丰富的实践经验;③ 对行业信息和数据高度敏感,具备良好的数据分析和监控能力;④ 拥有良好的网站推广运营及优化能力和较强的公关能力;⑤ 严谨负责,能承受一定的工作压力,团队协作能力强。

4. 微营销专员/新媒体营销专员

岗位职责:① 负责微博、微信、微网站、APP等运营推广,负责策划并执行日常活动及追踪、维护;② 挖掘和分析用户的使用习惯、情感及体验感受,及时掌握新闻热点,与用户进行互动;③ 提高粉丝活跃度并与粉丝互动,并对微营销运营现状进行分析和总结。

任职要求:① 深入了解互联网,尤其是微营销工具的特点及资源,有效运用相关资源;② 热爱并擅长新媒体推广,具备创新精神、学习精神、严谨态度和良好的沟通能力;③ 具有创造性思维,文笔好,书面和口头沟通能力强,熟悉网络语言写作特点者优先;④ 学习能力强,兴趣广泛,关注时事。

5. 网络营销经理/运营经理

岗位职责:① 负责网络营销项目总策划,对战略方向的规划、商业全流程的规划和监督控制负责,对部门绩效目标达成负责;② 负责网站平台的策划指导和监督执行;③ 负责对网站产品文案、品牌文案、资讯内容、专题内容等内容撰写进行指导和监督执行;④ 负责网站推广策略总制订,以及执行指导和监督管理工作;⑤ 负责网站数据分析,运营提升成效;⑥ 负责本部门的筹划建立,包括员工招聘、考核、管理以及部门规划、总结。

任职要求:① 具有丰富的网络营销及项目策划、运营经验;② 具备项目管理、营销策划、品牌策划、网络营销等系统的理论知识和丰富的实践经验;③ 具有优秀的网络营销项目策划运营能力,熟悉网络文化及其特性,对各种网络营销推广手段拥有实操经验;④ 具备优秀的策略思维、创意发散能力及扎实的策划功底。

网络营销人才必备的技能

1. 快速建站的能力。
2. SEO 优化的能力。
3. 软文撰写的能力。
4. SEM 广告的能力。
5. 微信营销的能力。
6. 价值包装的能力。

7. 促销策略的能力。

8. 数据库营销及数据分析的能力。

电子商务人才供不应求,根据所学知识,制定自己的职业发展规划。

本项目内容是网络营销体系的基础部分,梳理了网络营销的起源、发展阶段,分析了其特点与功能;同时介绍了电商企业的组织架构、网络营销岗位的设置,帮助大家认识到网络营销人员的工作内容与技能要求,有助于相关从业者结合自身实际,扬长避短,制定科学的职业生涯规划。

资源链接

中国互联网络信息中心　http://www.cnnic.net.cn

参考文献

[1] 冯英健.网络营销基础与实践[M].北京:清华大学出版社,2016.

[2] 付珍鸿.网络营销[M].北京:电子工业出版社,2017.

项目 2　网络营销目标市场分析

　知识目标

- 了解网络营销的宏观环境和微观环境
- 理解网络市场细分的含义、作用和依据
- 理解网络目标市场选择的标准和策略
- 理解网络市场定位的策略

　技能目标

- 能够根据市场细分,确定适当的网络目标市场
- 能够通过市场分析,选择适当的网络目标市场策略

案例导入

"抖音"APP精准定位 利用网络营销爆发式增长用户

2018年初,一款APP神作引起了轰动,它的网络营销策略成功再掀业界风波,"抖音"吸引了大量的用户参与制作、发布视频,官方数据表明,"抖音"的日视频播放量已经过亿,周活跃用户呈现爆发式增长。

你喝过CoCo隐藏的巨好喝的奶茶吗?

你吃过海底捞的"海鲜粥"和"抖音专用调味碟"吗?

你买过名创优品的"网红高档香水"吗?

……

如果都没有,那么可以告诉你,你已经落伍了!

"抖音"是一款音乐创意短视频社交软件,是一个专注年轻人的15秒音乐短视频社区。用户可以通过这款软件选择歌曲,选择自己喜欢的特效、滤镜和美颜效果,拍摄15秒的音乐短视频,并上传自己的作品。

"抖音"为何可以在短短的时间里让人们爱不释手,甚至捧红了众多产品?当然是因为在前期它们有着明确的自身定位、特色以及广告铺垫。精准的网络营销定位、强大的网络营销团队和网络营销运营策略,这些前期的铺垫是必不可少的。"抖音"的出现使得微博开始有了危机感。

"抖音"的定位精准且有特点,即"年轻+音乐+创意"。"抖音"是一款专注于新生代的音乐创意短视频APP,同时为有着共同爱好的年轻人提供了交友社区。音乐短视频瞄准有创意、有态度的年轻用户群体,内容质量更高、更有创造性,但也相应地拔高了用户制作视频的门槛。

(资料来源:网络营销品牌新阵地 抖音引业界嫉妒[EB/OL].(2018-03-24).http://www.omos88.cn/news/676.html.)

任务提示

你知道网络市场是什么吗?它的市场环境如何?如何对其进行细分、选择和定位?请认真阅读本项目内容,相信会让你受益匪浅。

任务2.1 网络营销市场环境分析

网络营销市场环境是指对企业的生存和发展产生影响的各种外部条件,即与企业网络营销活动有关联因素的部分条件的集合。随着社会的不断变化发展,环境也变化多端。虽然环境是不可控制的,但它也有一定的规律性,如何不断地观察和分析环境的变化并适应这种变化,是企业网络营销取得成功的关键。因此,对网络营销环境进行分析是十分必要的。网络营销的市场环境主要包括宏观环境和微观环境两个方面。

2.1.1 网络营销的宏观环境

网络营销的宏观环境是指对企业网络营销活动没有直接作用而又对企业网络营销决策产生潜在影响的一般性因素,它对企业短期的利益可能影响不大,但对企业长期的发展具有很大的影响。所以,企业一定要重视对网络营销宏观环境的分析研究。网络营销的宏观环境主要包括政治环境、经济环境、法律环境、科技教育环境、社会文化环境、自然环境和人口环境等方面。

1. 政治环境

政治环境是指一个国家或地区的政治制度、体制、政治形势、方针政策等方面。政府在政治环境中扮演着重要的角色,它影响着每一个企业:一方面,政府鼓励商品的生产;另一方面,政府制约和规范企业网络营销,让其在政策允许范围内从事生产经营活动。

世界各国的政治局势、贸易政策及税收政策等,对企业开展网络营销的影响也非常大,特别要考虑当地政局变动和社会稳定情况可能造成的影响。

2. 经济环境

经济环境是内部分类最多、具体因素最多,并对市场具有广泛和直接影响的宏观环境。经济环境不仅包括经济体制、经济增长、经济周期与发展阶段以及经济政策体系等宏观方面的内容,同时也包括收入水平、市场价格、利率、汇率、税收等经济参数和政府调节取向等具体内容。

3. 法律环境

网络营销的法律环境是指能对企业的网络营销活动起到规范或保障作用的有关法

律、法令、条例及规章制度等法律性文件的制定、修改、废除及其立法与司法等因素的总称。

目前,关于电子商务、网络营销的国际立法主要有《电传交换数据统一行动法则》《电子提单规则》《电子商务示范法》《电子签字示范法》等,国内的电子商务法规主要有《中华人民共和国电子商务法》《中华人民共和国电子签名法》等。

信息网络的海量数据流、高度流动性、非物质性三大特征预示着一个全新的社会领域正在形成,同时将产生诸多新的社会关系。电子商务的出现,极大地改变了社会经济运作模式,在变革现有社会价值结构的过程中创造着新的社会价值。随着企业间电子商务活动的开展,对于电子商务法律的需求已经越来越强烈与迫切。

4. 科技教育环境

科学技术对经济社会发展的作用日益显著,而科学技术的基础是教育。在当今世界,企业环境的变化与科学技术的发展有非常大的关系,特别是在网络营销时代,两者之间的联系更为密切。在信息产业等高新技术产业中,教育水平的差异是影响需求和用户规模的重要因素,已被提到企业营销分析的议事日程中。

5. 社会文化环境

企业存在于一定的社会环境中,同时企业又是由社会成员组成的一个小的社会团体,不可避免地会受到社会环境的影响和制约。人文与社会环境的内容很丰富,在不同的国家、地区、民族之间差别非常明显。在营销竞争手段向非价值、使用价值型转变的今天,营销企业必须重视对人文与社会环境的研究。

6. 自然环境

一个国家和地区的自然环境包括它的自然资源、地形地貌和气候条件,这些因素都会不同程度地对企业开展网络营销活动产生影响,有时这种影响对企业的生存和发展起决定性作用。企业若要避免由自然环境带来的威胁,最大限度地利用环境变化可能带来的营销机会,则应不断地分析和认识自然环境变化的趋势,根据不同的环境情况来设计、生产和销售产品。

7. 人口环境

人是企业营销活动的直接和最终对象,市场是由消费者构成的。所以在其他条件固定或相同的情况下,人口的规模决定着市场的容量和潜力,人口结构影响着消费结构和产品构成,人口组成的家庭、家庭类型及其变化对消费品市场有明显的影响。

2.1.2 网络营销的微观环境

网络营销的微观环境由企业及其周围的活动者组成,直接影响着企业为顾客服务的能力。网络营销的微观环境包括企业内部环境、供应商、营销中介、竞争者和消费者等因素。

1. 企业内部环境

企业内部环境包括企业内部各部门的关系及协调合作。企业内部环境包括营销部门之外的某些部门,如财务、研发、采购、生产等部门。这些部门与营销部门密切配合、协调一致,构成了企业营销的完整过程。营销部门根据企业的最高决策层规定的企业的任务、目标、战略和政策,做出各项营销决策,并在得到上级领导的批准后执行。研发、采购、生产、财物等部门相互协作,为生产提供充足的原材料和能源,建立考核和激励机制,协调营销部门与其他各部门的关系,以保证企业营销活动的顺利开展。

2. 供应商

供应商是指向企业及其竞争者提供生产经营所需原料、部件、能源、资金等生产资源的公司或个人。企业与供应商之间既有合作又有竞争,企业一定要注意处理好与供应商的关系,因为供应商是影响企业营销的微观环境的重要因素之一。

3. 营销中介

营销中介是协调企业促销和分销其产品给最终购买者的公司或个人,主要包括中间商、实体分配机构、营销服务机构和财务中间机构等。企业在市场营销过程中,必须重视营销中介组织对企业营销活动的影响,并要处理好同它们的合作关系。

4. 竞争者

竞争者是指那些与本企业提供的产品或服务相似,并且所服务的目标顾客也相似的其他企业。竞争是商品经济活动的必然规律,在开展网络营销的过程中,企业不可避免地要遇到业务与自己相同或相近的竞争对手。研究对手、取长补短,是克敌制胜的好方法。

5. 消费者

消费者是企业产品销售的市场,是企业直接或最终的营销对象。网络技术的发展极大地消除了企业与消费者之间的地理位置的限制,创造了一个让双方更容易接近和交流信息的机制。互联网络真正实现了经济全球化、市场一体化,它不仅给企业提供了广阔的市场营销空间,同时也增强了消费者选择商品的广泛性和可比性。虽然在营销活动中,企业不能控制消费者的购买行为,但它可以通过有效的营销活动,给消费者留下良好的印象,处理好与消费者的关系,有助于促进产品的销售。

阅读思考 2-1

中国最大食品电商企业——三只松鼠

安徽三只松鼠电子商务有限公司是中国第一家定位于纯互联网食品品牌的企业,也是目前中国销售规模最大的食品电商企业。三只松鼠品牌于2012年6月19日上线,当年实现销售收入3000余万元。2019年7月12日,三只松鼠正式在深交所创业板开盘上市。

2012年电商红利刚刚出现,章燎源辞职创业,创立了一个只有五个人的公司。三只松鼠成立之初的定位,就是从电商切入,做纯互联网零食品牌。事实上,三只松鼠的零食采取委托生产企业进行加工生产的模式,也就是说它没有自己的工厂,产品全部从供应商处采购。

不同于其他坚果店的传统线下销售方式,章燎源将战场放在了线上,然后在产品、渠道、服务三个方面"讨好"消费者。上线淘宝店铺、疯狂投放广告吸引流量,大规模的曝光使三只松鼠拿下第一个"双十一",自此一路领先。

之后,"松鼠小贱""松鼠小美""松鼠小酷"又拉开三只松鼠品牌IP化的节奏。定位于"80后""90后"市场的三只松鼠,基于年轻人消费习惯的改变,一方面通过精美的包装、人性化的工具设计,营造良好的用户体验,另一方面不断拓展三只松鼠的表情包、手游、衍生周边,提升用户好感度。

当零食界为互联网流量争得头破血流时,三只松鼠再次出招,布局线下,设立专注于线下体验的"投食店"。这些线下直营店多向低线城市发展,瞄准下沉市场,辐射更多的区域和人群,三只松鼠的雄心已可见一斑。

(资料来源:三只松鼠品牌介绍[EB/OL].(2017-09-07). http://m.chinabgao.com/brand/6902.html.)

课堂讨论
CLASS DISCUSSION

试分析三只松鼠的网络营销竞争环境。

任务 2.2　网络市场及市场细分

2.2.1　网络市场的含义

网络市场是以现代信息技术为支撑,以互联网为媒介,以离散的、无中心的、多元网状的立体结构和运作模式为特征,信息瞬间形成、即时传播,实时互动、高度共享的人机界面共同构成的交易组织形式。

2.2.2　网络市场细分的含义

网络市场细分是指企业在调查研究的基础上,依据网络消费者的购买欲望、购买动机与习惯爱好的差异性,把网络营销市场划分成不同类型的群体,每个消费群体构成企业的一个细分市场。网络营销市场可以分成若干个细分市场,每个细分市场都由需求和愿望大致相同的消费者组成。在同一细分市场内部,消费者的需求大致相同;不同细分市场之间,则存在明显差异性。

2.2.3　网络市场细分的作用

细分网络市场是从消费者的角度进行的,即按照消费者的需求、动机、购买行为的多元性和差异性来进行划分。网络市场细分对企业的生产、营销起着极其重要的作用。

1. 有利于企业发掘和开拓新的市场

网络消费者尚未加以满足的需求,对企业而言往往是潜在的,一般不易被发现。在调查基础上进行的市场细分,可以使企业深入了解网络消费者的不同需求,并根据各子市场的潜在购买数量、竞争状况及本企业实力的综合分析,发掘新的市场机会,开拓新的市场。

2. 有利于制订和调整市场营销组合策略

网络市场细分是网络营销策略运用的前提。企业在对网络营销市场细分后,细分市场的规模、特点显而易见,消费者的需求也更为清晰,企业可以针对各细分市场制订和实施网络营销组合策略,做到有的放矢。

3. 有利于集中使用企业资源,取得最佳营销效果

不管企业在网络营销中试图开展什么工作或者最后总体目的是什么,都将面对网络营销中的主要和次要的目标市场。在网络营销中,企业不仅要确定自己的目标市场在哪里,还要确定其中哪些是主要的、哪些是次要的,从而选择对自己最有利的目标市场,合理使用企业有限的资源,以取得最理想的经济效益。

2.2.4 网络市场细分的依据

1. 人口细分

按照消费者的人口统计因素来细分市场称为人口细分。这方面的因素很多,比如年龄、性别、职业、收入、教育、民族、宗教、社会阶层等。不同人口群体对于商品的需求不同,比如,服装市场按照性别细分可以分为男性服装市场、女性服装市场;按照年龄细分可以分为儿童服装市场、青年服装市场、老年服装市场。另外,多种细分条件可以互相结合,进一步地进行市场细分,比如服装市场中的年轻女性高档时装市场等。

2. 地理细分

按照消费者所处的地理位置和自然环境来细分市场称为地理细分。地理是有关地形、地貌、气候、陆地、海洋、国家、民族、产业和资源的统称,是每一个网络营销企业都必须面对的一种不可控的环境因素,处在不同地理环境下的消费者拥有不同的生活习惯、生活方式、宗教信仰、风俗习惯等。

3. 心理细分

按照消费者的心理特征和价值取向来细分市场称为心理细分。消费者的心理因素很多,比如个性、兴趣、购买动机、价值取向等。心理状态直接影响着消费者的购买倾向,根据消费者的心理活动进行市场细分的做法也很普遍,比如针对旅游爱好者的"户外装备专卖店",针对追求新奇生活用品的消费者的"好玩的店",针对音响爱好者的"发烧友商城"等。

4. 行为细分

根据消费者购买或使用产品行为的不同特点来细分市场称为行为细分。比如,根据消费者的购买时机不同,可以分为旺季消费市场和淡季消费市场;根据消费者追求的利益不同,可以分为追求功能型、追求质量型等。

阅读思考 2-2

男性有望成为欧莱雅的重要贡献群体

欧莱雅中国市场分析报告显示，男性消费者初次使用护肤品和个人护理品的年龄已经降到 22 岁，男士护肤品消费群区间已经获得较大扩张。虽然消费年龄层正在扩大，但即使是在经济最发达的北京、上海、广州、深圳等一线城市，男士护理用品销售额也只占整个化妆品市场的 10% 左右，全国的平均占比则远远低于这一水平。作为男士护肤品牌，欧莱雅男士对中国市场的上升空间充满信心，将目标客户定位于 18～25 岁的人群，推出新品巴黎欧莱雅男士极速激活型肤露，即欧莱雅男士 BB 霜。该产品的微博试用活动通过网络营销引发了在线热潮，两个月内，在没有任何传统电视广告投放的情况下，活动覆盖人群达到 3500 万用户，共有 307107 位用户参与互动。在整个微博试用活动中，一周内即有超过 69136 名男性用户申请了试用，在线的预估销售库存在一周内即销售一空。

（资料来源：化妆品大举进军男士领域［EB/OL］.（2013-08-18）. http://www.cnfirst.net/meirongbaike/oulai/meirong134342html.）

结合阅读思考，谈谈网络市场细分的重要性。

任务 2.3 网络目标市场选择和定位

网络目标市场是指企业进行网络营销所针对产品和服务的销售对象。网络目标市场选择是指根据每个细分市场吸引力的程度，选择进入一个或多个细分市场。企业选择将某个细分市场作为目标市场，既要考虑细分市场的容量、潜力和环境因素，更要考虑细分市场的状况是否能最大限度地发挥企业的优势和营销能力。

2.3.1 网络目标市场选择的标准

1. 具有一定的规模和发展潜力

企业进入某一市场是期望能够有利可图，如果市场规模狭小或者趋于萎缩，那么企业进入后将难以获得发展,此时应审慎考虑,不宜轻易进入。当然,企业也不宜以市场吸引力作为唯一的取舍标准,特别是应力求避免"多数谬误",即与竞争企业遵循同一思维逻辑,将规模最大、吸引力最大的市场作为目标市场。

2. 细分市场结构的吸引力

细分市场可能具备理想的规模和发展特征,然而从赢利的观点来看,它未必有吸引力。波特认为有五种力量能够决定整个市场或其中任何一个细分市场的长期的内在吸引力。这五个群体分别是:同行业竞争者、潜在的新竞争者、替代产品、购买者和供应商,他们具有如下五种威胁性:

① 细分市场内激烈竞争的威胁;
② 新竞争者的威胁;
③ 替代产品的威胁;
④ 购买者讨价还价能力加强的威胁;
⑤ 供应商讨价还价能力加强的威胁。

3. 符合企业目标和能力

某些细分市场虽然具有较大吸引力,但不能推动企业实现发展目标,甚至可能分散企业的精力,使之无法完成其主要目标,这样的市场应考虑放弃。另外,还应考虑企业的资源条件是否适合在某一细分市场经营。只有选择企业有条件进入、能充分发挥其资源优势的市场作为目标市场,企业才能立于不败之地。

2.3.2 网络目标市场选择的策略

1. 无差异营销策略

无差异营销策略是指企业将产品的整个市场视为一个目标市场,用单一的营销策略开拓这个市场,即用一种产品和一套营销方案吸引尽可能多的购买者。无差异营销策略只考虑消费者在需求上的共同点,而不关心他们在需求上的差异性。可口可乐公司在20世纪60年代曾以单一口味的品种、统一的价格和包装、同一广告主题将产品展现在所有顾客面前,采取的就是这种策略。

2. 差异性营销策略

差异性营销策略是将整体市场划分为若干细分市场,针对每一细分市场各自制订一套独立的营销方案。例如,天津牙膏厂为了适应不同地区、不同生活习惯、不同生活水平的消费者需求,分别开发了不同价格的"蓝天高级牙膏""果味蓝天牙膏";依据功能、规格不同,分别开发了"脱敏牙膏""防龋牙膏""喜风牙膏""蓝天旅游牙膏";为了适应不同年龄消费者的需要,分别开发了"蓝天学生牙膏""童友透明牙膏""雅洁儿童牙膏"等。

3. 集中性营销策略

集中性营销策略是集中力量进入一个或少数几个细分市场,实行专业化生产和销售。例如,某生产空调器的企业不是生产各种型号款式、面向不同顾客和用户的空调机,而是专门生产安装在汽车内的空调机。

2.3.3　网络市场定位的概念和步骤

所谓市场定位就是企业根据目标市场上同类产品竞争状况,针对顾客对该类产品某些特征或属性的重视程度,为本企业产品塑造强有力的、与众不同的鲜明个性,并将其形象生动地传递给顾客,求得顾客认同的过程。

企业的网络市场定位大致包括如下四个步骤:
① 分析目标市场的现状,确认本企业潜在的竞争优势;
② 准确选择竞争优势,制订对目标市场的定位策略;
③ 增强向消费者传播企业的定位观念;
④ 巩固企业的市场形象。

2.3.4　网络市场定位的策略

网络市场定位策略是指企业根据竞争者现有产品在网络市场上所处的位置,针对用户对该类产品某些特征或属性的重视程度,为本企业产品塑造与众不同的、印象鲜明的形象,并将这种形象生动地传递给顾客,从而使该产品在网络市场上确定其适当的位置。

1. 迎头定位策略

迎头定位策略是指企业根据自身的实力,为占据较佳的市场位置,不惜与市场上占支配地位的对手展开正面竞争,从而使自己的产品进入与对手相同的市场中。采用迎头定位策略可以使企业及其产品较快地为消费者所了解,从而达到树立企业市场形象的目的,但对于企业来说具有较大的商业风险。

2. 避强定位策略

避强定位策略是指企业为了避免与实力最强的企业直接展开竞争而将自己的产品定位于另一细分市场区域中,使自己的产品在某些特征或属性方面与最强对手有比较显著的区别。采用避强定位策略可以使企业较快地在市场上站稳脚跟,并能在消费者中树立形象,降低企业风险。但避强的同时往往意味着企业必须放弃某个最佳的市场位置,很可能使企业处于最差的市场中。

3. 创新定位策略

创新定位策略是指企业寻找新的尚未被占领但有潜在需求的市场,填补市场上的空缺。采用创新定位策略时,公司应明确创新定位所需的产品和服务在技术上、经济上是否可行,有无足够的市场容量,能否为公司带来合理且持续的盈利。

4. 重新定位策略

重新定位策略是指公司在选定了市场定位目标后,如发现定位不准确或虽然开始定位得当但市场情况发生了变化时,则需要考虑重新定位。重新定位是以退为进的策略,目的是为了实施更有效的市场定位策略。

阅读思考 2-3

江小白精准的市场定位

江小白在2012年创建了自己的品牌,一开始并没有获得消费者的广泛认可。但是,互联网经济的发展给了它生机,这也印证了那句话:"成功是给有准备的人。"它只用了短短半年时间就成功逆袭,在整个白酒业的冬天即保持着它炽热的温度,这得益于它精准的市场定位。江小白的市场定位并不是一般的白酒,而是"情绪饮料",它提出了"不回避、不惧怕,任意释放情绪"的产品形象宣言。江小白采用特色定位,用自己的特点在消费者心中树立独特的形象,以区别于其他品牌的白酒。

江小白针对自己的目标市场展开宣传,进行这样的精准定位是对大数据有效利用的结果。在信息技术、互联网技术的引领下,如今已经进入大数据时代,大数据的应用也影响了市场定位方法的发展方向。人人参与、真实互动、信息公开和及时发布是大数据时代显著的特点,这些特点与企业定位过程相互碰撞之后,就会给企业以灵感,为企业带来一个更精确的定位策略。社会化的线下平台与互联网的线上平台的有效结合,使企业实施市场定位精准化活动成为新的可能,从而给企业带来巨大的竞争优势。江小白就是利用互联网的线上社交平台以及线下举办的同城酒会等交流平台,收集目标顾客的信息,通过对信息的整理、分析，映射出目标顾客的特点，从而进行精准的市场定位。

互联网的广泛普及以及移动终端的快速更新换代，带来的不仅仅是交流的及时和方便，也带来了一定的问题，如出现了越来越多的"社交恐惧症"患者。这种奇怪的社会现象开始被大家关注，随之也产生了相关的经济活动。比如，米未传媒有限公司出品的《奇葩说》《好好说话》等节目，目的是鼓励人们面对面地进行交流。而江小白也找到了这种"怪病"的症结，其提出的解决方法是释放情绪，在此基础上还要重视社交回归，它准确地把握住了年轻顾客群体的行为及心理特征，并且切中要害地提出了问题的解决方法。江小白从情绪这个角度去寻找自身品牌与目标顾客的契合点，突出自身品牌的特点，在目标顾客心中树立了别具一格的形象。

（资料来源：江小白经典案例剖析［EB/OL］.（2019-04-16）. http://blog.sina.com.cn/s/blog_18a4bd1c70102yx0m.html.）

江小白运用的是哪一种网络市场定位策略？该策略的特点是什么？

在网络飞速发展的今天，网络市场具有传统市场不具备的特点，体现了网络市场的优势所在。在对网络市场进行宏观和微观分析的基础上，企业可以对目标市场进行有效分析和成功定位，准确选择市场策略，充分利用网络市场的优势，不断挖掘网络市场的潜力，从而取得成功。

资源链接

1. 中国互联网络信息中心　http://www.cnnic.cn
2. 艾瑞市场咨询公司　http://www.iresearch.com.cn
3. 钛媒体　https://www.tmtpost.com
4. IT时代网　http://www.ittime.com.cn
5. 数英网　https://www.digitaling.com
6. 百度文库　https://wenku.baidu.com
7. 投资界　https://pe.pedaily.cn/201907/444720.shtml

项目3　网络市场调研

知识目标

- 理解网络市场调研的含义
- 掌握网络市场调研的基本方法和步骤
- 掌握网络市场调研问卷的设计
- 掌握网络调研报告的撰写

技能目标

- 能够根据具体市场背景开展网络调研活动
- 能够根据具体调研内容选择调研方法并制订合理的调研计划
- 能够进行完整的网络调研工作

"状元红"瓶酒二进大上海

"状元红"酒是历史名酒,从明末清初至今,已享誉300多年。这种酒不但颜色红润晶莹、醇香可口,而且是调血补气的好酒。自从上蔡厂获得状元红的河南省优质产品证书后,一直畅销北方。于是,上蔡厂决定在上海推销"状元红"名酒,首批"状元红"酒运至上海试销,结果大失所望,很少有人买。

上蔡厂进行了市场调查,发现有以下几个原因造成"状元红"酒不走红。首先,目标市场不明,不知道哪些消费者会购买酒,消费者喜欢什么样的酒。因而,厂家误认为凭"状元红"酒的名声,产品到上海还不能旗开得胜? 其实不然,因为"状元红"酒在北方享有盛名,在上海知名度很低,消费者一看酒的颜色,误以为是单纯的药酒,年轻人就不会购买,老年人、中年人也不图"状元"的名声,因而"状元红"酒没有顾客需求。其次,商标与包装陈旧。"状元红"酒一进入上海时,正值上海瓶酒市场琳琅满目,该产品在陈列架上其貌不扬,包装陈旧,因而无法引起购买者的强烈购买欲。最后,产品销售渠道单一,只在上海特约经销单位销售,宣传面较窄,不易产生强烈效果。

为了再进上海市场,上蔡厂联合特约经销单位对5家大酒店进行了购买者调查,结果如下:

① 购买者年龄百分比依次为:老年8%;中年28%;青年64%。

② 购买目的依次为:自用37%;送礼52%;外流11%。

③ 购买档次依次为:2元(不含2元)以下32%;2~5元(不含5元)40%;5~8元(不含8元)26%;8元以上2%(分价格档次购买人数比重)。

从以上典型调查发现,酒类的消费者主要是年轻人,用于送礼、自备"装饰"为多。于是,上蔡厂针对"状元红"酒的年轻人细分市场,在礼酒、装饰酒上做文章。既然是年轻人送礼、装饰用则包装要新,厂家决定争取"三新"(产品新、样式新、商标新)。因而将原来500 mL装的规格改成500 mL装与750 mL装两个瓶装式样,在瓶子外装有一个精致盒子,外有呢绒丝网套,抓住美观、便利的特性,零售时还附有说明书,介绍名酒历史及功能,加强顾客的信任感,促进销量。对于销售渠道,也一改过去的单一渠道,在上海南京路各食品店全面投放,再加上报纸广播的广告宣传,消息一传出,立即引来争相购买的顾客。"状元红"酒二进上海,第一批近5000瓶"状元红"酒在几小时内扫空,据南京路各零售店的粗略统计,"状元红"酒的销售量占总瓶酒销售量的11%,而其销售额占瓶酒总销售额的60.7%。

(资料来源:"状元红"瓶酒二进大上海[EB/OL].(2011-05-25) http://www.jiaoyanshi.com/article-1395-1.html.)

任务提示

你认为"状元红"酒二进上海市场,成功的主要因素是哪些?通过对该案例的分析,你认为企业市场调研有必要吗?为什么?请认真阅读本项目内容,相信会让你受益匪浅。

任务3.1　网络市场调研概述

为了适应信息传播媒体的变革,一种崭新的调研方式——网络市场调研随之产生,它大大丰富了市场调研的资料来源,扩展了传统市场的调研方法,特别是在互联网在线调研、定性调研和二手资料调查等方面具有无可比拟的优势。网络市场调研是指基于互联网而对营销信息进行系统的收集、整理、分析和研究的过程。

3.1.1　网络市场调研的主要内容

1. 市场需求研究

主要研究和分析市场需求状况,旨在掌握市场需求量、市场规模、市场占有率以及探究如何运用有效的经营策略和手段。

2. 用户及消费者购买行为研究

主要研究和分析用户及消费者的年龄、性别、受教育程度、购买动机、消费习惯、消费偏好等,主要目的在于更好地了解消费者,为新产品开发与研究、售后服务、营销策略、开发潜在用户等提供科学依据。

3. 营销因素研究

主要包括产品研究、价格研究、分销渠道研究、促销策略研究、广告策略研究,特别是网络营销研究,主要目的在于为企业的发展战略和策略提供依据和建议。

4. 竞争对手研究

主要研究和分析竞争对手的发展战略与策略、合作伙伴、市场占有率、产品技术特点、新产品研发、分销渠道、产品价格策略、广告策略、销售推广策略、服务水平等情况。通过研究竞争对手,努力做到知己知彼,为公司有关决策提供依据。

5. 宏观环境研究

主要研究和分析企业目标市场所处国家与地区的宏观环境,如经济、自然地理、科学技术、政治法律、社会文化、风俗、稳定与安全等方面因素的影响。

3.1.2 网络市场调研的步骤

网络市场调研与传统的市场调研一样,应遵循一定的方法与步骤,以保证调研过程的质量。网络市场调研一般包括以下五个步骤。

1. 明确问题与确定调研目标

明确问题和确定调研目标对使用网络搜索的手段来说尤为重要。在开始网络搜索时,要紧紧围绕既定调研目标和所要调研的问题,尽快精确取得所需数据信息。可以设定为目标的问题包括:谁有可能想在网上使用你的产品或服务?谁是最有可能要购买你提供的产品或服务的客户?在你从事的行业,已经上网的群体主要包括哪些?他们在干什么?你的客户对竞争对手的印象如何?

2. 制订调研计划

明确调研目标后,即可根据目标制订出有效的信息调研计划。调研计划是对调研本身的具体设计。传统市场调研计划主要包括调研的目的要求、调研对象的范围与数量、调研样本的选择及抽样、调研项目与内容等。而一般情况下,网络市场调研计划则主要包括确定资料来源、调查方法、调查手段、抽样方案和联系方法。

3. 收集信息

网络通信技术的突飞猛进使得资料收集方法发展迅速。互联网没有时空和地域的限制,因此网络市场调研可以在全国甚至全球进行。同时,收集信息的方法也很简单,直接在网上发布信息或下载即可,这与传统市场调研收集资料的方式有很大区别。如某公司要了解各国对某一国际品牌的看法,只需在一些著名的全球性广告站点发布广告,把链接指向公司的调查表就可以完成了,而无需像传统的市场调研那样,在各国找不同的代理商分别实施。

4. 分析信息

收集信息后要进行的是分析信息,这一步非常关键。"答案不在信息中,而在调查人员的头脑中。"调查人员如何从数据中提炼出与调查目标相关的信息,将直接影响到最终的结果。分析信息要使用一些数据分析技术,如交叉列表分析技术、概括技术、综合指标分析和动态分析技术等。目前国际上较为通用的分析软件有SPSS、SAS等。不管采用哪种技术方法,均要保证分析的速度、准确性与真实性。

5. 撰写调研报告

调研报告的撰写是整个调研活动的最后一个阶段。这需要调研人员把与市场营销关键决策有关的主要调查结果总结出来,并以调查报告所应具备的正规结构写作。作为对填表者的一种激励或犒赏,网上调查应尽可能地把调查报告的全部结果反馈给填表者或广大读者。如果限定为填表者,只需分配给填表者一个进入密码。

3.1.3 网络市场调研的方法

网络市场调研的方法主要有直接调研和间接调研两种方法。

1. 网络市场直接调研

网络市场直接调研指的是为当前的特定目的在互联网上收集一手资料或原始信息的过程。直接调研的方法有四种,即观察法、专题讨论法、在线问卷法和实验法。具体应采用哪一种方法,要根据实际调查的目的和需要而定。下面重点介绍两种方法。

(1) 专题讨论法

专题讨论法可通过新闻组(Usenet)、网络论坛(BBS)或邮件列表讨论组进行。其步骤如下:

① 确定要调查的目标市场;

② 识别目标市场中要加以调查的讨论组;

③ 确定可以讨论或准备讨论的具体话题;

④ 登录相应的讨论组,通过过滤系统发现有用的信息,或创建新的话题,让大家讨论,从而获得有用的信息。

具体地说,目标市场的确定可根据新闻组、讨论组或邮件列表讨论组的分层话题进行选择,也可向讨论组的参与者查询其他相关名录。需要注意的是,要及时查阅讨论组上的常见问题(FAQs),以便确定能否根据名录来进行市场调查。

(2) 在线问卷法

在线问卷法即请求浏览其网站的每个人参与企业的各种调查。在线问卷法可以委托专业公司进行。其具体做法如下:

① 向相关的讨论组发送简略的问卷;

② 在企业的网站上放置简略的问卷;

③ 向讨论组发送相关信息,并把链接指向放在企业网站上的问卷。

实施在线问卷需要注意的问题包括：在线问卷不能过于复杂、详细，否则会使被调查者产生厌烦情绪，从而影响调查问卷所收集数据的质量。可采取一定的激励措施，如提供免费礼品、抽奖送礼等。

2. 网络市场间接调研

网络市场间接调研是指利用互联网收集与企业营销相关的二手资料信息，包括市场、竞争者、消费者和宏观环境等诸多信息，是企业应用最多的网络市场调研方式。网上查找资料主要有以下三种方法。

（1）利用搜索引擎查找资料

搜索引擎使用自动索引软件来发现、收集并标引网页，建立数据库，以 Web 形式提供给用户一个检索界面，供用户以关键词、词组或短语等进行检索，筛选出与关键词相关的信息。

（2）访问相关的网站收集资料

如果知道某一专题的信息主要集中在哪些网站上，可直接访问这些网站，从而获得所需的资料。

（3）利用相关的网上数据库查找资料

可以通过网上数据库来了解所需的信息，网上数据库有付费和免费两种，如用于市场调查的数据库在国外一般都是付费的。

阅读思考 3-1

在某进口品牌葡萄酒价格信息的调研方案中，有一项是对各国进口商的详细信息的收集。收集进口商的信息是网络营销中一个重要的环节，其目的是建立一个潜在的客户数据库，从中选出真正的合作伙伴和代理商。需要收集的具体内容包括：进口商的发展历史、规模、实力、经营的范围和品种、联系方法（如电话、传真、E-mail）。对于已经建立了网站的进口商，只要掌握了其网址就能够掌握以上信息；对于没有建立网站的进口商，可以先找到其联系方法，建立起联系后再具体询问。网上该项调研方案的具体方法有以下几种：

方案1：利用目录型的搜索工具收集；

方案2：利用数量型的搜索工具查询；

方案3：通过地域性的搜索引擎查询；

方案4：通过商业黄页等商业工具查询；

方案5：通过专业的管理机构及行业协会查询；

方案6：通过最大的进口商或各国的酒类专卖机构查询。

（资料来源：网络营销实务与案例［EB/OL］.http://www.docin.com/p-298721358.html.）

结合上述阅读材料,如果校园超市为了拓宽销售渠道、增加销售收入,现准备增开校园网上商城,需要做一份可行性市场调研,可采用哪些具体的调研方案?

任务3.2　网络市场调查问卷设计

问卷调查是现代社会市场调查的一种十分重要的方法,而在问卷调查中,问卷设计又是其中的关键。问卷设计的好坏,将直接决定着企业能否获得准确可靠的市场信息。

3.2.1　问卷的基本结构

一份调研问卷的基本结构一般包括四个部分,即说明信、调查内容、编码和结束语。其中调查内容是问卷的核心部分,是每一份问卷都必不可少的内容,而其他部分则可根据设计者需要取舍。

1. 说明信

说明信是调查者向被调查者写的一封简短信,主要说明调查的目的、意义、选择方法以及填答说明等,一般放在问卷的开头。

2. 调查内容

问卷的调查内容主要包括各类问题、问题的回答方式及其指导语,这是调查问卷的主体,也是问卷设计的主要内容。问卷中的问答题,从形式上看,可分为开放式、封闭式和混合型三大类。开放式问答题只提出问题,不给出具体答案,要求被调查者根据自己的实际情况自由作答。封闭式问答题则既提出问题,又给出若干答案,被调查者只需在其中进行选择即可。混合型问答题又称半封闭型问答题,是在采用封闭型问答题的同时,最后再附上一项开放式问题。指导语也就是填答说明,是对被调查者填答问题的各种解释和说明。

3. 编码

编码一般应用于大规模的问卷调查中。因为在大规模问卷调查中,调查资料的统计汇总工作十分繁重,借助于编码技术和计算机,则可大大简化这一工作。编码是将调查问卷中的调查项目以及备选答案赋予统一设计的代码。编码既可以与设计问卷同时进行,也可以等调查工作完成以后再进行;前者称为预编码,后者称为后编码,在实际调查中,常采用预编码的方式。

4. 结束语

结束语一般放在问卷的最后,用来简短地对被调查者的合作表示感谢,也可征询被调查者对问卷设计和问卷调查本身的看法和感受。

3.2.2 问卷设计的过程

问卷设计的过程一般包括确定所需的信息、确定问卷的类型、确定问题的内容、确定问题的类型、确定问题的措辞、确定问题的顺序、问卷的排版和布局、问卷的测试、问卷的定稿、问卷的评价。每个环节的具体要求和内容如下。

1. 确定所需的信息

确定所需的信息是问卷设计的前提工作。调查者必须在设计问卷之前就明确所有为达到研究目的和验证研究假设所需要的信息,并决定分析和使用这些信息的所有方法,比如频率分布、统计检验等,并按这些分析方法所要求的形式来收集资料、把握信息。

2. 确定问卷的类型

制约问卷类型选择的因素有很多,而且研究课题不同、调查项目不同,其主导制约因素也不一样。在确定问卷类型时,首先必须综合考虑这些制约因素:调研费用、时效性要求、被调查对象、调查内容等。

3. 确定问题的内容

确定问题的内容似乎是一个比较简单的问题,事实上却不然。这其中还涉及个体的差异性问题:也许一人认为容易的问题,在他人处则为困难的问题;一人认为熟悉的问题,在他人心中则为生疏的问题。因此,确定问题的内容时,最好与被调查对象联系起来。分析被调查群体,有时比盲目分析问题的内容效果要好。

4. 确定问题的类型

问题的类型归结起来分为四种:自由问答题、两项选择题、多项选择题和顺位式问答题,其中后三类均可以称为封闭式问题。

(1) 自由问答题

自由问答题,也称开放型问答题,只提出问题,不给出具体答案,要求被调查者根据自身实际情况自由作答。自由问答题主要限于探索性调查,在实际的调查问卷中,这种问题不多,被调查者的观点不受限制,这样便于深入了解被调查者的建设性意见、态度、需求问题等。

(2) 两项选择题

两项选择题一般只设置两个选项,如"是"与"否"、"有"与"没有"等。两项选择题的特点是简单明了,但所获信息量小,有时往往难以了解和分析被调查群体中客观存在的不同态度层次。

(3) 多项选择题

多项选择题是从多个备选答案中择一或择多的问题类型。这是调查问卷中采用最多的一种问题类型,在整个调查问卷的问题中所占比重较大。

(4) 顺位式问答题

顺位式问答题在多项选择的基础上,要求被调查者对询问的问题答案,按自己认为的重要程度和喜好程度顺位排列。

在实际的调查问卷中,几种类型的问题往往同时存在,单纯采用一种类型问题的问卷并不多见。

5. 确定问题的措辞

很多调查者可能不太重视问题的措辞,而把主要精力集中在问卷设计的其他方面,这样做有可能会降低问卷的质量。问题的措辞主要遵循以下原则。

(1) 问卷设计主题明确,问题简短扼要、少而精

在问题设计过程中,表达方式应尽量浅显易懂,避免在问卷中使用一些行业术语和缩写词。无关紧要的问题或者没有太大实际价值的资料无须出现在调查问卷中,一般所提问题不应超过20项,调查时间控制在15分钟左右。

(2) 所提问题不应有偏见或误导

在设计问题时,避免使用晦涩、纯商业以及幽默等容易引起人们误解的语言,同时,不要把两种及以上的问题放在一个问题项中。

(3) 不要诱导被调查者回答

不要采用让被调查者按照调查者的思路回答的方法。比如,在调查某种啤酒的口感时,当听到"这种啤酒很爽口吧?"的提问时,被调查者往往会带着"认为爽口"的想法而去品尝,并回答说"是"。在此场合,不如将问题修改成"这种啤酒是爽口还是很无味?"更为合适。

（4）问题应是能在记忆范围内回答的

必须尽力避免一般被认为超出被调查者记忆范围的问题。比如，当面对"你一年前购买的蛋黄派是哪一家生产商的产品"的问题时，大多数人都不会记得确切的答案。

（5）避免容易引起人们反感的或冷门的问题

必须避免提出引起人们反感的问题，也不要提出冷门的问题，只有被调查者能够予以冷静的判断和回答的问题，才能得到有效的调研结果。

（6）调查问卷中的所有问题都应设计得能够得到精确答案

必须要明确通过调查要达到何种目的，所以调查者提的所有问题都要围绕主题来展开。

（7）随时调整调查问卷的内容以吸引访问者

与传统的市场调查问卷相比，网络调查问卷最大的优势是可以极为方便地随时调整、修改调查问卷的内容，以实现不同调查内容的组合。营销人员可通过不同的因素组合测试，分析判断哪些是访问者最关心、影响最大的因素，进而调整问卷内容，使之对访问者更有吸引力。

6. 确定问题的顺序

问卷中的问题应遵循一定的排列次序，问题的排列次序会影响被调查者的兴趣、情绪，进而影响其合作积极性，所以一份高质量的问卷应对问题的排列做出精心的设计。

一般而言，问卷的开头部分应安排比较容易的问题，这样可以给被调查者一种轻松、愉快的感觉，以便于他们继续回答下去。中间部分最好安排一些核心问题，即调查者需要掌握的内容。一些背景资料如收入、年龄等敏感性问题，一般安排在结尾部分，当然在不涉及敏感性问题的情况下也可将背景资料安排在开头部分。总而言之，要注意问题的逻辑顺序。

7. 问卷的排版和布局

问卷的问题设计工作基本完成之后，便要着手问卷的排版和布局。问卷排版和布局的总体要求是整齐、美观，便于阅读、作答和统计。

8. 问卷的测试

问卷的初稿设计工作完毕之后，不要急于投入使用，特别是对于一些大规模的问卷调查，最好先组织问卷的测试，如果发现问题，则及时修改。测试通常选择20～100人，样本数不宜太多，也不要太少。如果第一次测试后问卷需做很大的改动，可以考虑是否有必要组织第二次测试。

9. 问卷的定稿

当问卷的测试工作完成，并且确定没有必要再做进一步修改后，可以考虑定稿。问卷定稿后就可以交付打印,正式投入使用。

10. 问卷的评价

问卷的评价实际上是对问卷的设计质量进行一次总体性评估。对问卷进行评价的方法很多,包括专家评价、上级评价、被调查者评价和自我评价。

3.2.3 调研报告撰写

1. 撰写调研报告应注意的问题

调研报告的撰写是整个调研活动的最后一个阶段。调研人员要把与市场营销关键决策有关的主要调查结果总结出来,并以调研报告所应具备的正规结构进行写作。撰写调研报告应注意的问题如下:

① 调研报告应该用清楚的、符合语法结构的语言表达。

② 调研报告中的图表应该有标题,并且对计量单位应清楚地加以说明。如果采用已公布的资料,应该注明资料来源。

③ 调研报告应正确运用图表,对于过长的表格,可在调研报告中给出它的简表,并将详细的数据列在附录中。

④ 调研报告应该在一个有逻辑的框架中陈述调研结果。

⑤ 调研报告的印刷式样和装订应符合规范。

2. 调研报告的主要格式

调研报告的格式一般由封面、标题、目录、概述、正文、结论与建议、附件等六部分组成。

(1) 封面

封面包括调研报告题目、委托单位、承担单位、项目负责人、时间等主要信息。

(2) 标题

标题是网络调研报告的题目,一般有两种构成形式:一种是公文式标题,即由调查对象和内容、文种名称组成,如《关于2018年中国互联网络发展状况统计报告》。另一种是文章式标题,即用概括的语言形式直接交代调查的内容或主题,如《我国老年人生活现状及需求调查报告》。

(3) 目录

如果调研报告的内容、页数较多,为了方便阅读,应当使用目录或索引形式列出报告所包括的主要章节和附录,并注明标题、有关章节编码及页码。一般来说,目录的篇幅不宜超过一页。

（4）概述

概述又称导语，主要阐述报告的基本情况，它是按照调研课题的顺序将问题展开，并阐述对调查的原始资料进行选择、评价、得出结论、提出建议的原则等。概述主要包括以下三个方面内容：

① 简要说明调查目的，即简要地说明调查的由来和委托调查的原因。

② 简要介绍调查对象和调查内容，包括调查时间、地点、对象、范围、调查要点及所要解答的问题。

③ 简要介绍调查研究的方法，并说明选用方法的原因，有助于保证调查结果的可靠性。

（5）正文、结论与建议

正文是市场调研报告的核心，也是写作的重点和难点所在。正文要完整、准确、具体地说明调查的基本情况，进行科学合理的分析预测，在此基础上提出有针对性的对策和建议。具体包括以下三个方面内容：

① 基本情况介绍：它是全文的基础和主要内容，要用叙述和说明相结合的手法，将调查对象的历史和现实情况表述清楚。要力求做到准确和具体，富有条理性，以便为下文进行分析及提出建议提供坚实而充分的依据。

② 分析预测：市场调研报告的分析预测，即在对调查所获基本情况进行分析的基础上对市场发展趋势进行预测，它直接影响到有关部门和企业领导的决策行为，因而必须着力撰写。

③ 营销建议：这部分内容是市场调研报告的写作目的和宗旨的体现，要在上文调查情况和分析预测的基础上，提出具体的建议和措施，供决策者参考。

（6）附件

附件是指调研报告正文无法纳入或没有提及，但与正文有关且必须附加说明的部分。它是对正文报告的补充或更详尽的说明，包括数据汇总表及原始资料背景材料和必要的工作技术报告。例如，为调查选定样本的有关细节资料及调查期间所使用的文件副本等。

阅读思考 3-2

收集来的数据经过加工处理后，才有可能成为有价值的信息，因此需要选择正确的图表进行表达，并分析、确定拟采用的图表是否能合理清晰地反映出数据分析的结果。

几种主要的常用图表如下。

1. 圆饼图

圆饼图以圆的整体面积代表被研究现象的总体,按各构成部分占总体比重的大小,把圆的面积分割成若干扇形来表示部分与总体的比例关系。

2. 曲线图

曲线图利用线段的升降来说明现象的变动情况,主要用于表示现象在时间上的变化趋势、现象的分配情况和两个现象之间的依存关系。曲线图可分为简单曲线图和复合曲线图。简单曲线图用于描述一段时间内单个变量的历史状况及发展趋势,复合曲线图描述两个或两个以上变量一段时间内各单个变量的历史状况及发展趋势。

3. 柱形图

柱形图利用相同宽度的条形的长短或高低来表现数据的大小与变动。

(资料来源:商情分析报告的撰写[EB/OL].(2019-11-20).https://wenku.baidu.com/view/b03c8728185f312b3169a45177232f60dcccc74e.htm.)

在班级中做一项关于网络使用习惯的问卷调查,将每项调查的结果分别通过圆饼图、曲线图、柱形图的方式进行展现并进行分析说明。

在市场竞争压力下,如何能成为地域性知名行业领军企业?那就必须通过调研了解消费者真正的需求,摸清目标市场和营销环境,能够为经营者细分市场、识别受众需求和确定营销目标等提供相对准确的决策依据。

通过对网络市场调研的讲解,可以使大家在开展网络营销活动前对网络营销市场进行初步的调研、了解并撰写相应的调研报告,为网络营销课程的学习打下基础,从而对电子商务概念有深度认知。

资源链接

1. 中国互联网络信息中心   http://www.cnnic.cn
2. 问卷网   https://www.wenjuan.com

项目 4 网络营销产品策略

知识目标

- 掌握网络营销的产品策略
- 掌握网络营销的品牌策略
- 掌握网络营销的新产品策略

技能目标

- 能够根据产品生命周期的特点进行网络产品的规划
- 能够根据具体网络市场背景应用产品策略开展网络营销活动

案例导入

一点资讯"另类"的产品服务策略

在搜狐、网易等四大门户新闻客户端"环伺左右",今日头条如日中天的时候,很多人很难预料到一点资讯还有发展的机会。但是,最新数据显示,一点资讯日更新内容超过50万篇,拥有10万家自媒体,日活跃用户超过4800万,已经拥有了与今日头条等新闻客户端"分庭抗礼"的资本。

纵观一点资讯的崛起之道,其与搜狗有众多类似之处。比如在产品的差异化定位方面,一点资讯将自己定位于兴趣资讯平台,通过融合有机搜索,引入人工编辑,基于用户的兴趣推荐个性化的内容资讯,而不是像今日头条等新闻客户端一样只是单纯通过机器来推荐资讯,这一差异化的产品定位迅速使一点资讯"圈粉无数"。在用户获取方面,一点资讯联手小米、OPPO等手机厂商,这使其得以迅速获得更多的年轻用户。在品牌方面,一点资讯于2017年大手笔地在公交站牌、机场、公交车身、户外大屏等进行了大规模的广告投放,凸显其个性化的兴趣资讯平台的品牌定位。最近,一点资讯还与地震台网达成合作,可在地震发生的3~5秒内推送地震速报,这使得其在服务方面也有了差异化的优势。在未来,一点资讯很可能还将引入更多的差异化服务来持续打造"不一样"的内容资讯平台。

(资料来源:品牌营销案例分析[EB/OL].(2018-08-11). http://www.bjdcfy.com/qita/fwyxalfx/2018-8/1253873.html.)

任务提示

你了解网络营销产品策略吗?网络品牌成功的主要因素是哪些?请认真阅读本项目内容,相信会让你受益匪浅。

任务4.1 网络营销产品概述

产品是市场营销组合中最重要的因素,任何企业的市场营销活动都必须以产品为基础,离开了产品,就无法满足消费者的需要,其他营销活动也就无从谈起。网络营销是现代市场营销体系的组成部分,而产品策略是其营销策略的基础。

4.1.1 网络营销产品的整体概念

在网络营销中,产品的整体概念从内到外可分为以下五个层次。

1. 核心产品层次

核心产品层次是指产品能够提供给消费者的基本效用或益处,是消费者真正想要购买的基本效用或益处。例如,食品的核心是满足充饥和营养的需要;化妆品的核心是满足护肤和美容的需要等。产品如果没有核心产品层次,就失去了存在的意义,核心产品层次是产品最基本的层次。在网络营销环境下,企业在设计和开发产品核心利益时,应考虑到消费者需要的核心所在。

2. 有形产品层次

有形产品层次是产品在市场上表出的具体物质形态,主要包括品质、特征、式样、商标、包装等方面,它是核心利益的物质载体。有形产品使得产品与产品之间产生差异,同时,也带给消费者进行选择的机会。例如,对于冰箱这个产品,消费者不仅仅关注其制冷功能,在购买过程中还会对其样式、颜色、容量等方面进行选择。企业应从有形产品的各个方面进行精心设计,以确立自己的竞争优势。

3. 期望产品层次

期望产品层次是指顾客在购买产品前对所购产品的质量、使用方便程度、可能得到的附加利益和服务等方面的期望值。在网络营销中,消费者处于主导地位,且呈现出个性化的特征,不同的消费者可能对产品的需求不一样,因此产品的设计和开发必须满足顾客这种个性化的消费需求。如保险公司允许顾客通过网络来设计自己需要的保险险种;软件公司在销售软件时,可通过技术支持和服务为顾客提供二次开发,以满足客户的个性化需求。

4. 延伸产品层次

延伸产品层次是指由产品的生产者或经营者在消费者购买产品时提供的附加服务或利益,包括产品的储运、安装、维修服务和保证等。延伸产品虽然不会增加产品的核心利益,却有助于核心利益的实现,促进产品的销售。在网络营销中,对于有形产品来说,延伸产品层次要注意提供满意的售后服务、物流配送、质量保证等;对于无形产品,重点是产品的质量和技术保证。如大多数软件服务商为用户提供免费升级服务,可以以优惠价格购买同一公司的软件产品等。

5. 潜在产品层次

潜在产品层次是在延伸产品层次之外,由企业提供能满足顾客潜在需求的产品层次,是产品的一种增值服务。它与延伸产品的主要区别在于,顾客没有潜在产品层次,仍然可以很好地使用顾客需要的产品的核心利益和服务。在网络营销中,企业需要通过引导和支持,使顾客认识到更多潜在需求和利益,更好地满足他们的潜在需求。如手机开发商与相关信息平台及电信部门联合,为手机用户提供各类查询、预约、交易等功能。

4.1.2 网络营销中的产品分类

网络上销售的产品,按照产品性质和形态,可以分为两大类:实体产品和虚体产品。

1. 实体产品

实体产品也称有形产品,是指有具体物理形状的物质产品,如日用品、家电、图书、鲜花等。在网络上销售实体产品的过程与传统的购物方式有所差异,不同于传统的面对面的买卖方式,网络上的交互式交流成为买卖双方交流的主要形式。消费者或客户通过卖方的主页考察其产品,通过填写表格表达自己对产品品种、质量、价格、数量的选择;而卖方则将面对面交货改为邮寄产品或送货上门,这一点与邮购产品颇为相似。

2. 虚体产品

虚体产品也称无形产品,是指该产品在现实生活中是看不见、摸不着的,是无形的,即使表现出一定形态,也是通过其载体体现出来的,但产品本身的性质和性能必须通过其他方式才能表现出来。在网络上销售的虚体产品可以分为两大类:软件产品和服务。

4.1.3 网络营销产品的生命周期

企业不能指望一种产品永远畅销,产品进入市场后,它的销售量和利润都会随时间的推移而改变,呈现出一个由少到多或由多到少的过程,就如同人的生命一样,由诞生、成长到成熟,最终走向衰亡,这就是产品的生命周期。

所谓产品生命周期,是指产品从进入市场开始,直到最终退出市场为止所经历的市场生命循环过程。生命周期的长短取决于人类创造能力的提高和消费习惯的变化速度,并受到诸多因素的影响,包括产品本身的性质和特点、市场竞争的激烈程度、科技发展速度、消费者需求的变化速度、企业营销的努力程度等。一个典型的产品生命周期一般经历四个阶段,即导入期、成长期、成熟期和衰退期(如图4-1所示)。

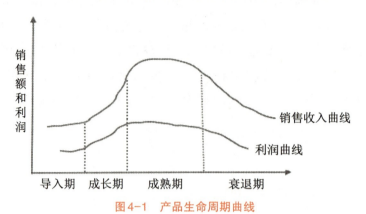

图4-1 产品生命周期曲线

1. 导入期及其营销策略

导入期是指产品试制成功后投放到市场试销的阶段。其主要特征为:顾客对产品还不了解,只有少数追求新奇的顾客可能购买,销售量较少;由于技术方面的原因,产品不能大批量生产,且废品率高,因而产品生产成本较高;为了扩展销路,需要投入较多广告费用,对产品进行宣传,所以销售费用也较高。这一阶段中,企业不但得不到利润,反而可能亏损,产品也有待进一步完善。

这一阶段的产品营销策略主要考虑价格和促销因素的影响,为了迅速提高产品的销量,可供选择的策略主要如下。

(1) 快速撇脂策略

即高价高促销策略。企业制订较高的价格并配合以大规模的促销活动将新产品投放到市场。实行高价策略可在每一单位的产品销售中获取较多的利润,以加快收回投资;而高促销可达到迅速提高产品知名度,迅速占领市场的目的。

(2) 缓慢撇脂策略

即高价低促销策略。企业对产品实行高定价,却采取低强度的促销方式向市场推出产品。这一策略使企业一方面获得较高的利润,另一方面又有效地降低营销费用。

(3) 快速渗透策略

即低价高促销策略。企业采取低价格和高强度营销相结合的方式,以求迅速占领市场,取得尽可能高的市场占有率,通过扩大产量使产品单位成本降低,从而取得规模效益。

(4) 缓慢渗透策略

即低价低促销策略。企业采用该策略是因为:一方面低价产品可以吸引更多的消费者,另一方面低促销可以使企业节省费用,增加利润。

2. 成长期及其营销策略

成长期是指产品试销成功后,转入批量生产和大规模销售的阶段。其主要特征为:产品性能、质量已比较稳定;顾客对产品已经熟悉并能够接受,销售量迅速上升;生产规模扩大,生产成本降低,分销渠道较为畅通,利润也迅速增长;竞争者纷纷进入市场参与竞争,使同类产品供给量增加,价格随之下降,企业利润增长速度逐步减慢,最后达到生命周期利润的最高点。

对于企业而言,该阶段的经营思想应是尽可能地延长产品的成长期,具体的营销策略如下。

(1) 改善产品品质

企业应根据消费者的需求,改变产品款式,增加花色品种,开发新用途,提高产品质量,增强市场吸引力。同时,企业还应及时提供各种有效、规范的服务,尽可能满足消费者的需求,以巩固和扩大市场。

(2) 适时降价

在实现规模生产、成本下降的基础上,企业根据市场竞争情况,采取降价策略,激发那些对价格比较敏感的消费者产生购买时机和采取购买行动,从而提高销售量。

(3) 寻找新的细分市场

巩固原有的分销渠道,增加新的销售途径,通过市场细分,找到新的尚未满足的细分市场,做到保证供应,方便消费者购买。

(4) 加强广告宣传

运用广告宣传、公共关系等多种手段,加强促销活动,积极树立产品的良好形象,力争创立名牌,培养消费者的信任和偏爱。

3. 成熟期及其营销策略

产品大批量生产并稳定地进入市场销售,经过成长期,产品的销售增长率在达到高峰后逐渐下降,这时产品生命周期开始进入相对成熟的阶段。其主要特征为:生产者的设计和工艺稳定,成本低而产量大;市场需求趋于饱和,同类产品多,竞争异常激烈,产品价格、销售和利润开始有下降;持续周期较长,一些缺乏竞争能力的企业逐渐退出市场,新加入者较少。

在该阶段,企业应充分发挥营销功能,主动出击,尽可能地延长产品成熟期的时间,或使产品进入新的成长期,营销策略主要如下。

(1) 改进产品

企业可以通过提高产品质量、改进产品特点、改进产品式样、提高服务质量等手段,来满足现有顾客不同的需要,或者吸引新顾客,从而使销售量重新上升。如服装企业定期举办时装发布会推出新款服装,家电经销商免费上门安装维修等。

(2) 改进市场

一是增加产品使用者的数量,通过努力把非使用者变为该产品的使用者;二是增加产品使用者的使用频率,使顾客更频繁地使用该产品,如牙膏生产商可以诱导消费者将刷牙频率由每天两次增加到每天三次。

(3) 改进营销组合

企业通过改变营销组合中一个或几个因素来刺激消费者的购买,从而增加销售量。如降低价格、完善销售渠道、扩大广告宣传、增加服务项目和采取新的促销方式等,以延长产品的生命周期。

4. 衰退期及其营销策略

衰退期是指产品经过成熟期,逐渐被同类产品替代,销售呈急剧下降趋势的阶段。这一阶段的主要特征为:顾客的消费习惯发生改变,转向其他产品;降价已成为竞争的主要手段,产品利润大幅下降;多数企业无利可图,纷纷退出市场。

产品一旦进入衰退期,从战略上看已没有值得留恋的余地,应审时度势,采取适当策略予以淘汰,具体策略如下。

(1) 持续策略

在衰退期,许多竞争者相继退出市场,而市场上对此产品还有一定需求,因此部分企业仍可继续保持原有的细分市场,保持分销渠道、定价和促销方式不变,将销售量维持在一定水平上,待到时机合适,再退出市场。

(2) 集中策略

即缩短战线,把企业的资源集中使用在最有利的细分市场、最有效的销售渠道和最易销售的品种款式上,以求从最有利的因素中获取尽可能多的利润。

(3) 榨取策略

抛弃无希望的顾客群体,大幅度降低促销水平,尽量减少促销费用,以增加目前的利润。这样可能导致产品在市场上的衰退加速,但也能从忠实于这种产品的顾客中得到利润。

(4) 放弃策略

对于衰退比较迅速、已完全无利可图的产品,企业应该当机立断,放弃经营。企业视情况,可以采取完全放弃的形式,如把产品完全转移出去或立即停止生产;也可采取逐步放弃的方式,使其所占用的资源逐步转向其他产品。

阅读思考 4-1

产品延伸策略

产品延伸策略指全部或部分地改变企业原有产品的市场定位,具体做法有向上延伸(由原来经营低档产品,改为增加经营高档产品)、向下延伸(由原来经营高档产品,改为增加经营低档产品)和双向延伸(由原来经营中档产品,改为增加经营高档和低档产品)三种。

向上延伸可提高企业及现有产品的声望。消费者购买商品,不但取得了产品的所有权及其附加的当期收益,而且包括各种远期收益。如大多数软件商都承诺用户可以享受免费的软件升级服务,我国一些软件公司就是通过自己的网站向用户提供免费的升级软件的。

向下延伸可吸引受经济条件限制的消费者,扩大企业的市场规模。总资产和年销售额都曾创造过世界第一的美国通用汽车公司的网站上不仅销售新车,同时还提供旧车交易。对购二手车者,可进入标有"经GM认可确保质量的二手车"字样的网页进行选择。另外,随着网上金融服务体系的逐步建立,网络银行的业务也已由传统的银行业务,延伸到电信、税务、水电、交通等行业,完成诸如代收电话费、传呼费、水电费、税费、交通罚款等代理业务。

原定位于中档产品市场的企业掌握了市场优势后,采取双向延伸策略,可使企业同时获得上述两种延伸所产生的效果。对于开展网络营销的企业来说,产品不但包括要出售的货物,还包括各种服务、各种商业过程以及信息,因此双向延伸不仅仅是增加传统意义上的高档或低档产品,而是要在产品的各个组成部分中进行延伸,如企业可以为每个产品的客户制订一种相应的服务方案,包括送货服务方式、安装和培训服务以及维修服务等,以增加服务的价值。

(资料来源:网络营销产品组合策略:产品延伸策略[EB/OL].(2016-07-07).https://kaoshi.china.com/dzsws/learning/71478-1.htm.)

结合上述阅读材料,请列举产品延伸策略的相关案例,并在课堂中进行分享。

任务 4.2　网络品牌策略

品牌和互联网对于广大消费者和企业来说并不陌生,如何在互联网上创建品牌或维持消费者对品牌的忠诚度,正成为企业与企业家面临的新课题。互联网的发展为品牌构筑了新的需求,这种变化也给企业带来了无限的商机,作为有别于其他传统形式的独特媒体,由被动向互动发展的互联网已在整合营销传播中起着举足轻重的作用。

4.2.1 网络品牌概述

1. 网络品牌的定义与内涵

网络品牌包括广义和狭义两个层面的定义。广义的网络品牌是指"一个企业、个人或者组织在网络上建立的一切美好产品或者服务在人们心目中树立的形象"。狭义的网络品牌是指"个人或团体以互联网为基础,以电子商务为平台,以网络营销为手段而建立的具有可识别性的商品铭牌或商标"。

同时,网络品牌又存在两方面的含义。一种是通过互联网手段建立起来的,并通过互联网这个平台提供商品或服务的互联网品牌,也有人将这种网络品牌称为"e品牌",e品牌成长的土壤就是互联网。例如:淘宝网以电子商务C2C业务为特色,稳坐电子商务领域头把交椅;腾讯以即时聊天工具为基础,深入到人们的生活中,拥有大量用户后在社会化媒体、网络游戏、移动互联网等领域全面延伸,成为用户黏度最高、活跃用户数最多的互联网品牌。另一种是传统品牌在互联网上建立品牌网站,这是品牌的网络化,比如耐克、可口可乐的线上网站。网络品牌与品牌的网络化都是互联网时代下网络经济的一种商业模式,它们将传统的品牌通过互联网这个渠道进行品牌推广,与用户互动,不断加强品牌在用户心中的地位,同时它们也通过互联网渠道进行在线销售等商业行为。

网络品牌的内涵不仅仅只是一个商标或者符号,它不但代表了一个企业能够为客户提供的产品和服务,从更深层次上讲,更是企业文化和价值观的体现。因此,企业建设网络品牌,初期的目的是通过网络巩固传统品牌的知名度,使更多的人可以发现和认识到企业的品牌和服务;而其最终的目的是可以向客户传达企业文化以及价值观,使更多的人能够认同并接受,更加深远地影响消费者。

2. 企业域名品牌

域名是连接企业和互联网的纽带,它和商号、商标一样具有重要的识别作用,是访问者通达企业网站的"钥匙",是企业在网络上存在的标志,担负着标示站点和导向企业站点的双重作用。域名对于企业开展电子商务具有重要的作用,一个好的域名会大大提高企业在互联网上的知名度。因此,企业如何选取好的域名就显得十分重要。

企业在选取域名的时候,要坚持的基本原则是:域名要有一定的内涵和意义。使用具有一定意义和内涵的词或词组作为域名,不但可记忆性好,而且有助于实现企业的营销目标。例如:企业的名称、产品名称、商标名等都是不错的域名选择,这样能够使企业的网络营销目标和企业品牌战略达成一致。

4.2.2 网络品牌策略

1. 网络品牌的命名策略

网络品牌命名主要是指企业用于网络推广的品牌命名,它建立在企业网络品牌定位的基础上,如完整体现企业品牌形象的网站名称及URL命名(即域名选择)。在虚拟空间中,品牌的名称与域名担当着索引的角色,是消费者进入并了解品牌的重要"入口",因此,企业网络品牌的命名非常关键。

企业的网络品牌命名(以网站命名为例)可参考如下原则。

① 应注意与企业已有品牌名称的相关性。比如"国美电器"的网站名称为"国美电器商城"。

② 选择独特的专有名而不是通用名作为品牌名称。如可口可乐、微软、奔驰、迪斯尼、英特尔、麦当劳、万宝路、诺基亚、雀巢、惠普、海尔和柯达等。

③ 品牌名称应具有与目标客群相似的特质。这样更容易激发消费者的共鸣,吸引消费者的关注和兴趣。

④ 品牌名称应尽量简洁,易于记忆和使用。据日本《经济新闻》调查,品牌名称的字数对品牌认知有一定的影响,品牌名称越短则越有利于传播;越简化的品牌,消费者的信息认知度越高。

⑤ 名称最好能提示所属品类。尤其是对于新兴品牌,可以让消费者迅速判断产品类型。

⑥ 名称应该具有独特性,与众不同。可以尝试让名称具有突出的特色,产生独特的推广效果。比如亚马逊网站(Amazon.com)推广自己是"全球最大的书店",这个战略从多个层面发挥了作用。亚马孙河是全球最大的河流,"最大的书店"的类比使亚马逊网站更容易被记住。

⑦ 名称应该具有亲和力,有利于口碑传播。例如"三只松鼠""小熊电器"等,以其具有亲和力的品牌名称,占据了一定的消费市场。

2. 品牌立体化策略

在传统领域,实行多品牌战略是现代企业进行市场竞争的重要手段,面对消费者不断变化的需求,企业不得不尽量使自己的产品和服务诉求多样化,实施多品牌策略是其必然的选择。

3. 品牌推广策略

很多企业在传统市场渠道或者部分区域中已经具备了一定的品牌知名度。然而，传统品牌优势不一定能够形成网络上的品牌优势，因为网络媒体与传统媒体的受众构成有很大不同，所以，网络品牌和传统品牌有着很大的不同。企业想要在网络营销中取得品牌优势，单靠传统渠道的品牌优势是不够的，还应该在网络上进行仔细的规划，努力使产品符合网络受众对品牌的要求。

① 要选择合适的品牌元素。品牌元素，即能鉴定并且使品牌具备差异的可识别的图案。大多数知名品牌都拥有多个品牌元素，移动公司"神州行 我看行"、动感地带"我的地盘我做主"这些品牌元素就充分考虑了不同消费群的特征。

② 利用促销及相关的营销活动不断塑造品牌知名度。例如，一家汽车用品制造企业，可以赞助某个著名的户外活动网站，与其联合举办汽车拉力赛，从而通过"赛事营销"间接地提高自己品牌的知名度。

③ 建立完善平台网站的交互功能从而提高网站的品牌知名度。企业网站与客户之间进行及时有效的沟通，以提高企业品牌的生命力、维系品牌的忠诚度。

4. 网络品牌兼并策略

这种趋势是互联网激烈的竞争造成的，如果按照常规的市场扩张手段，无疑速度非常缓慢，为了抢占市场份额，最直接的方法就是兼并其他公司，把对方的市场份额直接纳入本公司的范围，这一策略同时又消除了竞争对手。

5. 网络品牌变更策略

在市场中，由于各种原因，品牌经常会发生变更。造成品牌变更的原因大致有以下几种。

① 品牌经营不善，无法继续生存，不得不放弃原有品牌。

② 企业需要拓展新的经营领域。原有的品牌由于形象定位方面的原因而不适宜未来的发展，因此企业必须选择新的品牌。

③ 由于企业兼并等原因而变更。在企业发生兼并、市场进行重组时，原有品牌的市场价值也发生了变化，代之以新品牌或者被兼并者的品牌。

④ 企业为了适应消费者不断变化的需求，需要不断地更新形象。原有的品牌常常会被经营者变换，较多情况下是改变品牌形象，如视觉的表现方式。但是当消费者由于时代的变迁而在行为方面发生了较大变化时，彻底地改变品牌就不可避免了。

6. 品牌形象一致性策略

从品牌内部要素(即品牌的思想、品牌的识别系统)开始，就应保持企业或品牌精神理念的一致。品牌定位、品牌个性必须依据品牌识别中的核心识别(即品牌永恒的精髓、本质和价值)来确定,品牌识别为建立品牌定位的限度、规范表达的方式和保持品牌个性提供了框架,三者之间必须确保一致性,必须保持协调、统一和连贯性,避免多变、分散和各行其是的传播。同时,在线、离线品牌还应相互联系、相互促进、相互制约。

品牌延伸

品牌延伸(brand extensions),是指将一个现有的品牌名称使用到一个新类别的产品上。品牌延伸并非只借用表面上的品牌名称,而是对整个品牌资产的策略性使用。随着全球经济一体化进程的加速,市场竞争愈加激烈,厂商之间的同类产品在性能、质量、价格等方面强调差异化变得越来越困难。厂商的有形营销威力大大减弱,品牌资源的独占性使得品牌成为厂商之间竞争力较量的一个重要筹码。于是,使用新品牌或延伸旧品牌成了企业推出新产品时必须面对的品牌决策。品牌延伸是实现品牌无形资产转移、发展的有效途径。品牌也受生命周期的约束,存在导入期、成长期、成熟期和衰退期。品牌作为无形资产是企业的战略性资源,如何充分发挥企业的品牌资源潜能并延续其生命周期便成为企业的一项重大战略决策。品牌延伸一方面在新产品上实现了品牌资产的转移,另一方面又以新产品形象延续了品牌寿命,因而成为企业的现实选择。

请列举一个你熟悉的网络品牌,从"品牌延伸"的角度谈谈对这个品牌的认识,并在课堂中进行分享。

任务4.3　网络营销新产品策略

4.3.1　网络营销新产品概述

在网络经济时代,由于信息和知识实现了高速共享,新的技术发明、工艺革新传播的速度不断加快,产品的技术革新、更新换代周期缩短,产品的生命周期也随之缩短,企业的竞争也从原来简单依靠产品的竞争转为拥有不断开发新产品能力的竞争。新产品不仅指新发明的产品，从顾客的需求出发，只要产品整体概念中的任何一个层次发生了变化、改进、革新，都可以称为新产品。

与传统营销一样，网络营销新产品可划分为以下几种类别。

1. 全新产品

全新产品是指应用科技新成果，运用新原理、新技术、新工艺和新材料制造的市场上前所未有的产品，它能满足市场上出现的新需求，甚至能改变用户的生产方式或消费方式。但全新产品的开发难度大，开发周期长，需大量投资，市场前景不确定性大，开发成功后，用户还有一个接受和普及的过程。如电子商务巨头阿里巴巴的诞生、服务型机器人的开发和应用等，就是全新产品的成功案例。

2. 改进产品

改进产品不是产品的重大革新，而且是对现有产品的包装、款式、品质、功能等一个或几个方面进行一些改变。这种新产品与原有产品差别不大，可用较少的资源更好地满足顾客多样化与个性化需求，也便于进入市场，被用户接受。在网络营销环境下，消费者面临更多的选择权，企业必须不断改现有产品，以实现差异化营销。如运动品牌阿迪达斯每个季度甚至是每个月份都会推出最新的产品款式，以满足消费者不断变化的需求。

3. 换代产品

换代产品是指在原有产品的基础上，部分采用新技术、新材料、新工艺而开发和制造出来的，在性能上比原有产品有较大幅度的提高，是能给使用者带来新利益的新产品，它是新产品开发的重要形式。换代产品开发相对容易，只需投入较少的资金，经历较短的时间，就能快速取得好的收益。如电视机，就经历了从黑白到彩色，从CRT到液晶电视、等离子电视、互联网电视的更新换代。

4. 仿制产品

仿制产品是指对国际或国内市场上已经出现的产品进行引进或模仿、研制生产出的产品。仿制产品可能会对原有产品进行局部的改进和创新，但从根本上还是保存了原有产品的主要结构、特征和功能。开发这种产品不需要太多的资金和尖端的技术，投入的资金也不需要太多，因此比研制全新产品要容易得多。比如，目前我国的机器人制造厂商大多还处在仿制国外产品的阶段，自主研发的核心技术还不成熟。

5. 重定位产品

重定位产品即以新的市场或细分市场为目标市场的现有产品。网络营销使企业的营销突破了时空限制,给企业开辟新市场、新领地提供了条件,使得企业可以在全球市场上对原有产品进行重新定位,获得更多的市场机会。如在国内属于中低端的家电产品通过互联网进入其他欠发达地区市场,可以在这些区域将产品定位为高端产品。

在网络营销中,企业选择哪一种新产品开发战略,需根据实际情况而定,但由于网络经济时代的特征要求,开发全新产品是企业竞争的核心,选择其他新产品的开发策略只是短期较稳妥的策略,不能作为企业长期的新产品开发策略。

4.3.2　网络营销新产品的开发过程

1. 网络营销新产品构思与概念的形成

新产品开发是一种创新活动,产品构思是开发新产品的关键。在这一阶段,企业要根据市场需求情况以及企业自身条件,充分考虑用户的使用要求和竞争对手的动向,有针对性地提出开发新产品的设想和构思。然而并非所有的产品构思都能发展成为新产品。有的产品构思可能很好,但与企业的发展目标不符合,缺乏相应的资源条件;有的产品构思可能本身就不切实际,缺乏开发的可能性。因此,必须对产品构思进行筛选。经过筛选后的构思还要与消费者的需求相结合,形成能够为消费者接受的、具体的产品概念。

2. 网络营销新产品的研制

与传统营销新产品研制与开发不同,在网络营销中顾客、与企业关联的供应商和经销商都可以直接参与概念形成后的产品研制和开发工作。在新产品研制与开发中,顾客不再是简单地被动接受测试和表达感受,而是主动参与和协助产品的研制与开发工作。而企业之间的主流关系是合作,只有通过合作才可能增强企业的竞争能力,才能在激烈的市场竞争中站稳脚跟。企业通过网络可以与供应商、经销商和顾客进行双向沟通和交流,最大限度地提高新产品研制与开发速度。

3. 网络营销新产品的试销

通过市场试销将新产品投放到有代表性的地区或小范围的目标市场进行测试,企业才能较准确把握该产品的市场前景,确定产品是否可以大规模上市以及适合采取的营销举措。通过网络营销来推动新产品试销与上市,一方面可以比较有效地覆盖目标市场,另一方面可以利用网络与顾客直接进行沟通和交互,有利于顾客了解新产品的性能,还可以帮助企业对新产品进行改进。

4. 网络营销新产品的大规模生产

新产品试销成功后,就可以正式批量生产,全面推向市场。此时,企业要支付大量费用,而新产品投放市场的初期往往利润微小,甚至亏损,因此,企业应对产品投放市场的时机、区域、目标消费者、营销战略等方面做出慎重决策。

4.3.3 网络营销新产品开发面临的挑战

在互联网日益普及的今天,企业开发新产品成功的难度增大,主要原因如下。

1. 在某些领域内缺乏重要的新产品构思

随着技术的日益成熟,在相关领域取得的新技术突破不大,缺乏重要的新产品构思,未来的产品构思必须适应网络时代的需要。

2. 市场的不断分裂

互联网的发展加剧了市场的不断分裂,市场主导形式从企业主导转为消费者主导,个性化消费成为主流,产品的细分市场以个体为基准。

3. 社会和政府的限制

网络时代强调的是绿色发展,新产品必须以满足公众利益为准则,比如要追求安全环保和生态平衡,这些要求使得部分行业的创新进度减慢,新产品设计和广告决策工作难以开展。

4. 新产品开发过程中的昂贵代价

网络时代竞争加剧,开发一个新产品需要形成许多新产品构思,因此,公司面临着日益上升的研究开发费用、生产费用和营销费用。如微软公司就曾动用3000名软件开发人员,耗时三年开发Windows XP操作系统,仅研发费用就投入50亿美元。

5. 新产品开发完成的时限缩短

网络时代贵在神速。一个好的新产品构思只有尽快变成现实产品,才有可能在市场上占得先机。现代企业可以采用诸如计算机辅助的设计和生产技术、协同开发等先进技术压缩产品开发的时间。

6. 成功产品的生命周期缩短

一种新产品开发成功上市后,竞争对手会立即进行仿制,市场上会大量涌现同类产品,从而使新产品的生命周期大为缩短。

网络时代新产品开发的困难,对企业来说既是机遇也是挑战。企业开发的新产品如果能适应市场需要,可以在很短时间内占领市场,打败其他竞争对手,否则企业可能会陷入困境。

阅读思考 4-3

700Bike自行车

700Bike是一家新消费品品牌,主要提供具有城市美学的自行车和运动周边产品,其联合创始人为张向东。700Bike注重独创设计和工艺品质,都以超欧标的标准控制生产,多款独立研发的城市自行车产品荣获了国际设计大奖。在"互联网+"的背景下,700Bike亦在把手位置加入了电子组件和OLED屏幕,从而实现自动防盗预警、GPS定位、数据同步等功能。自行车内置的GSM芯片可以通过GPRS保持实时在线,随时同步数据到云端,并保证重要信息的通讯,从而实现了远程布防的作用。通过配套的APP,还有更多的数据产品和服务可以提供给用户。700Bike就是针对现代城市生活情境塑造出一个新的品类——城市自行车,并归结出"产品六维"体系的产品哲学,分别从设计感、舒适性、安全性、易维护、适应性、互联网六个维度上重新定义了最适合城市出行的自行车。此外,700Bike新一代城市自行车的"黑科技"创新亦亮点颇多,如:内置自动变速器、用防子弹的技术防钉子、方程式赛车的材料做车架、巧妙设计的h型后叉、高级皮带替代链条、全球首款一体化屏幕等高端技术,被认为用"黑科技"强烈冲击了传统自行车市场。

(资料来源:2018北京消费电子展7月举行,众多黑科技产品抢先看[EB/OL].(2018-06-09). https://www.sohu.com/a/234839100_663768.)

结合上述阅读材料,谈谈你对"互联网+"创新产品的理解。

在网络营销活动中,营销策略是整个营销活动的核心,而产品是营销组合中最重要的因素,任何企业的市场营销活动必须以产品为基础,离开了产品,就无法满足消费者的需要。

通过对网络营销产品策略的讲解,可以使大家在进行网络营销活动过程中更好地运用产品策略及品牌策略,为网络营销活动的顺利开展打下基础。

资源链接

1. 广告门　https://www.adquan.com
2. 中国网络营销网　http://www.bjyad.com
3. 中国网络营销传播网　http://www.1mkt.net
4. 搜狐网　https://www.sohu.com

项目 5　网络营销价格策略

　知识目标

- 理解影响网络营销定价的主要因素
- 理解网络营销定价目标
- 掌握网络营销定价的种类和制定依据

　技能目标

- 能够根据网络市场环境确定定价目标
- 能够根据网络营销的需要制定价格策略

案例导入

淘宝店铺产品如何定价

电商产品定价大有学问,定得太低或太高都不行,价格太低会让消费者感觉"便宜没好货",价格太高则不利于成交。价格频繁的变动,会让消费者对产品和商家失去信心。因此,我们需要掌握一些定价的方法。

1. 成本导向

以成本为导向的定价往往是最普遍的、最容易想到的定价方法。成本包括:产品进价、周边素材、推广费用、库存风险等。核算出产品的成本后,可以根据产品在店铺中的定位款加上对应的利润制定价格(主推款利润＞20%,活动款利润＞10%,形象款利润可以高一些,见图5-1)。

2. 搜索展示导向

淘宝的搜索展示结果页,一般会按照综合排序来展现商品。实施这个方法的时候,需要退出自己的淘宝账号,以免个性化展现。多找几部手机搜索统计,这时候要确定一个比较有竞争力的价格,将大于或等于统计出的最低价格作为最终销售价格即可。

3. 生意参谋导向

生意参谋工具里可以看到市场中同行排名靠前的产品信息。由此可以统计出行业类目中按搜索排名前20的产品,统计它们的一口价,一般分为2~3个区间。而这个价格区间就是该行业中能够拿到搜索流量的最佳价格的依据,从而以此作为一口价。

4. 品牌溢价

若产品本身是线下知名品牌,则可以根据实际情况进行溢价,以此获得较大的利润空间。采用高价策略时,具有独特功能、独占市场、仿制困难且需求弹性小的商品更能在较长的时间内保持高价,否则会因价格太高而失去买家。

图5-1　淘宝店铺广告

(资料来源:淘宝电商产品定价策略[EB/OL].(2019-05-11). https://www.douban.com/note/717887989.)

任务提示

你了解影响网络营销定价的主要因素有哪些吗?网络营销定价的特点是什么?网络营销定价的目标有哪些?有哪些常见的网络营销定价策略?其制定依据是什么?请认真阅读本项目内容,相信会让你受益匪浅。

任务5.1　网络营销定价概述

网络营销产品价格是企业在网络营销过程中买卖双方成交的价格,它的形成非常复杂,受到多种因素的影响和制约,对于商家、消费者和中间商而言都是敏感的因素。与传统营销方式一样,它也是由市场这只"看不见的手"来决定的,但由于是基于网络这一虚拟环境,网络产品价格又呈现出新的特点,需要企业实施新的价格策略。

5.1.1　影响网络营销定价的主要因素

影响企业定价的主要因素有产品成本、供求关系、竞争等。

1. 产品成本

产品成本是由产品在生产过程和流通过程中耗费的物质资料和支付的劳动报酬形成的,一般由固定成本和变动成本两部分组成。产品成本是企业核算盈亏的临界点,产品销售价格大于产品成本时,企业就有可能获得盈利,反之则亏本。可见,成本是营销价格的最低界限,对企业营销价格有很大的影响。

2. 供求关系

供求关系也是影响企业产品价格的一个基本要素。一般而言,当企业的产品在市场上处于供小于求的卖方市场条件时,企业产品可以实行高价策略;反之,当企业的产品在市场上处于供大于求的买方市场时,企业应该实行低价策略;当企业的产品在市场上处于供给等于需求的均衡市场时,交易价格的形成基本处于均衡价格处,企业的定价不能过度偏离均衡价格。在供求关系中,企业产品营销价格还受到供求弹性的影响。一般来说,对于需求价格弹性较大的商品,其营销价格相对较低;而需求价格弹性较小的商品,其营销价格则相对较高。

3. 竞争因素

市场上的竞争格局在一定程度上也会影响网络营销产品的定价。分析竞争因素对价格的影响,主要需考虑商品的供求关系及变化趋势、竞争对手的商品定价目标和定价策略以及变化趋势。竞争是影响企业产品定价的重要因素之一,在实际营销过程中,以竞争对手为主的定价方法主要有三种:低于竞争对手的价格、与竞争对手同价和高于竞争对手的价格。这主要取决于企业在网络营销市场中,与其他竞争对手相比处于何种的相对地位。

5.1.2 网络营销定价的特点

1. 全球性

网络营销市场面对的是开放的和全球化的市场,世界各地的消费者都可以直接通过网络进行交易,企业的目标市场从过去的受地理位置限制的区域性市场拓展到全球性市场,使得网络营销产品定价时不能以统一的市场策略来面对这差异性极大的全球性市场,必须采用全球化和本地化相结合的原则。若产品的来源地和销售目的地与传统市场渠道差距非常大,定价时就必须考虑这种地理位置差异带来的影响,可以采用本地化的方法,在不同国家建立地区性网站,以适应地区市场消费者需求的变化。

2. 低价化

互联网使用者的主导观念是网上的信息产品是免费的、开放的、自由的。一方面,消费者通过互联网能详细地掌握产品的各种价格信息,并进行充分的比较和选择,迫使企业以尽可能低的价格出售产品;另一方面,网络营销能使企业减少许多中间环节,和消费者直接接触,进而使营销成本大大降低。因此,网络营销中产品价格趋于低价化。

3. 顾客主导化

顾客主导定价,是指为满足顾客的需求,顾客可充分通过市场信息来选择购买或者定制生产自己满意的产品或服务,同时以最小代价(产品价格、购买费用等)获得这些产品或服务。简单地说,就是实现顾客的价值最大化,即顾客以最小成本获得最大收益。顾客主导定价是一种双赢的策略,既能更好地满足顾客的需求,同时企业的收益又不受到影响,而且可以对目标市场了解得更充分。

4. 价格趋于一致化

网络营销面对的是开放的市场,价格相对透明,消费者可以及时获得同类产品或相关产品的价格信息,并进行充分的比较,使企业努力减少因国家、地区等因素的不同而产生的价格差异,进而使价格趋于一致。

5. 动态化

在互联网时代,产品和服务的价格不断呈现出动态化的特点,企业与消费者直接在网上协商价格,可以根据季节变化、市场供需、竞争产品价格变动和促销活动等因素及时调整价格。

5.1.3 网络营销定价的目标

定价目标是企业营销战略在产品定价方面的具体化,是选择产品定价方法和确定最终定价的依据。不同企业有不同的定价目标,同一企业在不同发展阶段定价目标也不同。网络营销定价目标通常有以下几种类别。

1. 维持企业生存

生存是发展的基础,没有生存就谈不上发展。生存目标是指企业以生存作为产品或服务定价的首选目标,暂时不考虑企业的盈利和发展。在产品定价时,企业首先考虑在弥补产品成本费用的基础上选择低价策略,以维持企业生存,一般发生在产品销路不畅、大量积压、资金周转不灵,甚至是企业濒临破产时。但这种目标只能是企业面临困难时的短期目标,长期目标还是要获得发展,否则企业终将破产。

2. 获取理想的利润

获取最大利润是企业经营的直接动力和最终目的,因此利润最大化,是常见的定价目标。它表明追求目前利润的最大化,而不考虑长期效益。但选择此目标,必须具备一定的条件,即产品声誉好,而且在目标市场上占有竞争优势地位时,方可采用,否则还应以实现长期目标为主要目的。

3. 提高市场占有率

市场占有率是企业经营状况和企业产品竞争力的直接反映,它的数值高低对企业的生存和发展具有重要意义。企业以提高市场占有率为目标,则产品定价以能否增加市场份额为考虑因素,因而企业一般采用低价策略,以期在最短的时间内占领市场。许多具有一定竞争优势的企业在市场成长期往往选择此定价目标。

4. 应付或抑制竞争

在市场竞争中,大多数企业对竞争者的价格十分敏感,在分析企业的产品竞争能力和市场竞争地位后,常以应付或抑制竞争作为定价目标。当企业具有较强的实力,在该行业中居于价格领袖地位时,其定价目标主要是应对竞争者或者阻止竞争对手,一般首先变动价格;而市场上竞争力弱的中小企业,在竞争中为了防止竞争对手的报复,一般先不变动价格,主要跟随市场领袖价格。

5. 树立企业形象

以树立企业形象为目标,同时这种定价目标也称为最优异产品定价,在网络营销中,有些企业实行定价目标时采取的策略是优质优价,以高定价来保证高质量产品的地位,以此树立企业的形象。

阅读思考 5-1

沃尔玛搞什么名堂?对网络商品涨价,拉店铺客流

美国传统节日感恩节即将到来之际,沃尔玛却提高了线上零售商店的商品定价,而其此举是希望引导更多消费者前往大卖场购物,而不是与亚马逊在网络市场大打价格战。

近日,不少美国消费者发现美国沃玛尔部分商品的线上销售价格有所提高,包括食品和家居用品在内的生活必备品在沃尔玛网络商店的售价比大卖场贵了一些。

据了解,沃尔玛的网络商店定价和超市定价相同,如果竞争对手提供更低的价格,沃尔玛也会随机降低售价,但超低定价往往会导致网络发售的商品没有利润空间,沃尔玛列出同款商品在网络商店和超市的价格,一般状况下网络商店的定价与亚马逊一致。

沃尔玛发言人曾表示,沃尔玛提供与其他竞争对手同样具有竞争力的定价,显然在零售商售出这些商品成本更低,消费者可以选择在网络预订,到超市提货,依然可以享受零售商的价格和折扣。

(资料来源:沃尔玛搞什么名堂? 对网络商品涨价 拉店铺客流[EB/OL].(2017-11-16). https://tech.qq.com/a/20171116/014637.htm)

试分析沃尔玛对网络商品涨价的原因是什么?

任务5.2 网络营销定价策略

价格是企业参与市场竞争的主要手段之一,企业在制定网络营销策略时应对各种影响因素进行综合考虑,根据市场的实际情况,从定价目标出发,灵活运用定价策略来实现企业目标。企业为更有效地促进产品在网上的销售,或将传统定价方法加以改造,或制定全新的定价策略,从而使企业更好地适应网络环境。

5.2.1 低价定价策略

低价定价策略是指企业利用网上价格的可比性,在对商品进行定价时,先在网上进行查询,充分掌握市场上同类产品的情况,然后与同类、同质产品比较,取略低的定价来确定产品的线上价格。这样确定的价格不仅具有可比性,还具有较强的竞争力和优势,是除了免费定价策略外最吸引消费者的一种定价方式。

1. 低价定价策略的种类

企业常用的低价定价策略主要有以下几种形式。

(1) 直接低价定价策略

直接低价定价策略是在产品成本的基础上增加一定的利润,有时甚至是零利润,而形成产品价格的策略。这样制定的价格往往比同类产品要低,如戴尔电脑的定价比其他公司同性能的产品价格低10%~15%。采用直接低价定价策略的基础是通过互联网销售,企业可以节省大量的成本费用。

(2) 折扣定价策略

折扣定价策略是在产品原价基础上实施一定的折扣来定价的策略。它可以让顾客直接了解产品的降价与让利的幅度,以促进采取购买行为。常见于网络零售商的产品定价中,如当当网的图书价格一般都要进行折扣,以刺激消费者的购买。

(3) 促销定价策略

促销定价策略是在产品原价基础上为促进销售而临时制定价格的策略。网络消费者的范围很广,且具有较强的市场购买能力,当产品价格不具有竞争优势时,企业为打开网上销售局面和推广新产品,可采用临时促销定价策略,以刺激网络消费者购买(如图5-2所示)。促销定价除了上面提到的折扣定价策略外,还包括有奖销售和附带赠品销售。

2. 采用低价定价策略应注意的问题

在网上公布价格时要注意区分消费对象，一般要区分一般消费者、零售商、批发商、合作伙伴，分别提供不同的价格信息发布渠道，否则可能因低价策略混乱导致营销渠道混乱。

因为消费者可以通过搜索功能便捷地在网上找到最便宜的商品，所以在网上发布价格时要注意比较同类商品公布的价格，否则价格信息公布会起到反作用。

图5-2 某品牌羽绒服的促销价格页面

5.2.2 定制生产定价策略

1. 定制生产的内涵

按照顾客需求进行定制生产是网络时代满足顾客个性化需求的基本形式。由于消费者的个性化需求差异性大，加上消费者的需求量又少，因此企业为了满足消费者个性化的需求就必须实行定制生产，即从管理、供应、生产和配送各个环节上，必须适应这种小批量、多式样、多规格和多品种的生产和销售变化。

2. 定制生产定价策略

定制生产定价策略是在企业能实行定制生产的基础上，利用网络技术和辅助设计软件，帮助消费者选择配置或者自行设计能满足自己需求的个性化产品，同时承担自己愿意付出的价格成本。因此，定制生产定价策略可以帮助企业通过细分市场进行分别定价，实现从整个市场获得最大利润的目标。为有效实施定制生产定价策略，企业必须掌握多方面的信息，如不同消费者对产品消费价值的看法、消费者需求的价格弹性、最佳规模效益、销售量对成本的影响等。如戴尔公司的用户可以通过其网页了解本型号产品的基本配置和基本功能，并根据实际需要和在能承担的价格内，配置出自己最满意的产品（如图5-3所示）。

图5-3　戴尔网站的个性化定制页面

5.2.3 使用定价策略

在传统交易关系中,产品买卖是完全产权式的,消费者购买产品后即拥有对产品的完全产权。但随着经济的发展和人民生活水平的提高,人们对产品的需求越来越多,而且产品的使用周期也越来越短,许多产品在被消费者购买后使用几次就不再使用了,非常浪费,可能在某种程度上会制约许多顾客对这些产品的需求。为改变这种情况,可以在网上采用类似租赁的、按使用次数定价的方式。

所谓使用定价,是指顾客通过互联网注册后可以直接使用某公司的产品,顾客只需要根据使用次数进行付费,而不需要将产品完全购买。通过付费,消费者拥有有限次数的产品使用权,而不拥有产品。这种定价策略的优点在于,一方面减少了企业为完全出售产品而进行的不必要的大量的生产和包装浪费,另一方面还可以吸引那些有顾虑的顾客使用产品,扩大市场份额。顾客每次只需根据使用次数付款,节省了购买产品、安装产品、处置产品的麻烦,还可以节省不必要的开销。例如,我国的用友软件公司推出的网络财务软件,用户在网上注册后便可在网上直接处理账务,而无须购买软件和担心软件的升级、维护等事宜;还有视频类产品,用户可以通过视频点播系统来实现在线点播,而无须购买。

5.2.4 拍卖定价策略

经济学理论认为,市场要想形成最合理的价格,拍卖定价是最合理的方式。网上拍卖是指网络服务商利用互联网技术平台,让商品所有者或某些权益所有人在其平台上独立开展以竞价、议价方式为主的在线交易模式。网络平台跨越了地域局限,虚拟集成了商家和消费者,大大降低了集体竞价的成本;拍卖竞价者只需在网上进行登记,将拍卖品的相关信息提交给交易平台,经审查合格后即可上网拍卖。根据供需关系,网上拍卖竞价方式有以下几种。

1. 竞价拍卖

竞价拍卖成交量最大的是C2C的交易,包括二手货、收藏品的拍卖,普通商品也可以以拍卖的方式进行出售。如惠普公司通常会将公司的一些库存积压产品放到网上拍卖。

2. 竞价拍买

竞价拍买是竞价拍卖的反向过程,消费者提出一个价格范围,求购某一商品,然后由商家出价,出价可以是公开的或隐蔽的,消费者将与出价最低或最接近的商家成交。

3. 集体议价

在互联网出现以前,这一种方式主要表现为多个零售商结合起来,向批发商(或生产商)以数量换取价格。互联网出现后,普通的消费者能使用这种方式购买商品。集体竞价模式是一种由消费者集体议价的交易方式,提出这一模式的是美国著名的Priceline公司。

目前拍卖竞价针对的购买群体主要是消费者,个体消费者是拍卖市场的主体。采用拍卖竞价并不是企业首要选择的定价方法,因为拍卖竞价可能会影响或破坏企业原有的营销渠道和价格策略。采用网上拍卖竞价的产品,比较适用于企业的一些库存积压产品,也可以用于企业的一些新产品。通过拍卖展示可以起到促销效果,许多公司将产品以低廉的价格在网上拍卖,以吸引消费者的关注(如图5-4所示)。

图5-4 淘宝网司法拍卖页面

5.2.5 免费价格定价策略

免费价格定价策略就是将企业的产品和服务以零价格的形式提供给顾客使用,满足顾客的需求。免费价格定价策略主要用于产品的促销和推广,是一种常见的市场营销策略,一般是短期的和临时性的。在网络营销中,免费价格不仅仅是一种促销策略,它还是一种非常有效的产品和服务定价策略,很多初创企业便是凭借免费价格策略一举获得成功。

1. 免费价格定价策略的目的

目前,企业在网络营销中采用免费价格定价策略,其主要目的有:一是,在用户免费使用形成习惯后再开始收费。刚推出的新产品,市场接受程度较低,而通过免费价格策略,可以培养用户的使用习惯,当取得一定的市场份额后,企业就可以实施一定的盈利模式,取得利润,如软件制造商允许消费者在互联网上下载限次试用软件,让消费者形成使用习惯后,再付费购买正式软件。二是,首先占领用户渠道,再发掘后续的商业价值。腾讯公司正是凭借免费价格定价策略迅速聚集起来的庞大的QQ用户群体,轻易地从免费的聊天工具延展到门户网站、电子邮件服务、网络游戏、电子商务、网络社区等其他的收费、盈利领域。

2. 免费价格定价策略的类型

在网络营销中,免费价格定价策略的类型有四种:一是产品和服务完全免费,即产品或服务从购买到使用和售后服务的所有环节都实行免费服务,如很多报纸的电子版可以在网上免费浏览;二是产品和服务限制免费,即产品或服务可以被有限次或在有限时间内免费使用,超过使用次数或者一定期限后,若想继续使用就要付费购买,如某些杀毒软件允许用户注册后免费使用一定的次数,免费次数使用完后就需要付款,申请继续使用;三是产品和服务部分免费,企业为消费者提供免费的基本产品或服务,但如果消费者想获得性能更好的产品或服务时就需要付费购买,如艾瑞咨询网等著名的研究公司在网站公布部分研究成果,如要获取全部成果则必须付款购买,小说类网站免费公布了部分章节内容,若要阅读全部内容则要付费;四是产品和服务捆绑式免费,即购买某产品或者服务时赠送其他产品和服务,产品组合在一起的价格低于分别销售时的支付总额,如一些软件会实行捆绑式免费策略,通过成熟软件的销售带动新软件进入市场,通信公司免费赠送客户手机,条件是要每月要达到一定的消费额度。

3. 成功实施免费价格定价策略的要素

实行免费价格定价策略可能使企业承担很大的风险,为了提高策略实施的成功性,企业应做到以下几个方面:一是符合商业运作模式。互联网作为成长性的市场,获得成功的关键是要有一个成功的商业运作模式,企业在实施免费价格定价策略时必须考虑是否与商业运作模式吻合,如Google、百度的搜索服务是免费的,而关键词广告则成为其主要收入模式。二是产品获得市场认可。企业推出免费价格定价策略的产品首先要得到市场的认同,在产品和服务的品质上,不能明显低于市面上的收费产品,务必使消费者的使用形成习惯,如一些著名的门户网站提供了大量的实时性新闻报道,满足了用户对新闻的需求。三是把握免费策略产品推出的时机。企业在互联网上推出免费产品是为抢占市场份额,如果市场主要份额已经被他人占据或已比较成熟,那么企业想通过免费策略迅速聚集用户就不太可能。四是要精心策划。对免费产品也要做推广,要吸引更多用户来使用企业的产品,光靠价格免费是不够的,还要积极地宣传推广,引导用户使用免费产品,这样才能迅速聚集足够庞大的用户群体(如图5-5所示)。

图5-5 淘宝网免费试用页面

阅读思考 5-2

淘宝营销在价格策略上有哪些具体方式?

顾客会被什么样的价格促销活动吸引?什么样的价格策略在可以实现盈利和销售量增长?这些都是我们要思考的问题。现在,让我们一起来看看淘宝营销在价格策略上有哪些具体方式吧!

方案一:错觉折扣

人们普遍认为打折的东西质量会差一些,而我们换一种叙述方式:注重强调商品的原价值,让顾客觉得花更少的钱,买到了更超值的商品,这样所达到的宣传效果往往大不相同。

方案二:超值一元

"超值一元"就是在活动期间,顾客可以花1元钱买到平时售价几十元甚至上百元的商品。或许很多人不明白一个问题,这种促销方案不是让店铺亏本很多吗?其实不然,从表面上看,这种1元钱的商品确实赚不到钱,但是通过这些商品,店铺吸引了很多的流量,而一位客户如果购买了一件1元商品,那他同时再购买店铺里其他商品的可能性是很大的。

方案三:临界价格

所谓临界价格,就是在视觉上和感性认识上让人有第一错觉的价格。比如,以100元为界线,那么临界价格可以设置为99.99元或者是99.9元,这种临界价格最重要的作用是给顾客视觉错误:这件商品并没有上百元,也只不过几十元而已。

方案四:阶梯价格

阶梯价格,就是商品的价格随着时间的推移出现阶梯式的变化。比如,新品上架第一天按5折销售,第二天6折,第三天7折,第四天8折,第五天9折,第六天原价销售。这样给顾客造成一种时间上的紧迫感,认为越早买越划算,可以减少顾客的犹豫时间,促使他们进行购物。

方案五:降价加打折

降价加打折实际上就是对一件商品既降价,又打折,双重实惠叠加。相比纯粹的打折或者是纯粹的降价,这种方案多了一道"弯",但是不要小看这道"弯",它对顾客的吸引力是巨大的。对于顾客来说,一次性的打折方案和降价加打折比起来,顾客毫无疑问地会认为后者更便宜。对于店铺来说,提高了促销的机动性,也提高了因促销而付出的成本。

方案六:一刻千金

"一刻千金"的促销方案就是让顾客在规定的时间内自由抢购商品,并以超低价进行销售。比如某家店铺,每天早上9点到9点半拍下的宝贝,可以以5元的价格成交。这个促销方案看似会造成亏本,但是实际上这一举动给店铺带来了急剧的人气提升和很多的潜在客户,因为实际生活中30分钟的挑选时间是很仓促的,30分钟之后,顾客还是会在淘宝店里选购的,这样就增加了顾客购买的几率。

(资料来源:淘宝推广需要学会运用价格策略[EB/OL].(2015-11-06). http://blog.sina.com.cn/s/blog_edf27eba0102w65p.html.)

以上是淘宝营销在价格策略上的一些具体方式,你能分别找出具体的案例吗?

任务总结

无论是传统营销还是网络营销,价格策略都是最富有灵活性、艺术性、竞争性的策略,是企业营销组合策略中的重要组成部分。然而,随着互联网的普及和网络营销的发展,网络营销中的价格具有许多新的特点和内涵,其定价基础、定价原则、价格特点、价格策略等均不同于传统营销。

通过本项目的学习,大家可以理解影响网络营销定价的主要因素、网络营销的定价目标,掌握网络营销定价的种类和制定依据,并能够根据具体市场环境制定价格策略,以实现网络营销的目标。

资源链接

1. 奇正沐古官网　http://www.chinamarketing.com.cn
2. 金投网　http://finance.cngold.org
3. 腾讯网　http://www.qq.com

项目 6　网络营销渠道策略

知识目标

- 理解网络营销渠道的概念、特征和功能
- 理解网络营销渠道的种类
- 理解网络营销渠道建设的基本知识
- 理解渠道冲突的原因
- 掌握解决渠道冲突的策略

技能目标

- 能够根据实际需要设计网络营销渠道
- 能够分析渠道冲突问题的原因并提出对策

三只松鼠的营销渠道

三只松鼠是依赖线上电商渠道起家的互联网坚果品牌,从2002年成立之后,仅用6年的时间就卖出了160多亿元的坚果和零食,并且每年的销售额几乎都保持翻番增长,可以说是当前中国销售规模最大的食品电商企业。

三只松鼠是通过哪些渠道进行营销的?

1. 线上营销渠道

① 三只松鼠一直以旗舰店为主的方式在线上立足,而线上营销最大的优势就是可以快速推出一款产品并对新品进行测试。

② 除了旗舰店以外,基于微信生态圈的社交电商是线上营销的另一种渠道,线上营销可以更快、更有效率地让消费者了解商品,待商品一成熟便迅速推向全国。

2. 线下营销渠道

① 直营连锁的"三只松鼠投食店",目前已有45家门店,这45家店可以推动客户消费信息的回流。

② "2B"分销渠道,这种营销方式以零售通为代表,而且目前三只松鼠在零售通的业绩表现中是零食品类中的第一名。

③ "松鼠小店",这是三只松鼠目前正在尝试的联盟店,通过这些营销渠道可以便捷地服务消费者,同时这种营销渠道是品牌展示、消费体验和互动的重要途径。

(资料来源:三只松鼠章燎原:做难的事,不做容易的事[EB/OL]. (2018-11-09). https://www.sohu.com/a/274299430_350699.)

你了解网络营销渠道吗?网络营销渠道与传统营销渠道有什么区别?如何构建网络营销渠道?如何解决渠道冲突问题?请认真阅读本项目内容,相信会让你受益匪浅。

任务6.1 网络营销渠道概述

6.1.1 网络营销渠道的概念

美国市场营销权威专家菲利普·科特勒对营销渠道进行如下定义:"营销渠道是指某种货物或劳务从生产者向消费者移动时,取得这种货物或劳务所有权或帮助转移其所有权的所有企业或个人。"营销渠道即商品和服务从生产者向消费者转移过程的具体通道或路径。传统营销渠道是建立在传统传播与交易工具的基础上的,主要类别包括:百货业态性质的商场、连锁渠道、经销商渠道、代理商渠道、展会、专卖店渠道等。

网络营销渠道是指借助互联网技术提供产品或服务信息,以供消费者信息沟通、资金和产品转移的一整套相互依存的中间环节。它突破了传统营销渠道的地域限制,把企业和消费者连接在一起,简化了传统营销中的多种渠道的层次构成,把售前、售中和售后融为一体,能够实现营销渠道所涉及的商流、物流、资金流、信息流等功能的传递目的。

6.1.2 网络营销渠道的特征

1. 信息技术应用与营销沟通方式改善

基于信息交互的特点,利用低成本、及时性、跨时间、跨区域的优势,网络使得营销沟通的方式得以改进,这包括与顾客、员工、供应商和分销商等沟通方式的改进。由于信息收集及时准确,企业可以追踪顾客行为,为探寻更好的营销调研方式以及以更小的成本推动营销策略的调整开辟了新路径。

2. 去中介化与再中介化

去中介化与再中介化是互联网对营销渠道冲击的表现。互联网络的发展和商业化应用在某种程度上削弱了传统中介的作用,尤其在信息收集和处理方面;但海量的信息在某种程度上也给企业和消费者带来了困扰。因此,适应信息分析需要的新中介应运而生,这些中介在营销渠道的活动过程中发挥着诸如价格比较、在线商务、物流信息、咨询服务等功能。

3. 网络直销得以极大拓展

企业可以充分利用互联网，采用直销这种方式来强化沟通优势。渠道直销包括三种含义：一是通过互联网实现从生产者到消费者的网络直接销售渠道；二是中间商机构通过融入互联网技术提供网络间接营销渠道；三是企业将互联网作为信息发布和传递的载体和平台，直接和目标顾客、潜在市场、合作伙伴进行信息交流。

6.1.3 网络营销渠道的功能

以互联网为支撑的网络营销渠道涉及信息沟通、资金转移和产品转移等多个环节，除了传统营销渠道所具有的订货、结算和配送三大功能外，它还具有信息交互、客户服务功能。

1. 订货功能

在网络营销系统中，订货系统为消费者提供产品信息，同时方便企业获取消费者的需求信息，以求达到供求平衡。一个完善的订货系统可以最大限度地降低库存，减少销售费用。现在不少网上商城配置了能实现分销商、终端客户通过PC、手机等多终端设备下订单的订货系统，这提高了订货效率，降低了订货成本。

2. 结算功能

网络营销渠道完成交易后，要有一个能够实现货款结算的结算服务系统。消费者可以选择多种付款方式，因此商家应提供多种结算方式。目前既有邮局汇款、货到付款等线下支付方式，也有信用卡支付、网上银行、第三方支付等线上支付方式。如当当网就为消费者提供了货到付款、礼品卡支付、银行转账以及银行卡在线支付和网上第三方平台等支付方式。

3. 配送功能

一般的，产品分为无形产品和有形产品。无形产品如软件、服务、音乐、游戏点卡等，可以通过网络进行配送；有形产品的配送涉及运输和仓储等问题。专业配送公司的出现和快速发展是电子商务行业崛起的重要原因之一，如戴尔公司就选择了美国联邦快递公司完成货物的配送业务。近年来，我国物流配送企业发展迅猛，涌现出以"三通一达"为代表的专业快递公司，促进了电商行业的发展。

4. 信息交互功能

网络信息传递具有双向性，一方面，企业可通过网络向消费者提供产品的种类、价格、性能等信息;另一方面,企业也能够通过网络获取消费者的需求和对产品使用的反馈信息。

5. 客户服务功能

网络营销渠道连接产、供、销全部过程,能够为消费者提供接待、销售、商务、技术支持以及售后服务等全方位服务。网页文字描述、图片展示、视频播放等手段,能使消费者更好地了解产品信息和使用方法,通过运用网页即时通讯、网站在线客服等工具更好地满足消费者需求的及时性,从而增强消费者的黏性,提高企业的销售业绩。

6.1.4　网络营销渠道的种类

按照渠道长短的不同,可以将网络营销渠道分为网络直销渠道、网络间接销售渠道和双渠道三个类别。与传统的营销渠道相比较,网络直销渠道与传统直销渠道都没有中间商,基本没有区别;而对于分销渠道而言,网络营销只有一级分销渠道,即仅通过网络中间商来沟通买卖双方的信息,不存在多个批发商、零售商的情况,所以不存在多级分销渠道。

1. 网络直销渠道

网络直销渠道是指生产者不通过网络分销商,直接通过自己的营销网站与消费者进行商品交易的营销渠道,网络直接销售渠道一般适用于那些大宗商品交易和产业市场的B2B的交易模式。网络直销渠道的建立,使得生产者与最终消费者直接连接和沟通成为现实。

(1) 网络直销渠道的类型

目前常见的网络直接销售渠道有两种模式:一种是企业在互联网上建立自己的网站,由自己的网络管理员专门处理有关自己产品的信息发布和销售的相关事宜;另一种是企业委托第三方的信息服务商在网站上发布产品信息,企业利用这些相关的信息与消费者取得联系,从而销售自己的产品(详见图6-1)。

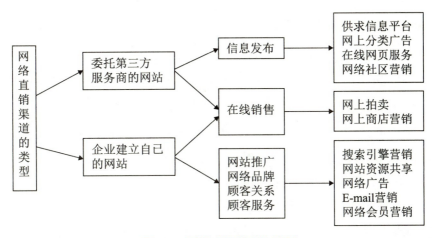

图6-1 网络直销渠道的类型

(2) 网络直销渠道交易的过程

交易双方首先会进行交易前的准备活动,消费者进入互联网查看企业或商家的销售网站,消费者发现想购买的产品后,在网上进行在线交易;企业在确认消费者付款后,通过物流配送系统将商品转移到消费者手中并提供售后服务,从而完成最终的商品交易。具体流程如图6-2所示。

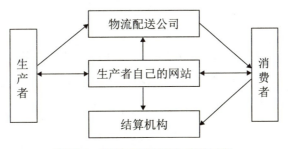

图6-2 网络直销渠道交易的过程

(3) 网络直销渠道的特点

第一,提高沟通效率。网络直销实现了企业与顾客的直接沟通,提高了沟通效率,使企业能够更好地满足目标市场的需求。第二,促进买卖双方共赢。由于网络直销渠道降低了企业的分销成本,企业能够以相对较低的价格销售自己的产品,消费者也能够以低于线下的市场价格购买到自己需要的产品。第三,提高营销的效率和促销的针对性。营销人员可利用多样化的网络沟通工具,如FAQs、QQ、电子邮件等,随时了解消费者的愿望和需要,并据此有针对性地开展促销活动,提高营销效率。第四,有利于企业对价格的控制。与传统分销模式相比,网络直销使企业能够有效运用价格的差异性和一致性来控制产品价格、规范市场运作、消除中间商对产品价格的影响。

2. 网络间接销售渠道

网络间接销售渠道是指通过运用互联网技术把商品由中间分销商销售给消费者的营销渠道。网络间接销售渠道和传统间接分销渠道有很大的不同,传统间接分销渠道可能包含多个中间环节,而由于使用了互联网技术,网络间接销售渠道只需要新型电子中间商这一个中间环节。网络间接销售渠道克服了网络直销的缺点,使网络商品交易的中介机构成为网络时代连接生产者和消费者的纽带。

(1) 网络间接销售渠道的类型

间接分销可以分为"代理"和"经销"两种形式。

网络代理是指网络供应商建立自己的网络批发商城,展示自己的产品,代理商通过与供应商建立分销关系,同时也在代理商自己的网店上展示供应商的产品,当顾客在代理商处下单后,代理商直接让供应商发货。这种模式中,网络代理商没有购买商品,不拥有商品的所有权。供应商收取代理费和成本价,而代理商获取差价利润。

网络经销是指网络经销商从网络供应商建立的网站上购买所需的产品,然后把这些产品在自己创建的网站上展示。当有顾客需要时,可以从网络经销商的网站上直接购买。在这种模式中,由于网络经销商购买了产品,所以其拥有商品的所有权。供应商赚取产品的产销差价,而网络经销商赚取低买高卖的差价。

(2) 网络间接销售渠道交易的过程

网络分销商利用先进的通信技术和计算机软件技术,把生产者、消费者、物流配送公司和结算机构(主要是银行)紧密联系起来,为消费者提供市场信息、商品交易、货款结算、物流配送等全方位的服务,其流程如图6-3所示。

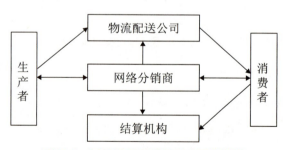

图6-3 网络间接销售渠道交易的过程

(3) 网络间接销售渠道的特点

第一,简化了市场交易过程。每位生产者和消费者之间都只需通过一个途径(交易中介机构)取得联系,大大简化了市场交易过程,提高了交易效率;第二,有利于实现规模经济,能够通过计算机自动撮合功能,组织商品的批量订货,满足生产者对规模经济的要求;第三,便利了买卖双方的信息收集,通过网络商业中介机构,买卖双方可以方便地交流、沟通,并在中介机构的撮合下,匹配供给和需求意愿。

3. 双渠道

在网络营销活动中,无论是网络直接销售还是网络间接销售,都存在一定的局限性。企业为扩大产品覆盖面,促进产品销售,通常采用双渠道。所谓双渠道,是指企业同时采用网络直接销售渠道和网络间接销售渠道,以实现产品最大限度的销售。

网络直销的销售业绩受网站知名度和访问量的限制。一些知名度较低、访问量小的企业,要想在短期内通过网络直销扩大产品销售几乎是不可能的。借助知名度较高的电子中间商的网站,通过开辟网上零售店等间接销售渠道,可以推动产品销售,提高产品知名度。从长期发展来看,企业有必要建立自己的网站并进行网络直销,建立双通道营销渠道是许多企业的最佳选择。

阅读思考 6-1

小米升级新零售体系,小米之家全国遍地开花

2018年9月19日,小米集团销售与服务部在成都市成华区东郊记忆召开了"海纳百川,合作共赢"新零售招标大会。通讯连锁零售企业、各地通讯零售龙头企业、商业地产的高层领导共同参与此次大会,深入了解小米的新零售模式。此次新零售招标大会让业界再一次领略到小米新零售在行业里的实力,为加快新零售布局再添一剂催化剂。

图6-4 小米之家场景

专卖店模式再升级,零售探索新指向

小米新零售战略乘胜追击,加快布局一、二线城市的同时,通过强强联合的方式开展小

米之家专卖店模式(如图6-4所示)。小米之家专卖店模式是小米和合作伙伴共同出资,联合运营的全品类专卖店,与小米之家直营店同属小米零售体系,享受新品同步首发,线上线下同款同价,门店享有区域保护政策,保证稳定的客流以及可观的销售业绩。

小米之家体系主要开设在城市核心商圈的中高端商场,是提供产品展示、科技体验、增值服务、商品销售、社交互动的创新零售品牌,也是满足消费者智能物联、消费升级、极客酷玩等需求的智能科技产品平台。在过去的一年之中,小米之家在全国遍地开花,已然成为追求高品质的生活的人群的宠儿,成为经济重地以及新型商业不可或缺的一部分。

全方位支持,全面赋能新零售

新品爆品优先支持,享受新品同步发售。小米自诞生以来一直以高性价比著称,深受广大消费者喜爱,但是用户很难买到新品。小米之家专卖店稳定分配,与官方售价保持统一。小米有品的产品也将部分进入专卖店,以利于提升复购率。

业务多元化,互利互惠。小米之家专卖店大力将合作商引入运营商业务,同时以相关资源帮助合作商。一位合作商介绍道:"原本没有运营商业务,但是通过小米相关工作人员的帮助,非常有幸地拿下了运营商业务。"同时小米金融也会与门店合作,如通过小米分期完成交易,将由小米金融将利润补贴给合作商。消费用户若产生贷款,则利润可再分。增加闪回收业务,实现零投入、零风险、高回报目标。

特殊支持,打破传统零售枷锁。小米通过派驻经过专业培训且有丰富零售经验的店长协助合作伙伴共同管理门店,让沟通更加顺利。同时提供统一培训,让操盘手以及副店长更加了解线上线下产品以及门店运营知识。此外通过大数据分析及LBS分析(基于地理围栏的服务系统),选择更适用于当地的产品,从而与电商渠道形成线上、线下的联动。

(资料来源:小米集团线下布局再升级! 业界大咖齐聚成都东郊探索新零售![EB/OL].(2018-09-22). https://baijiahao.baidu.com/s?id=1612270908327935457&wfr=spider&for=pc.)

课堂讨论

小米的销售渠道都有哪些?小米发展线下渠道的主要原因是什么?谈谈你对新零售的理解。

任务6.2 网络营销渠道建设与管理

6.2.1 网络营销渠道构建考虑的因素

由于企业自身经营特点和网络销售对象不同,网络销售渠道的构建就有很大区别。

1. 企业自身经营特点

对于企业而言,主要有B2B和B2C两种销售模式。B2B模式每次交易量较大,交易次数较少,并且购买方较集中,因此网络营销渠道构建的关键是建设订货系统,以方便购买企业进行选择;由于量大、次数少,因此可以进行专门运送,减少中间环节造成的损失。

B2C模式每次交易量小,交易次数多,并且购买方非常分散,因此网络营销渠道建设的关键是结算系统和配送系统,这也是网络销售必须要跨越的门槛。

2. 产品的特性

在选择网络营销渠道时还要考虑产品的特性,对于易于数字化的无形产品,可以直接通过互联网传输;对于大多数有形产品,还必须依靠传统配送渠道实现空间的转移。企业可针对电子商务环境的特点,进行配送网络的优化,以提高渠道的配送效率。

在网络营销渠道方式中,企业把整个营销渠道运作过程看作一个系统,以消费者或用户需求为出发点,从增强营销过程的整体性和系统性,减少环节之间的障碍、矛盾与风险的角度出发,达到降低运营成本,提高营销效率和顾客满意度的目的。

基于以上因素考虑,网络营销渠道建设主要通过整个营销渠道过程的观念创新、运行机制创新和技术创新实现,实现营销渠道过程的整体决策优化。

6.2.2 网络营销渠道的建设内容

1. 设计方便、安全的购物过程

首先,要从消费者的角度设计渠道。只有采用消费者比较放心、容易接受的方式,才有可能吸引消费者进行网上购物,从而克服网上购物"虚无"的感觉。如使企业的信息反馈系统快捷运行,以保证渠道的畅通;采用货到付款方式,以满足消费者的需求。

其次，订货系统要能提供良好的用户接口，不要让用户填写太多信息，采用流行的"购物车"方式方便货物的选购和结算。最后，订货系统应设置商品搜索和分类查找功能，包括商品的性能、外形、运送等相关信息。

2. 设置安全的结算系统

在选择结算方式时，应考虑到目前实际发展状况，尽量提供多种方式以方便消费者选择，如信用卡、电子现金、网络银行、第三方支付、货到付款等，还需要特别考虑移动端的支付方式。网上结算尤其要考虑其安全性，防止信息的泄露、窃取和篡改，要能适应多种支付网关接口的要求。

3. 建立完善的配送系统

消费者只有看到购买的商品到家后，才真正感到踏实，因此建设快速有效的配送服务系统非常重要。配送系统根据企业的性质和产品的特点提供多种模式便于选择，如国内生产、流通和综合性企业集团广泛采用的自营配送模式，大部分企业所采用的第三方物流配送模式、更先进的物流一体化配送模式和共同配送模式等。

6.2.3 渠道冲突及解决策略

由于网络作为新兴的销售渠道被企业引入，原有的渠道体系及利润分配格局被打破，网络营销渠道与传统渠道之间的交叉冲突日趋激烈。企业如何处理发展带来的渠道冲突问题，做到网络营销渠道与传统营销渠道有效整合，塑造企业的竞争优势十分关键。

1. 渠道冲突的表现形式

（1）网络中间商与传统分销商之间的冲突

一是代理传统分销商产品的中间商，其建立网上购物平台，经营来自多家分销商的多种品牌的产品，由于网上销售成本低，所以和传统渠道产生冲突。二是自建品牌的网络中间商，这类中间商往往紧跟时代潮流，贴牌经营传统市场中的畅销产品，目前在网络上非常常见，如淘宝网上的众多皇冠级商家，由于有自己专门的品牌，他们与传统渠道的冲突往往不太明显。三是代理核心企业产品的网络中间商，一般直接与核心企业联系，申请成为网上品牌代理商，成本更低，因此和传统渠道的冲突更加激烈。

（2）核心企业与传统分销商之间的冲突

目前核心企业越来越意识到网络市场巨大的潜力，纷纷开通网络渠道，特别是服装饰品、化妆品和家居日用行业，它们通过建立官网、入驻第三方平台自营电子商务，吸引了众多的消费者,对传统分销渠道造成了较大威胁。

(3) 核心企业与网络中间商之间的冲突

网络中间商的产品源于核心企业,而核心企业为了抓住电子商务发展机遇,自己也经营电子商城,这对网络中间商也是很大的威胁。

2. 渠道冲突的原因

(1) 面向的客户群体重叠

除非网络上卖的产品和线下渠道体系卖的产品的终端消费者是完全区隔开来的,否则这种冲突必定存在。网络渠道作为新兴的渠道模式对传统渠道的挤压是必定存在的,当两个渠道覆盖有共同的客户资源时,必然会产生冲突。当企业网店把线下消费者发展为用户,成为互联网渠道的客户(顾客)资源时,就和传统渠道发生了资源争夺,因而产生冲突。

(2) 互联网带来的价格冲击

网络的公开交互性,使得网络销售市场的价格透明度增加,相比传统渠道,其成本更低,导致同样产品在线上售卖的价格比线下零售店的价格要便宜,让线下渠道产业链产生很大的动荡。

(3) 利润的重新分配

在传统渠道中,每一级渠道分销商在转移或代理商品时,总希望能得到相应的利润,这是其分销或代理商品的动力所在。而在电子商务环境下,生产者为提升顾客满意度与忠诚度,会尽可能地绕过中间渠道,直接与消费者进行对话,促使大量的企业官方网络销售渠道和网络中间商的诞生,因而与传统渠道产生冲突。

(4) 搭便车现象

这一现象指的是生产商的网上销售搭了"传统分销商的优质服务的便车"。网上销售最大的缺点就是缺乏试用,此时消费者往往先通过互联网了解产品,然后在不同渠道商零售店感受实物、比较价格,最后通过网络渠道购买。传统分销商提供了除卖出商品外的所有其他服务,但是没有取得任何的收益,自然受怨言不已。

3. 营销渠道冲突的解决策略

(1) 规划设计合理的企业营销渠道体系

制订全方位的营销战略,规划设计合理有序、充满活力的渠道体系。以实现共同目标、共同利益为纲领,统一协商解决网络营销渠道与传统营销渠道冲突问题。企业必须做好渠道各层次间的整体匹配设计,提高渠道整体的协调性,避免市场冲突、资源浪费。

(2) 线上线下产品的差异化

企业在不同渠道分别提供不同的、各适其所的产品和品牌,避开同一产品在同一区域因在不同渠道的分销而引发窜货、压价等风险。一是针对网络消费者的需求,对原先的产品命名、包装等采用新的设计,保证其全部通过网上商城直销和网络渠道分销的方式销售,如帅康推出网络专销的"康纳"品牌、罗莱家纺推出的"LOVO"网络品牌。二是为传统渠道与网络渠道提供不同的产品线,如商家在网络渠道销售全新的产品,不销售传统渠道的产品。三是网络渠道定位于对线上的价格敏感群体销售库存产品,与线下渠道的专卖店等形象与价格都不冲突,如大部分服装企业及快速时尚行业都将网络渠道作为消化库存的渠道。

(3) 价格调节

价格一直是影响大多数消费者做出购买决策的重要因素之一,因此当制造商采用网上销售时,其价格策略就很重要。为了降低冲突,当传统销售渠道的产品与在线销售渠道的产品相似时,后者应给予不低于传统渠道产品的销售价格。

阅读思考 6-2

家居建材品类线上线下冲突解决之道

随着电商的兴起和繁荣,不少装修业主会选择到网上购买瓷砖、洁具、地板、卫浴等家居建材产品。线上交易的兴起,对于传统的家居建材经销商是不小的挑战。

统计发现,家居建材经销商受电商影响的品类有几个特征:一是标准化产品,二是体积重量适中的产品,三是售后问题少的产品。归纳起来,受电商冲击比较大的品类包括:开关、灯饰、浴霸、热水器、厨房电器、卫浴龙头、花洒、水槽、涂料等,一些重量比较重的产品如瓷砖、地板等很少受电商影响,而定制类产品木门、橱柜、衣柜、家具、窗帘等也大多在实体店成交。

在这种冲突中,很显然,线下的经销商是比较被动的。品牌是厂家的,产品也是厂家的,厂家要发展线上渠道也很正常。当然,厂家对线下传统的经销商利益也不得不作考虑。毕竟,传统经销商数量巨大,为了开拓市场和维持销量也需要维护其利益。

那么,如何平衡线上线下利益呢?

最近,上市厨电企业华帝在一份发布的公告中,对线上线下渠道利益冲突如何解决披露了自己的做法。总结起来,华帝的做法有三点:一是线上的产品是专供产品;二是线上产品与线下产品的差价在10%以内,低于行业平均价差;三是对于线上销售的产品,由线下经销商负责产品的配送、安装,作为回报,厂家给予经销商售后服务费和销售红利。通过这几种方式,厂家能够增加销量,并减少来自经销商的阻力。

梳理华帝的做法,企业如果既希望通过线上渠道增加产品销量,又不想"得罪"经销商,就需要通过售后服务和分红拉拢经销商。至于线上产品,大多与线下不一样,且销售价格相差空间有限。总体来说,线上出售的产品大多在线下没有销售,加上送货、安装、售后等费用,最终价格并没有比线下便宜多少。

或许,对于传统线下经销商来说,这是一条好消息。毕竟,市场这么大、客户这么多,线上线下共存是每一个品牌未来长期存在的现实。

(资料来源:线上卖火了,线下经销商咋活?这家公司告诉你玄机[EB/OL]. (2019-11-28). https://baijiahao.baidu.com/s? id=1651449655026849765&wfr=spider&for=pc.)

假如你是某企业的管理者,将如何应对线上线下"争夺战"?

随着营销环境的变化,渠道也在发生变化。渠道的实质在于使消费者能够最方便、以最低成本、最快捷地获得所需产品。网络营销渠道不但是传统营销渠道的补充,更是传统营销渠道的延伸,企业应随着营销环境的变化拓展自己的销售空间。

通过本项目的学习,大家可以了解网络营销渠道的概念、特征和功能,掌握网络营销渠道的种类,理解渠道冲突的原因,掌握解决渠道冲突的策略,并能够根据具体市场环境制订渠道策略,以实现网络营销的目标。

资源链接

1. 金招网　http://www.jz08.com
2. 搜狐网　http://www.sohu.com
3. 房天下网　http://sh.news.fang.com

项目 7　网络营销促销策略

 知识目标

- 理解网络营销促销的含义与功能
- 掌握站点推广和销售促进的常用方式
- 掌握网络公关的策略和方式
- 掌握网络广告的种类及效果评价方法

 技能目标

- 能够根据实际需要制订网络营销促销方案
- 能够针对特殊事件制订网络公关方案
- 能够根据网络广告的实践应用分析评价网络广告的效果

案例导入

巧克力控的梦想清单来啦!

2019年的"双十一"预售期,德芙巧克力推出了吃货达人的梦想清单,在2019年10月21日~11月10日期间,预付定金就能享受尾款立减的优惠(如图7-1所示)。

图7-1 德芙"双十一"预售活动

第一弹:多口味五碗装

满满的五大碗,多种组合可选,享受在嘴里瞬间融化的快感。预付定金20元,尾款就能立减15元,到手价仅需132.9元,单碗低至26.58元。

第二弹:奇思妙感礼盒

奇思妙感礼盒,带消费者奇味穿越,新增樱桃乌龙茶和芝士蛋糕口味,带来不一样的味蕾体验,还邀请李宇春力荐。预付定金10元,尾款就能减10元,到手价仅需69.9元。

第三弹:全新德芙天猫定制巧克力礼盒

想要送礼?全新德芙天猫定制巧克力礼盒,官廷风设计,高端的质感,内含多种爆款美味,国潮礼盒,送礼优选!预付定金20元,尾款就能立减15元,到手价仅需109.9元。

第四弹:定制小冰箱

想要保持新鲜感?那就买定制小冰箱吧!小巧便携,车家两用,随时随地保持新鲜感,还有三种口味的冰激凌巧克力,一口吃出少女心。预付定金40元,尾款就能减35元,到手价299.9元。

如果"双十一"可以品尝出滋味,那一定是德芙的丝滑味道。

(案例来源:微信公众号"德芙DOVE")

> **任务提示**

你是否曾看过京东"618"、天猫"双十一"、淘宝"双十二"的广告宣传,你是否也曾在各大电商购物节享受到实实在在的优惠?什么是网络营销促销?它有什么样的功能?电商企业或商家可以通过哪些方式开展促销活动呢?阅读本项目的内容,你将会找到答案。

任务7.1 网络营销促销概述

促销是指企业利用多种方式和手段来支援市场营销的各种活动。在传统市场环境中,企业促销虽有较成熟的模式,但也存在促销成本较高、促销策略组合单一、效果反馈较难等不足之处。在网络营销环境中,由于技术的进步,企业促销的对象、方式、范围、效果等发生了较大变化,为企业发展带来了新的机遇。

7.1.1 网络营销促销的内涵

1. 网络营销促销的含义

网络营销促销是指利用现代化的网络技术向虚拟市场传递有关产品和服务的信息,以启发需求,引起消费者的购买欲望和购买行动的各种活动。其形式主要包括站点推广、销售促进、网络广告、网络公共关系。

2. 网络营销促销的特点

网络营销促销具有以下三个突出的特点。

① 网络促销通过网络技术传递产品和服务的存在、性能、功效、特征等信息的。

② 网络促销在互联网这个虚拟市场环境下进行。

③ 互联网虚拟市场的出现,将所有的企业都推向了统一的全球大市场,使得机遇和挑战并存。

7.1.2 网络营销促销的功能

网络营销促销的功能主要表现在以下几个方面。

1. 告知功能

网络促销能够把企业的产品、服务、价格、品牌、文化等信息传递给消费者,拉近与消费者的距离,引起他们的注意。

2. 说服功能

网络促销的目的在于,通过各种有效的方式解除目标受众对产品和服务的疑虑,使其坚定购买决心。

3. 反馈功能

网络促销不仅能够快速高效地向消费者传递信息,而且可以实现实时、异地的双向沟通,带给客户极佳的购物体验。

4. 创造需求

行之有效的网络促销活动,不仅可以诱导需求,而且可以创造需求,不断扩大目标受众范围,提高销售量。

5. 稳定销售

如果企业产品的销售量波动比较大,市场地位不稳固,通过定期、不定期的网络促销活动,提升产品和品牌的曝光率,树立优良的企业形象,可以增强用户黏性,达到稳定销售的目的。

7.1.3 网络营销促销策略分析

网络营销促销策略是促销形式的选择和有机组合,理论上可以分为单一型策略、二元型策略和多元型策略。

1. 单一型策略

单一型策略的特点是主体只选择单一的形式开展网络促销。这种策略的优点是:促销成本较低,简单易操作,促销活动设计与实施较容易;其缺点是:促销效果较差,使用性较小,适用范围较窄。一般刚刚接触网络营销的主体或特殊的行业会采用此种策略,如小型企业、个人网站或政府等。其模式如图7-2所示。

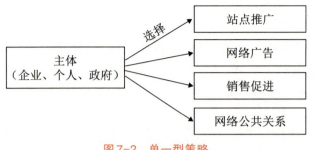

图 7-2 单一型策略

2. 二元型策略

二元型策略的特点是主体选择两种网络促销方式作为其促销策略。这种策略的优点是：针对性强，较易于操作，适用范围较宽，促销成本适中，活动制作实施不难；其缺点是：比较适合产品品种单一的小企业，或有特殊促销目的的企业，不适合拥有多品种的大企业。其模式如图 7-3 所示。

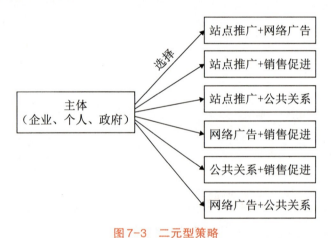

图 7-3 二元型策略

3. 多元型策略

多元型策略的特点是主体至少选择三种网络促销基本形式作为其促销策略。这种策略的优点是：促销效果好，适用范围宽，更能体现网络促销的整合效果；其缺点是：促销成本高，促销活动制作较复杂。这种策略适合多品种、大规模的企业，可以发挥出意想不到的效果；但品种单一的小企业若采用此种方式，会造成企业资源的浪费。其模式如图 7-4 所示。

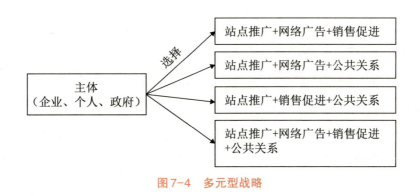

图 7-4　多元型战略

7.1.4　网络营销促销的实施

1. 确定网络促销对象

在开展网络促销活动之前,企业要通过市场调查等手段,精准定位消费者群体,了解他们的需求、通常采用的信息搜索方式、喜欢的互动形式及消费习惯等,并据此寻求人群、主体、时机、方式、网站等资源整合的最优解,努力达成既定的销售目标。

2. 设计网络促销内容

网络促销的最终目的是引导消费者产生购买行为,这就需要通过设计具体的信息内容来实现。消费者的购买过程是一个复杂的、多阶段的过程,促销内容应当根据购买者目前所处的购买决策过程的不同阶段而有针对性地展开。

3. 决定网络促销组合方式

网络促销组合方式的选择,需要根据企业的发展阶段、产品的特点和类型、促销的目标、市场特点、消费者不同的购买阶段及产品的市场生命周期等多方面因素综合考量。

4. 制订网络促销预算方案

"好钢用在刀刃上",将有限的时间、精力和资金投放到能产生最高价值的地方是企业的追求目标。在制订网络促销预算方案时,企业要明确网上促销的方法及其组合的办法,要确定网络促销的目标,要明确希望影响到的群体、阶层和范围。

5. 评价网络促销效果

对网络促销效果评价的数据主要来源于两方面:一是互联网上的统计软件,比如网络广告的浏览率、点击率、回馈率、购买率等指标,了解企业的优势、劣势及与其他促销者的对比;二是对市场实际效果进行测量,比如销售量的增加情况,市场占有率、成本和利润的变化等,从而评判促销决策是否正确。

6. 加强网络促销过程的综合管理

网络促销的成功实施,离不开对整个过程的计划、组织、领导和控制。在促销实施过程中,应不断进行信息沟通和协调,以保证企业促销的连续性、统一性;同时对于偏离促销目标的活动应及时纠正,以保证取得最佳的效果。

网络促销与传统促销的区别

网络促销与传统促销的区别如表7-1所示。

表7-1 网络促销与传统促销的区别

	网络促销	传统促销
时空观	电子时空观	物理时空观
信息沟通方式	网络传输,形式多样,双向沟通,高效便捷	传统工具,单向传递,效率不高
消费群体	网络消费者,全球市场	普通大众,区域市场
消费行为	主动获取信息,大范围选择,理性消费	冲动型消费
效果评估	指标体系整合,评价系统软件,评价及时又准确	简单的指标对比,简单的记录分析,评价相对滞后

情人节即将来临之际,好时巧克力计划推出情人定制款套装,请为其拟定情人节定制款巧克力套装的促销策略。

任务7.2 网络站点促销

7.2.1 网络站点推广

1. 网络站点推广概述

网络站点推广通过对企业的网络营销站点进行宣传,达到吸引互联网用户访问的目的,从而实现推广企业及其产品的效果。站点推广的首要目标是提高网站、商城或店铺内容和服务的质量,提升新颖性、趣味性等;同时在"酒香也怕巷子深"的时代,通过网络广告、搜索引擎等多种渠道加强对站点的宣传和推广。

(1) 要达到站点推广的目的,必须遵循以下几点原则。

① 效益/成本原则。企业的发展壮大需要重视短期效益的提升,更需要注重长期效益的考量,由此才能在市场上站稳脚跟。

② 稳妥慎重原则。因消费者的注意力资源有限,站点留给消费者的第一印象至关重要。在站点没有建设完成或运行不稳定时,不要急于进行推广,要参照相关的标准,确保极佳的用户体验。

③ 锁定目标受众原则。在茫茫"网"海中,有数量庞大的网民,这就要求在提高站点知名度及传播规模的同时,企业要锁定目标网民,集中力量来影响这部分消费者。

④ 综合安排实施原则。由于不同消费者有各自偏好的网上信息搜索方式、互动平台、网络浏览时间段等,因此企业需要采用多样化的站点推广手段,以不同的方式吸引不同的网民。

(2) 站点推广方式的分类有以下几种。

① 根据站点推广的范围来分,可分为对外推广和对内推广。

② 按照投入和成本来分,可分为付费推广和免费推广。

③ 根据推广渠道的不同,可分为线上推广和线下推广。

④ 按照推广目的来看,可分为品牌推广、流量推广、销售推广、会员推广等。

2. 网络站点推广的常用方法

(1) 企业网站常用的推广方法如下。

① 搜索引擎注册。搜索引擎使用的方式主要包括两种:一是按关键字检索查找,二

是分类目录式查找。要想搜索引擎注册取得好的推广效果,站点推广人员需要了解各搜索引擎排名及关键字检索的规则和算法,不断地尝试、总结。

② 建立链接。在互联网上,通过超链接可以将分散在世界各地的信息连接在一起,缩短网页间距离,提高站点的被访问概率。一般建立链接可采取以下几种方式:建立友情链接、在行业站点上申请链接、通过专门的站点交换动态的链接。

③ 发送电子邮件。通过邮件列表、新闻邮件、电子刊物等形式,在向用户提供有价值信息的同时进行站点的宣传。通过用户公开的个人资料、会员注册的信息,获得目标客户的邮件地址或租用邮件列表服务商的邮件地址,定期利用邮箱列表发送产品广告与企业信息。

④ 信息发布。将相关的网站信息或具有新闻性的事件发布到其他潜在客户可能访问的网站上,并利用潜在客户在这些网站获取信息的时机,进行信息推送,达到推广企业站点的目的。这些信息发布的网站具体包括论坛、博客、在线黄页、供求信息平台、行业网站、分类广告等。

⑤ 提供免费服务。企业在网站中提供一些免费的服务,如数字化产品和服务的免费试用、商品样品的免费赠送,在这些服务中加入自己的广告或者链接。免费服务通常具有较强的吸引力,可以迅速地让网站得到推广。但要注意,所提供的免费商品或服务应与所销售的产品密切相关,从而将访问者转化为消费者。

⑥ 发布网络广告。利用网络广告推销站点是一种比较有效的方式,可以在适当的站点上购买广告栏发布广告;还有一种做法是加入广告交换组织,广告交换组织通过不同站点的加盟后,在不同站点交换显示广告,起到互惠互利、相互促进的作用。

(2) 微商城常用的推广方法如下。

① 人际关系传播。微商城可借助各种社交软件、贴吧、社区等平台,比如通过朋友圈、微信好友、组建微信群等渠道推广宣传。店铺也可举办各种活动,比如有奖问答、抽奖活动、购物节等,从而增加曝光量。

② 通过公众号引流。因微商城一般是与公众号绑定在一起的,因此可以通过公众号吸引粉丝,再将粉丝转化为商城用户。公众号则可通过持续发布优质内容、优惠活动、利用第三方平台等多种方式吸引用户关注。

③ 线上线下融合引流。通过二维码推广,在网站上设置二维码,或者在宣传册或企业产品上印刷二维码,将线下流量引入线上,引导用户扫码关注或进入商城。

④ 举办各种营销促销活动。通过拼团、砍价、团购等方式,利用社交圈的裂变传播以更低的价格购买商品,实现口碑营销,触达更广范围的人群。

⑤ 分佣推广。分佣是微商城最具特色的功能之一,与推广员、消费者分佣,将其作

为微商城的分销商将产品分享出去,其他用户通过该渠道进入商城下单购买即可赚取佣金。

⑥ 商城好评、晒图、分享奖励。微商城商户可鼓励用户对已购买商品进行评价、晒图分享,以获得相应的奖励,这样既能吸引新客户,又能维持老客户,提升品牌的美誉度和信誉度。

7.2.2 网络销售促进

1. 网络销售促进概述

网络销售促进就是在网络市场上利用销售促进工具刺激顾客对产品的购买和消费使用。根据市场扩散理论,当一种新产品或一种新的销售方式刚刚进入市场时,敢于尝试的消费者大约只有2.5%,实施销售促进能有效引发消费者的关注和参与意识,吸引老客户的重复光顾,激发潜在客户进行尝试。而一旦客户亲身体验后,他们会通过口碑等方式传播自己的感受和体会,由此影响更多的消费者。

2. 网络销售促进的形式

(1) 免费促销

由于互联网具备快速传播和高效信息分享功能,企业可以通过互联网提供免费的产品、服务或资源,满足消费者需求,从而吸引大量用户访问企业网站,提高站点流量并从中获益。比如计算机软件厂商提供软件免费下载服务,给予用户一定的试用期或使用权限,在此期间不断向用户推荐软件的增值或特色付费服务,激发用户的消费需求。

(2) 有奖促销

有奖促销是互联网上应用较广的促销方式之一,多数消费品或服务都可通过竞赛、游戏、抽奖等手段,引起消费者注意,扩大潜在客户群。除了开展产品促销、有奖活动,还可以进行调研、推广活动、庆典等,访问者通过填写问卷、注册、参与活动等方式获得抽奖机会,商家可以利用网络的交互功能,收集访问者的信息,建立消费者资源数据库,为后续的精准营销奠定基础。比如小郎酒在京东上开展有奖促销活动,取得良好的效果,详见图7-5。

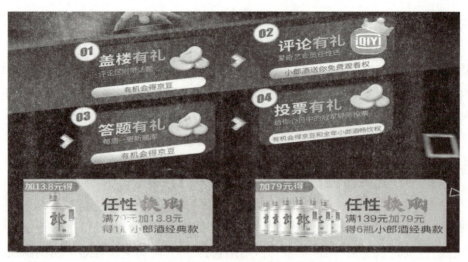

图7-5 京东小郎酒有奖促销活动

(3) 折扣促销

折扣,又称打折、折价,指企业对标价或成交价格,实行降低部分价格或减少部分收款的促销方式。网络营销竞争越来越激烈,企业开展定期、不定期的促销活动,增加企业和品牌在消费者面前的曝光量,获取稳定的客户。常见的折价促销方式有:合购折价、数量折价、产品组合折价、特定时段折价、新媒体折价等,如图7-6所示的苏宁易购平台折扣促销活动。

图7-6 苏宁易购平台折扣促销活动

（4）赠品促销

赠品促销也是常用的促销手段之一，其可以提升网站和品牌的美誉度和知名度，鼓励消费者多次光临网站寻求更多的优惠信息。赠品促销常用于新产品推出试用、产品更新换代、对抗竞争品牌、开辟新市场等情况，如购买图书时赠送电子书或附加书目、购买服装时赠送围巾以及图7-7所示的京东组装电脑赠品促销活动等。另外赠品的选择也至关重要，要注意赠品与产品的关联性，赠品应具有较强的吸引力，要保证赠品的质量及在合理的预算范围内。

图7-7 京东组装电脑赠品促销活动

（5）积分促销

积分促销是指消费者可以通过每一次购买商品或参加活动获得一定的积分，在会员日或消费者生日等特殊时段，甚至可能获得双倍积分；当积分积累到一定数目，消费者则可以用来兑换商品或冲抵消费金额。积分促销可以鼓励消费者多次购买或参加某些活动，企业更可以与消费者建立长期友好的关系，大大增加客户黏度。

（6）联合促销

联合促销是指不同的商家联合开展促销活动，联合促销的产品或服务可以产生一定的优势互补，互相提升自身价值。非竞争性的商家之间通过组建线上促销联盟，实现线上资料库互联，可以有效扩大潜在消费者群体，互利互惠。比如汽车销售平台与保险销售对接、网上房地产企业平台和建材商联手等。

(7) 拍卖促销

拍卖促销是比较新颖的网络促销方式。企业开展拍卖促销前要注意向消费者提供详尽的活动信息,包括商品名称、数量、规格、拍卖底价及规则等。拍卖卖出的商品有的可能高于零售价,有的可能低于零售价,其形式新鲜有趣。同时要注意拍卖促销的时机选择,一般应选择周末、节假日等消费者时间比较充裕的阶段;活动开始前期,需要做好宣传和推广工作。

(8) 会员制促销

会员制促销指的是企业通过发展会员,提供差异化的服务或精准营销,以提升用户黏性和忠诚度,建立长期稳定的市场。企业依托所拥有的会员信息数据库,可以深度挖掘消费者的需求,为企业开展个性化营销提供依据;通过与会员的互动沟通,商家可以及时把握市场和用户需求的变化,调整生产或服务策略,在市场上占据先机。

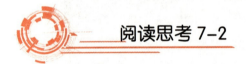

阅读思考 7-2

如何利用搜索引擎推广站点

第一步:将网站提交给各个搜索引擎,这样用户通过搜索就能找到本商家的店铺。

第二步:让搜索引擎快速收录自己的网站。比如提升网站页面的价值、巧妙设计网站结构、突出关键词、定期更新、增加外链等。

第三步:巧借博客,增加流量。在一些知名度较高的博客上为网站做扩展链接,或者把店铺的宝贝发布到博客上,可以更容易被搜索引擎收录。

第四步:论坛发帖。选择一些大型论坛,在合适的板块发布有价值的信息,嵌入网站链接,也是不错的办法。

第五步:利用其他网站资源。登录免费发布信息的网站,发布店铺或商品信息并实时更新,尤其与网店有相关性的网站要多加重视与运用。

第六步:使用网摘。网摘的 RSS 被很多网站每应用一次,就可能就会把本商家的页面传播到很多地方。

网络促销形式丰富多样,试讨论分析各种促销形式的适用情境。

任务7.3 网络公共关系

7.3.1 网络公共关系概述

1. 网络公共关系的含义及构成要素

（1）网络公共关系的含义

公共关系作为一种重要的促销方式，指的是社会组织为了改善其与周围公众的关系，加深社会公众对组织的认识、理解和支持，从而树立良好的形象，促进产品销售的一系列活动。

目前关于网络公共关系，还没有统一的定义。一般来说，根据使用的网络媒介类型，可将网络公共关系分为广义与狭义两种定义。广义上的网络公共关系是指网络化组织以电信网络、有线电视网络及计算机网络为传播媒介，来实现营造和维护组织形象等公共关系目标的行为。狭义上，网络公共关系是指组织以计算机网络为传播媒介，来实现公共关系目标的行为。本书中，我们主要采用狭义上的网络公共关系概念。

（2）网络公共关系的构成要素

网络公共关系的构成要素包括社会组织、公众、传播媒介。

① 社会组织。社会组织是网络公共关系的主体，企业作为重要的经济组织，在互联网环境中，为了谋求更好的生存和发展，需要积极主动地开展网络公共关系，营造良好的内外部环境。

② 公众。公众是网络公共关系的客体，是指与网络公共关系主体相互联系、具有相关目的和利益的社会群体，包括由企业内部员工和股东等组成的内部公众以及与企业经营活动密切相关的消费者、供应商、中间商、媒体、社区、政府等外部公众。

③ 传播媒介。传播媒介是网络公共关系的载体，主要包括广播、电视、杂志等大众媒介，新闻发布会、茶话会等群体媒介，姿态、图画等符号媒介和社会名流、舆论领袖等个体媒介。

2. 网络公共关系的特点与优势

（1）互动性

互联网技术为公共关系主体和社会公众提供了便捷的互动和交换渠道，受众不再仅仅被动地接收信息,而同时成为信息的生产者和传播者,可以更广泛地参与到公共关系活动的过程中。

(2) 自主性

网络公共关系突破了传统公共关系的时空、传播媒介等限制性因素,网络公共关系主体拥有更大的主动权和自主性。企业可以使用文字、图片、动画、音频、视频等多种形式承载公关信息,选择搜索引擎、新闻、博客等多种途径传播和交流信息,扩大网络公共关系的参与度提高宣传推广的效果。

(3) 多样性

互联网平台为网络公共关系带来了多样的课题和传播途径,比如微博、微信、论坛等传播工具,有利于企业多渠道整合公共关系资源和活动。同时,不同的公共关系形式也能更好地满足企业不同的公共关系目的,比如树立形象、推广品牌、扩大销售、危机公关等,企业可以有所侧重,选择多种组合开展公共关系活动。

(4) 迅速性

相比传统的广播、电视、报纸等传播渠道,互联网信息传播得更快速、范围更广,可以使企业的公共关系信息和活动在极短的时间内快速扩散,吸引更多的公众参与其中。

(5) 可靠性

借助互联网这一平台,企业可直接面对社会公众,有利于减少公共关系信息在传播过程中的错误或各个传播渠道的不一致现象。同时,企业可以随时检测公共关系活动开展的效果和情况,如遇特殊事件,可快速便捷地调整策略和信息,获得更多的权益或及时止损。

(6) 成本低、效果佳

互联网为企业提供了免费自由发布信息的平台,开展网络公共关系活动的成本更低。同时,互联网超时空、效率高、针对性强等特点,又为提升网络公共关系的效果提供了强大的支撑,是一种低投入、高回报的公共关系方式。

7.3.2 网络公共关系的策略

网络公共关系的有效开展离不开对其整个过程的综合管理,要充分发挥网络公共关系的优势,可以采取以下几种策略。

1. 加强与新闻媒体的合作

网络新闻媒体一般有两大类别:一类是传统媒体的网络媒体,通过互联网发布媒体信息;另一类是新兴的网络媒体。媒体具有广大的受众面和影响力,企业需要与媒体保持紧密合作关系,使得网络公共关系触达更多的社会群体。

2. 选择恰当的工具和方法

企业可以根据网络公共关系的目的和需求,选择最合适的工具或方法组合,达到更好的效果。比如利用新闻组和公告栏,企业可以发布产品销售的信息,积极参与讨论,营造气氛,促进宣传和推广效果。

3. 构建多样化的网络沟通渠道

互联网上的消费者因年龄、职业、教育背景等方面的差异,可能会偏好不同的网络信息搜集和交流方式。因此为了吸引更多的潜在消费者群体,企业需要通过多种渠道与消费者建立连接,及时传递和沟通企业和产品信息,确保消费者获得良好的使用与消费体验。

4. 遵守诚实信用原则

诚实信用是企业立足和发展的根基。在互联网上,因商家与消费者不是面对面的,消费者无法直接触摸、使用产品,故可能存在一定的疑虑。企业必须严加管理、不断提升产品和服务质量,对消费者一诺千金,坚守诚实信用,才能树立优良的形象。

5. 注意网络安全

互联网具有开放性,网络系统可能会面临黑客等不法分子的攻击,给企业造成不必要的损失。因此,注重网络安全是企业开展网络公共关系的必要前提。企业可以加强自身的管理,制订紧急预案,做到未雨绸缪,有备无患。

6. 积极应对网络危机公关

企业面临的网络经营环境复杂多变,难免会出现一些意想不到的信息,可能会造成公众对企业的误解或使企业的形象受损。当面对负面的舆论时,企业不可以坐视不理,而应及时采取网络公共关系策略化解危机,迅速找出问题的根源,重塑企业形象。

7.3.3 常用的网络公共关系方式

1. 搜索引擎公关

搜索引擎公关是指个人或社会组织通过有意干预,使得用户在检索信息时,搜索引擎能尽可能显示有利于自己的信息,同时减少负面信息,使个人或社会组织处于比较有利的地位。搜索引擎公关内容主要包括搜索排名、相关搜索及下拉框显示等。

搜索排名是指用户在搜索引擎网站输入关键字搜索信息时,显示页出现的搜索结果排序情况。主要通过投入广告费、发布新闻、搜索引擎优化等方式,使得对组织和个人有利的信息,尽可能排名靠前,触达更多的用户。

相关搜索是指用户在搜索信息时,出现在搜索框下方的相关搜索结果。如图7-8所示,在百度上搜索"网络公关",在搜索框下方出现了"网络公关公司排行""奔驰危机公关""网络公关营销公司"等信息。相关搜索栏也是较佳的企业宣传路径。

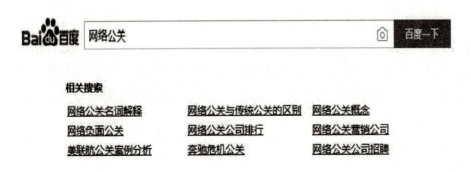

图7-8 百度相关搜索

下拉框显示指的是在搜索引擎输入某关键词后,系统自动显示最近被搜索最多的相关词(如图7-9所示)。下拉框中加粗的黑字体,可能将会吸引用户去点击查看。

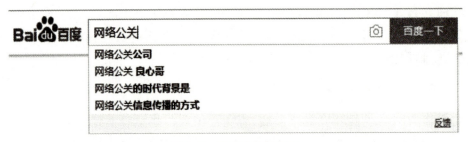

图7-9 百度下拉框显示

2. 网络新闻公关

网络新闻公关是指组织或个人通过互联网发布具有一定传播价值的信息,向与其利益相关的公众传递相关的信息并进行沟通交流,从而实现优化企业形象、品牌推广、产品销售等特定的目的,如图7-10所示的新闻公关稿。网络新闻公关要注意新闻事件的新鲜感和真实性及开展形式的生动性,同时必须严格遵守相关的法律法规。

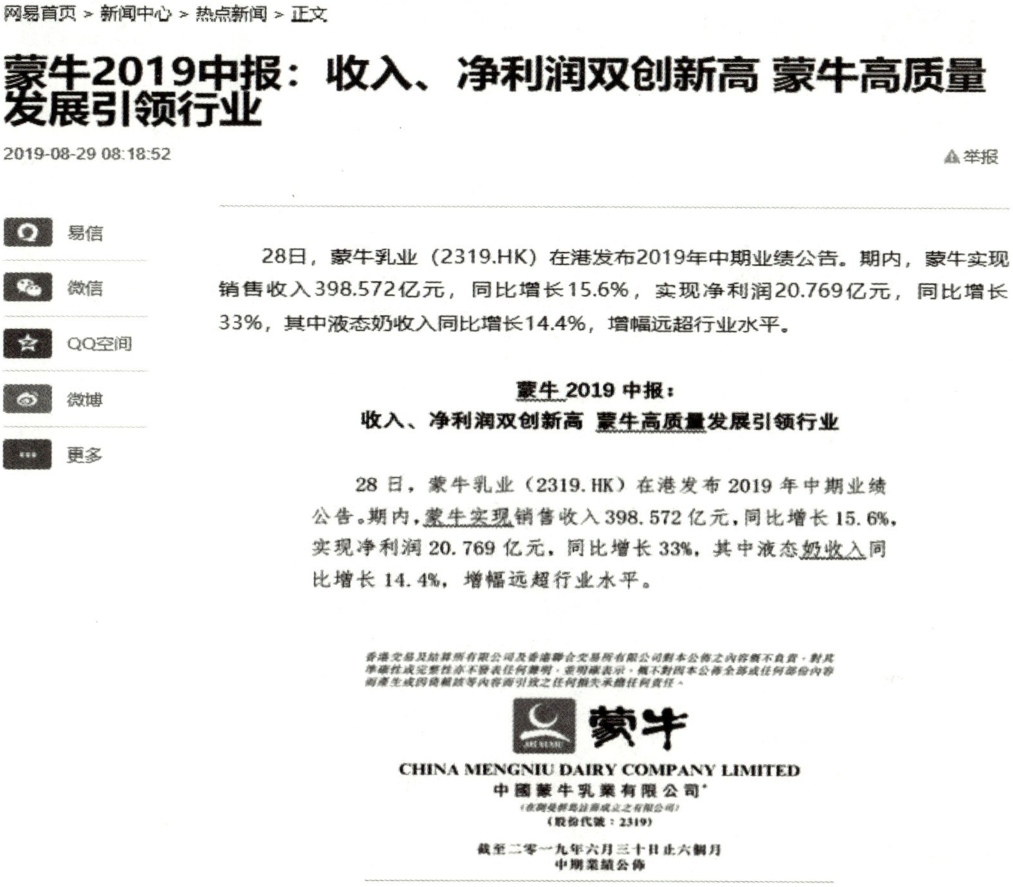

网易首页 > 新闻中心 > 热点新闻 > 正文

蒙牛2019中报：收入、净利润双创新高 蒙牛高质量发展引领行业

2019-08-29 08:18:52

举报

易信
微信
QQ空间
微博
更多

28日，蒙牛乳业（2319.HK）在港发布2019年中期业绩公告。期内，蒙牛实现销售收入398.572亿元，同比增长15.6%，实现净利润20.769亿元，同比增长33%，其中液态奶收入同比增长14.4%，增幅远超行业水平。

蒙牛2019中报：
收入、净利润双创新高 蒙牛高质量发展引领行业

28日，蒙牛乳业（2319.HK）在港发布2019年中期业绩公告。期内，蒙牛实现销售收入398.572亿元，同比增长15.6%，实现净利润20.769亿元，同比增长33%，其中液态奶收入同比增长14.4%，增幅远超行业水平。

香港交易及結算所有限公司及香港聯合交易所有限公司對本公佈之內容概不負責，對其準確性或完整性亦不發表任何聲明，並明確表示，概不對因本公佈全部或任何部份內容而產生或因倚賴該等內容而引致之任何損失承擔任何責任。

蒙牛

CHINA MENGNIU DAIRY COMPANY LIMITED
中國蒙牛乳業有限公司*
（於開曼群島註冊成立之有限公司）
（股份代號：2319）

截至二零一九年六月三十日止六個月
中期業績公佈

图7-10 中国蒙牛在网易发布的新闻公关稿

3. 互动问答公关

互动问答公关指的是网络公关主体运用互联网双向互动的优势，借助门户网站、论坛、网络社区等互动问答平台，通过一问一答或自问自答的形式开展的公关活动（如图7-11所示）。互动问答公关针对性较强，有利于精准锁定目标用户，成本低廉、可操作性较强，但要注意提供信息的准确性与合法性，同时保证较高的信息质量，这样才能长久地吸引消费者关注。

图 7-11 百度知道互动问答公关

4. BBS 公关

BBS 公关指的是通过在网站或网上社区等平台发布、传递或交流信息,吸引目标受众或媒体积极参与讨论、转发,并巧妙地引导社会舆论,以达到塑造形象、品牌推广、危机处理等目的。BBS 公关的核心是舆论引导,企业要注意实时关注论坛动态,与受众充分地沟通,利用官方发声、借助意见领袖的影响力、吸引媒体关注等方式,形成正面的舆论环境,促进公关目标的实现。

5. 博客公关

博客是以互联网为载体,可用以公开发布信息、介绍情况、与他人交流、进行个性化展示等主题活动的综合性网络平台,是以超链接为入口的网络日记。博客公关就是以博客作为媒介开展网络公关的形式。

6. 微博公关

微博公关即社会组织或个人利用微博这一平台开展公关活动,以实现信息传递、形象提升、产品促销、客户关系维护等多种目标。微博平台具有便捷性、传播性、原创性、互动性等特点,这使得微博公关拥有成本低、效率高的优势。

7. IM公关

IM公关又称即时通讯公关,指企业通过即时通讯工具IM帮助企业推广产品和品牌的一种手段。常用的方式有两种:一是网络在线交流,比如阿里旺旺贸易通、阿里旺旺淘宝版等;另一种是广告,企业可以在IM工具中插入广告位,比如聊天窗口嵌入、IM弹出对话框、IM界面嵌入等。IM公关具有跨时空、互动强、用户定位精准、便捷性、用户规模大等多种优势,是开展网络公关的良好渠道。

8. 微信公关

微信公关即社会组织或个人利用微信平台进行信息发布、传递和互动交流等,从而达成提升组织或个人的知名度和美誉度、开展促销、提升品牌价值等目标的一种行为。微信平台为开展公关活动提供了多种渠道,比如朋友圈、公众号、小程序等,具有使用方便、成本低、信息传播效率高等优势,如图7-12所示的褚橙微信公关活动。

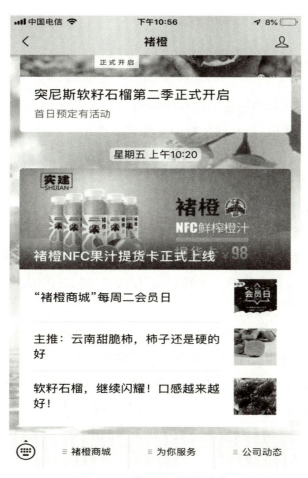

图7-12　褚橙微信公关活动

9. 网络活动公关

网络活动公关指的是社会组织以互联网为媒介,借助门户网站、论坛、新闻组等平台,在网上组织和开展的公关活动。网络活动公关可以通过网络征集(比如征集产品LOGO设计、视频、标语等)、网络调查、网络评比、网络公益、网络游戏、网络竞赛等多种形式开展,吸引不同的客户群,通过口碑传播,实现病毒式营销。

10. 网络危机公关

网络危机公关是指在发生舆情危机,尤其是网络舆情危机时,社会组织利用互联网维护企业的正面形象,并尽可能避免负面影响扩大化的一系列活动。危机事件出现后,企业要迅速掌握舆论主导权;积极应对负面消息,态度真实诚恳、有责任担当,进行正面澄清,通过搜索引擎优化等途径减少负面信息,必要时可以寻求网络公关公司的帮助。网络危机结束后,企业应深刻总结经验教训,不断完善自我,并进一步优化网络危机应对管理工作。

7.3.4 网络公关效果评估

企业等社会组织开展网络公关都有明确的特定的目的,比如提升品牌形象、提高销量、推出新产品、应对危机等,在此过程中企业需要投入一定的人力、物力、财力,因此作为盈利性组织,企业对网络公关的投入和产出的分析是非常必要的,所以开展网络公关的效果评估具有重要意义。

网络公关效果评估的常用指标如下。

① 网民初次参与度,即网络公关活动结束之后,网民对该公关活动的初次关注度和参与情况,比如点击率(点击率=被点击数/被显示数)、评论数和转载数等。

② 网络传阅率,即信息内容由于转载而引起的二次、三次阅读次数与刚发布时的一次阅读次数的比例,其公式为:

$$网络传阅率 = 再次阅读数 / 一次阅读数$$

传阅率越高,表明该信息内容的扩散范围越广,可能引起的影响也越大。

③ 媒体报道情况。主流媒体对网民的影响较大,媒体跟踪报道的数量和深度可以在一定程度上体现网民或社会对于该公关活动的关注情况。

④ 网络口碑。良好的口碑能为企业带来更多的潜在消费者,比如在淘宝、京东等购物平台上,其他消费者的评价对购买者有非常大的影响力。

⑤ 网络领袖。网络领袖在互联网上有相当高的知名度,对网民有一定号召力和影

响力,其体现的是公关主体的目的意志。网络领袖的出现标志着网络公关的在一定程度上取得成功。

除了以上评估指标,网络公关效果评估可以根据具体的情况设置其他评估变量,同时要合理设置各个指标的权重,科学合理地开展评估。

阅读思考 7-3

企业微博公关面临的机遇和挑战

微博因其便捷性、传播性、社交性和原创性,为企业公关带来了极大的机遇,但同时也带来不小的挑战。

1. 机遇

① 微博拥有海量的用户和完善的社交功能,为企业聚集粉丝、集中宣传提供了条件。
② 企业可通过微博进行高效的舆情监控。
③ 微博的营销方式丰富多样。
④ 微博能够整合传播渠道。

2. 挑战

① 舆情环境变化多端,同时消息的来源十分多样化。
② 危机爆发具有不确定性和不对等性,且不断增强。
③ 微博言论可能扩散到主流媒体。
④ 微博上危机爆发的频率更高、持续性更长。

课堂讨论 CLASS DISCUSSION

网络危机公关对企业意义重大,试总结网络危机公关实施过程中的注意事项。

任务7.4　网络广告

7.4.1　网络广告概述

1. 网络广告的含义

网络广告简单来说就是在网络平台上投放的广告,是一种利用网站上的广告横幅、文本链接、多媒体等方法,在互联网上刊登或发布广告,通过网络将广告传递给互联网用户的高科技广告运作方式。

1994年10月27日是网络广告史上的里程碑。美国著名的《Hotwired》杂志推出了网络版的《Hotwired》(www.hotwired.com),并首次在网站上推出了网络广告。这立即吸引了AT&T、Sprint、MCI、ZIMA等最初的14家广告买主,标志着网络广告的正式诞生。中国的第一个商业性的网络广告出现在1997年3月,英特尔和IBM是最早在国内投放网络广告的广告主,传播网站是比特网(Chinabyte),广告采用468×60像素的动画旗帜广告,IBM为AS400的网络广告支付了3000美元。

2. 网络广告对网络促销的意义

网络广告作为网络营销方法体系的重要组成部分,其所具有的价值绝不可忽视。网络广告对网络促销具有重要的意义。

(1) 网络广告可以触达更广范围的消费群体

网络广告可以将企业的品牌、产品、营销促销信息通过互联网传递给更多的消费者,从而为企业带来更客观的潜在流量。

(2) 网络广告有助于提升网络促销活动的效果

网络广告可以采用图文、音频、视频等丰富的表现形式,可以在门户网络、电商平台、社会化媒体平台、网络社区等多个渠道展现,从而进一步扩大网络促销活动的范围和影响力。

(3) 网络广告可以潜移默化地影响消费者的购买行为

根据美国广告学家E. S. 刘易斯提出的AIDMA法则,消费者从看到广告到发生购买行为之前的心理过程,包括引起注意、产生兴趣、激发欲望、强化记忆、促使行动等具体阶段。企业通过精心策划网络广告,巧妙结合消费者购物心理分析,可以动态地引导消费者产生购买行为。

(4) 网络广告可以促进企业不断优化营销策略

对网络广告投放效果的分析,可以指引企业调整和完善网络营销促销策略,实现更高层级和效率的精准营销,以更少的营销费用获取更多的营销效益。

(5) 网络广告有助于提升品牌知名度和用户黏性

通过朗朗上口、寓意丰富、新鲜有趣的网络广告文案,可以让消费者在获知品牌或产品信息的同时加深记忆,在消费者心中占据特殊的位置,加强品牌识别度和客户忠诚度。

7.4.2 网络广告的种类

网络广告的表现形式丰富多样,而且随着技术的进步和电子商务新业态的出现,网络广告也在不断地发展和进步中。目前,在国内外的网站页面上常见的网络广告形式大致有以下几种。

1. 展示性广告

展示性广告是在网页上以静态或超链接的方式展示企业广告内容或企业形象等的网络广告形式,可以分为以下几种形式。

(1) 网幅广告

网幅广告以 GIF、JPGE 等格式建立图像文件,定位在网页中来展现广告内容,同时也可以使用脚本语言及插件实现互动。网幅广告可以是一个简短的标题加上一个标志或者一个简洁的招牌,一般都具有链接功能,用户可以通过点击链接登录到相关的产品页面或企业网站,如图7-13所示。

图7-13　苏宁易购网幅广告

(2) 按钮广告

按钮广告即图标广告,图标可以是企业的标志,也可以是一个象形图标,或者是一个按钮的形状,通常采取超链的方式,用户点击时可链接到指定页面,如图7-14所示。

图 7-14 按钮广告

(3) 文字广告

文字广告,顾名思义,是指以文字形式向潜在消费者传递商品或服务信息、告知营销活动等的广告形式,根据网络广告的内容、目标等,文字广告可以单独运用,也可以与其他广告形式并用,如图 7-15 所示。

图 7-15 文字广告

(4) 弹出式广告

弹出式广告是用户在进入网页时,页面自动开启一个新的浏览器视窗,以吸引读者直接进入相关网址浏览,从而达到宣传目的的网络广告形式,其具有传播对象广泛、表现手段丰富、信息面广等优点。

(5) 通栏广告

通栏广告以横贯页面的形式出现,由于该广告形式尺寸较大,视觉冲击力强,能给网站访客留下比较深刻的印象,如图 7-16 所示。

图 7-16 杏花村通栏广告

2. 电子邮件广告

电子邮件广告是以电子邮件为传播载体的一种网络广告模式（如图7-17所示）。其内容可能全部是广告信息,也可能在电子邮件中穿插商品或服务的信息;投放可能是一次性的,也可能是多次性的或定期的。通常情况下,网络用户需要事先同意加入该广告邮件列表,才会接收到电子邮件广告,这是一种许可型的广告模式;那些未经许可而发送的电子邮件广告常常被视为垃圾邮件。

图7-17 电子邮件广告

3. 网络分类广告

网络分类广告指充分利用互联网的优势,对大规模的信息按照主题进行科学分类,并提供快速检索的一种广告形式。其一般放置在专业的分类广告网站或是综合性网站开设的相关频道或栏目中,借助平台的大流量获得更多用户关注。网络分类广告具有信息容量大,更新快,能够查询、收藏信息等优点,尽可能让用户付出最少的时间和精力成本获得最需要的相关信息,如图7-18所示。

图7-18 58同城分类广告

4. 搜索引擎广告

搜索引擎广告是指广告主根据自己的产品或服务的内容、特点等确定相关的关键词、撰写广告内容并自主定价投放的网络广告。当用户搜索到广告主投放的关键词时，相应的广告就会展示（关键词有多个用户购买时，根据竞价排名原则先后展示），并在用户点击后按照广告主对该关键词的竞价收费，无点击则不收费。

5. 互动式游戏广告

互动式游戏广告是基于客户端软件的广告形式，在一段页面游戏开始、中间或结束的时候，广告都可随之出现，并且可以根据广告主的产品要求为之量身定做一个专门表现其产品特征的互动游戏。互动游戏广告因融入趣味性、娱乐性、新颖性，再辅以相应的奖励措施，往往会在消费者头脑中留下深刻的印象。

6. 原生广告

原生广告是2012年新提出的一个概念，它是一种新的消费者体验，是一种互动式广告。原生广告注重以消费者本身使用该媒体的方式来传递信息，而尽可能减少对用户体验的干扰。其形式包括视频类、主题表情类、游戏关卡类、信息流广告、搜索引擎广告等，如图7-19所示。

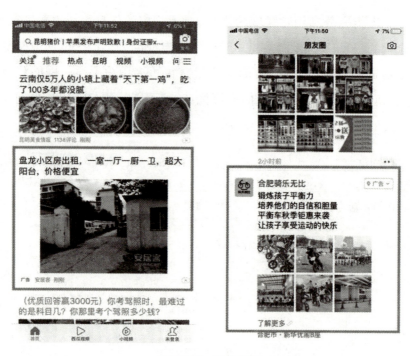

图7-19 原生广告

7. 网络视频广告

网络视频是内容分享式营销的一种方式,也是数字视频广告媒体的主要产品形式,用户在观看网络视频时会先看到一段视频广告,无论在PC、IP电视、平板电脑还是手机端都有广泛的应用。视频广告的主要形式包括贴片广告、暂停广告、角标广告等(如图7-20所示)。评价网络视频广告的投放效果,通常采用以下几种指标:点击率(点击数/显示数的比率)、显示量、平均播放时长、互动率、显示后访问等。

图7-20　优酷视频广告

8. 社会化媒体广告

社会化媒体又称社交媒体,是互联网上基于用户关系的内容生产与交换平台,主要包括社交网站、微博、微信、博客、论坛等。社会化媒体给予用户更多的主动性,用户不再仅仅是信息的被动接受者,也可以成为内容的生产者和传播者。目前社交媒体传播的信息已经成为人们浏览互联网的重要内容,因此其广告价值也日渐提升。

7.4.3　网络广告的计费方式

在策划网络广告时,成本预算是企业必须要考虑的问题,目前比较常见的计费方式如下。

1. 每千人印象成本(cost per mille,CPM;或者cost per thousand impressions)

CPM是以广告图形被载入1000次为基准的网络广告收费模式。若广告主购买30

个CPM,则他所投入的广告可以被播映30000次。其收费要根据主页的热门程度(即浏览人数)划分价格等级,采取固定费率。

2. 每千人点击成本(cost per click,CPC)

CPC是指以广告图形被点击并连接到相关网址或详细内容页面1000次为基准确定的网络广告计费模式。如果广告主购买30个CPC,则意味着投放的广告可以被点击30000次。CPC能更好地反映受众是否真正对广告内容感兴趣。

3. 每行动成本(cost per action,CPA)

CPA是指按广告投放实际效果,即按回应的有效问卷或订单来计费,而不限广告投放量的计价方式。CPA是广告主为规避广告费用风险而采用的计费方式,而这种广告费用风险实际上是被转嫁给了投放广告的网站。如果广告投放不成功,网站无法从中获利;一旦广告投放成功,则其收费将远高于一般广告价格。

4. 每购买成本(cost per purchase,CPP)

广告主为规避广告费用风险,只在网络用户点击其广告并进行在线交易后,才按销售笔数支付给广告站点费用。无论是CPA还是CPP,广告主都要求发生目标消费者的"点击"行为,甚至进一步形成购买行为,才对广告进行付费。

5. 其他网络广告计费方式

CPL(cost for per lead):以收集潜在客户名单多少来收费。

CPS(cost for per sale):以实际销售产品数量来换算广告刊登金额。

PPL(pay per lead):指根据每次通过网络广告产生的引导而付费的定价模式。

PPS(pay per sale):指根据网络广告所产生的直接销售数量而付费的一种定价模式。

7.4.4 网络广告效果评估

网络广告效果评估是指在网络广告活动实施完成后,通过一定的方法对广告活动的过程及广告效果进行评价反馈,以检验网络广告策略是否正确,评估目标达成情况。网络广告效果评估是一项系统工程,常见的评估指标如下。

1. 广告展示量

广告每一次显示,称为一次展示。展示量一般为广告投放页面的浏览量,通常反映广告所在媒体的访问热度。

2. 广告点击率

网民点击广告的次数,称为广告点击量。广告点击量与广告展示量之比,称为广告点击率,该值可以反映广告对网民的吸引程度。

3. 广告到达率

广告到达量指网民通过点击广告进入推广站点的次数。网民通过点击广告进入被推广网站的比例,称为广告到达率,即广告到达量与广告点击量的比值。广告到达率通常反映广告点击量的质量,是判断广告是否存在虚假点击的指标之一。

4. 广告二跳率

网民点击广告进入推广网站后,在网站上产生了有效点击的比例,称为广告二跳率,即广告二跳量与广告到达量的比值。广告二跳量是指广告带来的用户在着陆页上产生的第一次有效点击。广告二跳率通常反映广告带来流量的有效性、着陆页面对网民的吸引程度。

5. 广告转化率

广告转化率是指通过点击进入推广站点的网民形成转化的比例,即广告用户的转化量与到达量的比值。广告用户的转化量是指某些特定页面,如注册成功页、购买成功页等页面的浏览量。广告转化率通常反映广告的直接收益。

阅读思考 7-4

网络广告的优势和劣势

网络广告的优势和劣势如表 7-2 所示。

表 7-2 网络广告的优势和劣势

网络广告的优势	网络广告的劣势
受众范围广	用户可以对网络广告进行过滤
方式灵活,交互性强	网络广告的真实性较难把握
广告费用低	监管滞后
针对性强	存在无序竞争,水准参差不齐
可及时检测广告效果	强迫性广告较多
信息容量大	

网络广告的方式多种多样,请讨论PC端和移动端网络广告的异同点。

 任务总结

本项目介绍了网络营销促销的内涵、功能及实施过程,重点讲解了开展网络营销促销的四种方式,即站点推广、销售促进、网络公关和网络广告。针对网络促销的各个方式,详细介绍了其含义、种类、实施策略及效果评价等内容,帮助读者认识到开展网络促销的重要性和可行性,企业应根据自身及产品特点等因素,综合考虑选择适当的促销方式,以取得更好的营销效果。

资源链接

1. 百度百科　https://baike.baidu.com
2. 中国互联网络信息中心　http://www.cnnic.net.cn

项目 8　搜索引擎营销

 知识目标

- 理解搜索引擎在网络营销中的作用
- 理解搜索引擎的基本原理和主要模式
- 掌握付费搜索引擎推广的基本概念
- 掌握网盟推广的含义与特点

 技能目标

- 能够根据实际需要制订搜索引擎营销目标
- 能够利用百度网盟推广进行具体应用

案例导入

搜索引擎可以卖汽车吗?

作为常用的网站推广方法之一,搜索引擎营销对汽车网站推广效果显著。"Yahoo!搜索"引擎部和市场分析公司Compete联合调查发现:随着搜索引擎使用量的增长,越来越多用户依靠搜索引擎检索进入汽车网站获取信息。

Compete调查来源包括:Compete公司调查数据库中200万消费者用户的网站点击量、对846名来购买汽车的网民的调查、26个汽车网站和6个搜索引擎。

"Yahoo!调查"发现,每月访问汽车站点的访问者达到2500万人,约2005万人访问第三方汽车网站,890万人访问汽车制造网站(数据包含同时访问两类网站的情况)。用户利用搜索引擎检索所使用的关键词,包括第三方汽车网站品牌、汽车制造商公司名称、通用的汽车相关词汇等。详细的调查结果如表8-1。

表8-1 用户检索汽车相关内容所使用的关键字

关键字	比例
第三方汽车网站品牌	36%
汽车制造商公司名称	26%
通用的汽车相关词汇	21%
汽车品牌(如Toyota, Camry等)	17%

该项调查还显示,在搜索某一特定品牌汽车关键字后开始浏览汽车网站的用户中,有46%的用户的最终退出页面是在第三方网站,由此暗示出很多第三方汽车网站都购买了专门的汽车品牌关键字,将搜索者引向自己的网站,而用户通过这些网站确实找到了自己想要的信息,因而不再去其他网站寻找。

对汽车网站的推广而言,新竞争力网络营销管理顾问认为,本研究报告提供的信息可以说明以下几个方面的问题:第一,搜索引擎营销在汽车网站推广中具有不可低估的作用,并且这种作用随着汽车网站对搜索引擎营销专业水平的提高而更加明显,这也就为网络营销水平相对较低的汽车企业带来更大的市场推广压力;第二,第三方的行业专业网站对于汽车网站/汽车制造商的推广作用不可忽视,因为这些第三方网站在利用搜索引擎营销方面更加擅长,并且通常比制造商网站拥有更为丰富的资讯内容,对用户具有更大的吸引力;第三,对于汽车制造商而言,在制订搜索引擎推广策略时,不仅有必要针对企业名称和汽车品牌进行针对性的优化推广,而且有必要引入与本公司汽车产品相关的通用词汇,进行搜索引擎的综合优化推广,在投放搜索引擎关键词广告时,也有必要在一些通用词汇方面下一番工夫。

另外,这项研究报告对于其他大型消费品网站推广策略也有一定的参考价值,如信息丰富的第三方行业网站对网站推广的作用、制造商网站本身的专业性以及合理利用搜索引擎进行推广等。

任务提示

你知道搜索引擎究竟是什么吗?它对于企业的营销活动有什么重要的意义?如何利用搜索引擎进行营销?请认真阅读本项目内容,相信会让你受益匪浅。

任务8.1　认识搜索引擎营销

8.1.1　搜索引擎在网络营销中的作用

搜索引擎营销为什么在网络营销中受到重视?搜索引擎是互联网时代获取信息的主要方式之一,常被看作网站推广的工具,为网站带来潜在的用户。不过,搜索引擎对网络营销的价值远不止网站推广这一方面。现在大多数中小企业的网络推广主要依赖于搜索引擎营销方式,这一方面是对搜索引擎营销作用的充分肯定,另一方面也说明企业对搜索引擎营销价值的认识还不够全面,搜索引擎更多的网络营销价值还有待进一步挖掘。

搜索引擎在网络营销中的作用主要体现在以下方面。

1. 搜索引擎对网站推广的作用

所谓网站推广,就是为用户发现网站信息并引导用户来到网站创造机会。在用户获取信息的所有方式中,搜索引擎是最重要的信息获取渠道。这就意味着,搜索引擎是网站推广最有效的工具。搜索引擎对网站的推广是利用搜索引擎、分类目录等具有在线检索信息功能的网络工具进行网站推广的方法。全球最大的网络调查公司CyberAtlas的调查表明,网站75%的流量都是来自于搜索引擎。搜索引擎在恰当的时机、恰当的位置,尽力把最贴近需求的信息传达给用户。搜索引擎的出现,极大地方便了用户查找信息,同时也为商家推广自己的产品和服务创造了绝佳的机会。据统计,除电子邮件以外,搜索引擎已成为第二大互联网应用。随着技术进步,搜索效率不断提高,用户在查询资料时不仅越来越依赖于搜索引擎,而且对搜索引擎的信任度也日渐提高。

2. 搜索引擎对产品促销的作用

在不同的季节,针对不同的产品,除了在企业网站上充分体现出产品推广意识之外,合理利用搜索引擎可以更好地实现产品推广的目的。在当今"眼球经济"时代,相对于互联网的海量信息,顾客的注意力是相当有限的。对于网站上数以百万计的商品,搜索引擎的作用还是很有效的。如对汽车、住房、电器等产品进行购买时,用户往往会通过搜索引擎在互联网上获取基本信息。在这个过程中,搜索引擎发挥了至关重要的作用,这种促销效果对于网上销售及网下销售同样具有积极的意义。

3. 搜索引擎对网络品牌的价值

搜索引擎的网络营销价值不仅表现在网站推广和产品促销等直接体现营销效果的方面,也表现在企业网络品牌的创建和提升等长远发展方面。搜索引擎营销专业组织(Search Engine Marketing Professional Organization,SEMPO)首期搜索引擎营销全面调研活动报告结果显示,61%的企业采用搜索引擎营销的首要目标是提高品牌知名度,同时更多的企业对提升品牌影响力的重视程度远远高于促进产品销售、产生引导或者增加访问流量,虽然这些也被认为是重要目标。企业网站的搜索引擎可见度会对网络品牌产生直接影响,尤其对于大型企业和知名企业,有必要对网站在搜索引擎中的表现给予充分关注。在当今网络盛行的年代,一个公司若没有形成知名的网络品牌,会渐渐被庞大的互联网用户群体遗忘。

4. 搜索引擎对网上市场调研的作用

无论是获取行业资讯、了解国际市场动态,还是进行竞争者分析,搜索引擎都是非常有价值的市场调研工具。通过搜索引擎输入有效关键词,查看搜索结果,企业便可以方便地了解竞争者的市场动向、产品信息、用户反馈、市场网络、经营状况等公开信息,做到"知彼",增强自身的竞争力。比如,当在搜索引擎中输入携程网的主营业务关键词"酒店预订"时,可以在搜索结果页面中发现,艺龙网排在携程网的前面,位列第一,由此可知,艺龙网是携程网最大的竞争对手之一,他们有着相同的目标受众,争夺相同的客户注意力资源。同时,企业利用搜索引擎还可以了解市场营销的大环境,包括政府有关方针政策、法令的情况,可以了解经济环境,即消费者收入、消费水平、物价水平、社会资源等。再者,搜索引擎是企业直接接触潜在购买者的最好方式之一,可以全方位地了解消费者的需求。通过搜索引擎获得的初步信息,加之专业的网站分析和跟踪,还可以对行业竞争状况进行理性的判断。

5. 搜索引擎营销的抵御性政策

搜索引擎可以为用户带来丰富的信息,但是用户对搜索引擎得到的结果的关注度是有限的,通常在检索结果前三页的信息才有可能被用户发现,这就是搜索引擎推广资源的稀疏性。利用这一特点可以设计合理的抵御性政策,如同一企业的多产品广告、同一公司的多网站策略等。

综上所述,搜索引擎便于网民获取有效信息,成为网民最喜爱的网络信息采集渠道,同时也有利于企业以较低的成本获得较高的信息传播效率,成为企业产品和服务推广的主要手段。

8.1.2 搜索引擎营销的基本原理

搜索引擎的应用很简单,绝大多数网络用户都有过使用搜索引擎检索信息的经历,理解搜索引擎营销的基本原理也不复杂,只要对用户利用搜索引擎进行检索的过程进行简单的分析并进行推广即可发现其一般规律。例如,一位用户对于遥控玩具产生兴趣,他可能是为自己购买遥控玩具的个人用户,也可能是经营遥控玩具的销售商,或者是某个在对这个领域做市场调研的生产商。作为遥控玩具厂商,如果自己的企业信息出现在搜索结果中,就可以利用这个机会让这个潜在用户发现自己企业的信息。简单地说,企业利用这种被用户检索的机会实现信息传递的目的,这就是搜索引擎营销。

搜索引擎营销得以实现的基本过程是:企业将信息发布在网站上,成为以网页形式存在的信息源;搜索引擎将网站/网页信息收录到索引数据库;用户利用关键词进行检索(对于分类目录则是逐级目录查询);检索结果中罗列相关的索引信息及其链接URL;用户根据对检索结果的判断选择有兴趣的信息并点击URL进入信息源所在网页。这样便完成了企业从发布信息到用户获取信息的整个过程,这个过程也说明了搜索引擎营销的基本原理。

图8-1展示了搜索引擎营销信息传递的一般过程:

图8-1 搜索引擎营销的信息传递过程

在搜索引擎营销的过程中,包含了五个基本要素,即信息源(网页)、搜索引擎信息索引数据库、用户的检索行为和检索结果、用户对检索结果的分析判断、用户对选中检索结果的点击。对这些因素以及搜索引擎营销信息传递过程的研究和有效实现就构成了搜索引擎营销的基本内容。

8.1.3 搜索引擎营销的主要模式

利用搜索引擎营销的常见方式有以下几种。

1. 免费登陆分类目录

这是最传统的网站推广手段。目前多数重要的搜索引擎都已开始收费,只有少数搜索引擎可以免费登录。但网站访问量主要来源于少数几个重要的搜索引擎,即使登陆大量低质量的搜索引擎,对网络营销的效果也没有太大意义。

2. 搜索引擎优化

即通过对网站栏目结构和网站内容等基本要素的优化设计,提高网站的对搜索引擎的友好性,使得网站中尽可能多的网页被搜索引擎收录,并且在搜索结果中获得好的排名效果,从而通过搜索引擎的自然检索获得尽可能多的潜在用户。

3. 付费登陆分类目录

类似于原有的免费登录分类目录,二者的区别在于仅仅是当网站缴纳费用之后才可以获得被收录的资格。

4. 付费关键词广告

关键词广告是付费搜索引擎营销的主要模式之一,也是目前搜索引擎营销方法中发展最快的模式。不同的搜索引擎有不同的关键词广告显示,有的将付费关键词检索结果展示在搜索结果列表最前面,也有的展示在搜索结果页面的专用位置。

5. 关键词竞价排名

关键词竞价排名也是搜索引擎关键词广告的一种形式,即按照付费最高者排名靠前的原则,对购买同一关键词的网站进行排名的一种方式。

6. 网页内容定位广告

基于网页内容定位的网络广告是关键词广告搜索引擎营销模式的进一步延伸。广告载体不仅仅是搜索引擎的搜索结果网页,也延伸到提供这种服务的合作伙伴的网页。

此外,现在出现了更多的搜索引擎模式,比如本地搜索、博客搜索、购物搜索等,这些都是搜索引擎在某些领域的具体细分模式。

阅读思考 8-1

搜索引擎营销的三种方式

互联网走到今天，已经进入了 Web 2.0 时代，影响着我们生活的各个方面，人与互联网之间的联系越来越紧密，其中搜索引擎扮演着一个重要的角色。人们通过互联网搜索引擎寻找自己需要的信息，搜索引擎已经成为人们最常用的信息获取渠道，以后其使用还将更加普及，正因如此，互联网搜索引擎也更加受企业的重视，谁也不想失去互联网时代的这一先机，于是搜索引擎营销应运而生。下面就来探讨搜索引擎营销的模式和价值。

互联网在不断发展，现在的信息以爆炸式的速度增长，用户如何在浩瀚的互联网中寻找到自己想要的信息，这就要依靠搜索引擎。它可以为用户提供信息导航服务，让用户准确找到信息。

所谓搜索引擎营销（search engine marketing，SEM），则是利用用户使用搜索引擎的这一习惯，最大限度地将企业营销信息传达到用户手中，搜索引擎的工作原理从本质上来说，属于技术层面的问题。目前搜索引擎的推广方式可以分为自然推广、竞价排名推广、混合竞价推广三种。

1. 自然推广

自然推广是指企业可以将要推广的信息通过网页等形式发布到搜索引擎，然后通过正当的搜索引擎优化（search engine optimization，SEO）技术使需要推广的关键词在搜索引擎中得到理想的排名。这里有必要介绍搜索引擎的收录原理：搜索引擎都有一个或多个搜索程序——蜘蛛程序，这些"蜘蛛"负责检索互联网中的海量信息，然后将这些信息收集到搜索引擎的数据库中，经过机器和人工的整理、分类，将有用的信息按照搜索引擎的算法有序排列，不同的搜索引擎算法不尽相同，但是关键词、链接、权重是所有搜索引擎共同的三个算法要素。所以做好自然推广，肯定要做好 SEO，其实 SEO 工作就是围绕着关键词、链接、权重这三个要素来展开的。

2. 竞价排名推广

自然推广固然免费，但是自然推广存在着很多不确定性，虽然 SEO 可以帮助企业得到一个好的排名，但是 SEO 不能保证百分之百成功，而且 SEO 不是一个短期就能得到推广效果的方法。企业可能等不了这么久的时间，竞价排名正好解决了这一问题。所谓"竞价排名"就是搜索引擎根据企业所出的价格给出相应的排名，这样省去了 SEO 的工作，企业很快可以得到一个较好的排名，前提是企业需要付费，这里价格成了决定排名的唯一因素。

3. 混合竞价推广

搜索引擎在竞价排名的基础上,又推出了"混合竞价"的推广方式,即在排序时除了考虑价格方面的因素,还同时考虑点击率的高低。这种方式不仅可以使得企业得到好的排名,而且能够提高网页匹配度,提高用户的体验满意度。

以上三种方式是搜索引擎营销的基本模式,有调查显示,大部分网站70%以上的流量都来自于搜索引擎,搜索引擎可以给企业网站带来大量用户,更重要的是这些用户都是通过搜索与企业相关的关键词进入网站的,也就是说这些用户大部分都是潜在客户,这就达到了精确营销的效果,企业也能通过搜索引擎设置不同的关键词来有针对性地寻找潜在客户。

作为一名初创企业的推广员工,你觉得付费推广与免费推广哪个更适合?

任务8.2 付费搜索引擎推广

8.2.1 付费搜索引擎推广的概念

作为互联网广告的一种形式,搜索引擎付费搜索服务模式,即付费搜索广告指的是:在搜索引擎服务商搜索结果页面中标注出"推广"字样的搜索链接索引,该索引内容通常由标题、网页描述、链接地址、网页快照以及推广标识五个部分组成。其中标题、网页描述部分构成付费搜索广告的实质内容,在互联网行业称为"推广物料"。

8.2.2 付费搜索引擎推广举例——百度网盟推广

1. 百度网盟推广概述

百度网盟推广是通过分析网民的自然属性(地域、性别)、长期兴趣爱好和短期特定行为(搜索和浏览行为),借助百度特有的受众定向技术帮助企业主锁定目标人群,当目标受众浏览百度联盟站点时,以固定、贴片、悬浮等形式呈现企业的推广信息的推广方式。

百度网盟是百度搜索引擎营销的延伸和补充,突破了仅在网民搜索行为中实施影响的限制,在网民搜索行为后和浏览行为中全面实施影响。百度网盟推广与搜索推广一脉相承,当网民使用百度时,搜索推广将企业的推广信息展示在搜索结果页面,而当网民进入到互联网海量的网站时,网盟推广可以将企业的推广信息展现在网民浏览的网页上,覆盖了网民更多的上网时间,对网民的影响更加深入持久,有效帮助企业提升销售额和品牌知名度(如图8-2所示)。网盟推广和搜索推广相结合,能够形成对潜在目标客户的全程、全方位深度影响,帮助企业收获更好的营销效果。

图8-2　网盟推广的概念

2. 百度网盟产品的特点

百度网盟能够精准定位目标客户,如图8-3所示。

(1) 兴趣定向

百度网盟可以基于受众长期兴趣爱好,利用大数据技术识别潜在需求,全面覆盖推广信息,影响受众并激发其潜在购买需求。

(2) 关键词定向

百度网盟同时可以基于受众短期特定行为,识别短时明确需求,精准展现关键词及其相关信息,促成商品或服务销售。

一方面,可以基于搜索行为进行推广:对于在百度搜索过指定关键词的人群,当其访问联盟站点时,向其展现有针对性的推广信息。

另一方面,也可以基于浏览行为进行推广:结合网民当下的浏览内容或历史浏览行为,当其访问联盟站点时,向其展现有针对性的推广信息。

(3) 到访定向

百度网盟基于受众的访问行为,识别其短时明确需求,个性化精准展现推广信息,寻回流失人群。基于点击过企业搜索推广链接的访问行为定位客户时,锁定点击企业搜索推广链接的人群,在其访问联盟站点时,向其展现有针对性的推广信息。基于访问过企业网站特定页面的访问行为定位客户时,锁定访问过企业网站特定页面的人群,在其访问联盟站点时,向其展现有针对性的推广信息。

(4) 地域定向

首先,百度网盟能够基于受众的地域特征,锁定目标人群活动地区,进行推广信息的精准投放,如指定省、市(二级城市;直辖市的区)进行投放。

图 8-3　百度网盟的目标客户定向

其次,百度网盟拥有海量优质的媒体平台。加盟百度网盟、建立合作的网站累计超过60万家,全面覆盖目标人群,依托百度强大的品牌号召力和成熟的推广模式,经过多年精心运营,百度联盟已发展成为国内最具实力的联盟体系(如图8-4所示)。加盟合作网站累计囊括了25个行业类别的网站,每日创造超过80亿次的展现机会,影响95%以上的中国网民。

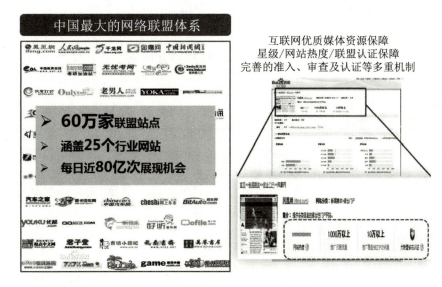

图 8-4 百度网盟的优质媒体平台

同时,网盟推广有着卓越的广告创意。百度网盟推广的创意展现形式,以固定、悬浮以及贴片三大展现形式为主,能将企业的推广信息以图片、动画、文字、图文混排等创意形式展现在目标人群浏览的网页中。例如,搜索推广创意风格的文字和多达19个尺寸的图片/动画创意可生动诠释企业推广信息,如图8-5所示。

图 8-5 网盟推广的广告创意

8.2.3 付费搜索引擎推广的方法

付费搜索引擎在推广过程中,分为注册百度推广账户、在账户中建立推广计划与推广单元、为每个推广单元添加关键词并撰写创意三个步骤。

1. 注册百度推广账户

用户在百度营销中心申请推广账户，账户设置的界面如图8-6所示。

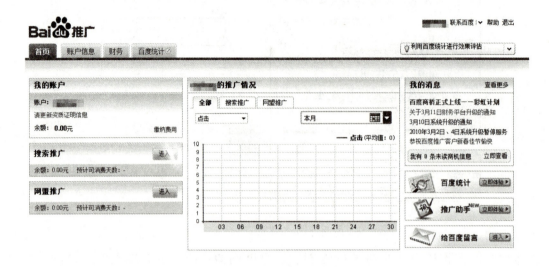

图8-6　百度营销中心账户设置

2. 在账户中新建推广计划与推广单元

一个推广账户有着一定的逻辑结构。一个推广账户账户里可以划分成若干个推广计划，一个推广计划下又有若干推广单元，如图8-7所示。

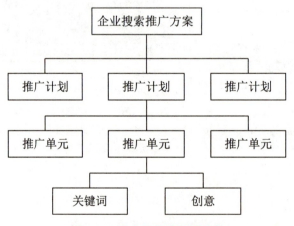

图8-7　推广账户的逻辑结构

如图8-8所示，新建一个电子产品经销企业的推广账户，旗下有功能手机、智能手机、平板电脑三个推广计划；而在智能手机的推广计划下，新建联想智能手机、华为智能手机、中兴智能手机等三个推广单元。

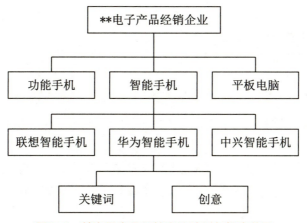

图8-8　某电子产品经销企业计划与推广单元

3. 为每个推广单元添加关键词并撰写创意

推广单元新建完成后,就可以根据该推广单元的内容新建关键词与创意,如图8-9所示。

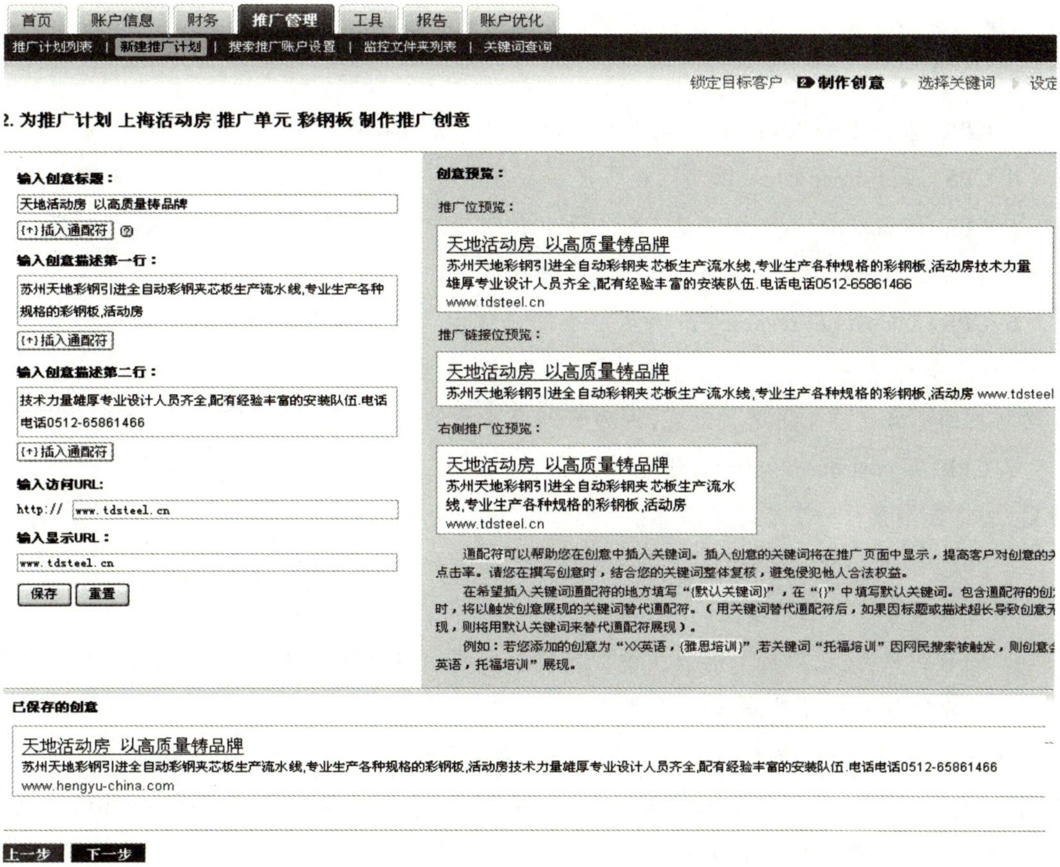

图8-9　推广单元的关键词与创意

阅读思考 8-2

SEM竞价都有哪些付费推广模式？

SEM即搜索引擎营销，就是根据用户使用搜索引擎的方式，利用用户检索信息的机会，尽可能将营销信息传递给目标用户。但很多企业不太了解SEM付费模式，大部分中小型企业涉及的SEM推广模式是CPC和CPM，特别是搜索引擎大部分会依靠这两个数值来判断广告过程是否有不正常的情况出现。CPC和CPM是比较常见的指标，其他的概念大家可能都不太了解，关于各类付费广告模式，可以大概进行了解。

1. CPM：即cost Per miller 或 cost per thousand，叫作"每千人成本"。CPM指的是广告投放过程中，看到某广告的每一人平均分担多少广告成本。

2. CPC：即cost per click，叫作"每点击成本"，以每点击一次链接为标准计费，是推广网站最好的方式。但是，不少经营广告的网站觉得此类方法不公平，比如，虽然浏览者没有点击，但是他已经看到了广告，对于这些看到广告却没有点击行为的流量来说，网站无法获得收益。

3. CPL：即cost per leads，以收集潜在客户名单多少来收费。

4. CPS：即cost per sales，以实际销售产品数量来换算广告刊登费用。

5. CPA：即cost per action，叫作"每个行为成本"，是指按广告投放实际效果，即按回应的有效问卷或订单来计算广告费用，而不限广告投放量。

6. CPR：即cost per response，叫作"每个回应成本"，是以浏览者的每一个回应为计费标准，这种广告计费充分体现了网络广告"及时反应、直接互动、准确记录"的特点，但是，大部分网站主都不太愿意采用这种方式，因为得到广告费的概率比CPC少得多。

7. CPP：即cost per purchase，叫作"每次购买成本"，在网络用户点击广告并进行在线交易后，按销售笔数付给广告站点费用。

8. PFP：即pay for performance，按业绩付费，基于业绩的广告模式受到企业的广泛欢迎，但并不是被很多广告网站接受。

9. 按导购收费：比如按来电数量付费或按在线客服接待数量付费，很多医疗机构采用的按实际到诊数量进行付费，就是这个形式。

10. 每月方式或包年：有的网站采用包月和包年的形式，以固定周期、固定价格支付广告费用，这样的形式对于广告主来说有好有坏：可能付出的成本远远少于回报，也可能投放网站选择不当，没有很好的广告效果。

目前还有哪些搜索引擎可以进行付费推广？

任务8.3 搜索引擎优化

一个企业的网站能够代表一个企业的形象，是对企业或企业商品的推广，是实际业务的延伸。在搜索结果中，网站排名越靠前，被点击进入的比例越高，排名越靠后则越低，目标客户就越难找到企业的网站及相关信息，这就是要提高网站的排名、进行搜索引擎优化的原因。

8.3.1 搜索引擎优化概述

1. 搜索引擎优化的定义

搜索引擎优化（search engine optimization，SEO），指遵循搜索引擎的搜索原理，对网站结构、网页文字语言和站点间互动外交策略等进行合理规划部署，以改善网站在搜索引擎的搜索表现，进而增加客户发现并访问网站的可能性的过程。搜索引擎优化也是一种科学的发展观和方法论，它随着搜索引擎的发展而发展，同时也促进了搜索引擎的发展。

搜索引擎优化的目的是通过网站整体框架结构的调整和更合理地安排网站内容、内部链接、外部互交策略等，提高网站在搜索引擎上的自然排名，达到搜索引擎营销的目的，使网站具有潜在的商业竞争优势。

2. 搜索引擎优化的原理

搜索引擎优化主要关心搜索引擎结果页面（search engine results page，SERP），搜索引擎结果页面是搜索引擎为用户特定关键字搜索显示的列表或结果。搜索引擎优化的目标就是要通过对网站的调整，使网站符合搜索引擎的喜好，从而在搜索引擎结果页面中自然地获得较好的排名。

搜索引擎在不同的时候可能会出现不同的搜索引擎结果页面，使用户通过自身能够搜索到令用户满意的结果。任何一个搜索引擎都偏好把符合用户需求的优秀站点页面排到搜索引擎结果页面的靠前部分。符合用户需求站点页面应该具有以下两个特点：

① 内容优秀,提供用户需要的信息;

② 站点页面设计符合搜索引擎的喜好,容易被搜索引擎收录,获得较好的排名。

做到内容优秀并不难,多花工夫即可,但是怎样的网页设计才能让搜索引擎"喜欢",容易被搜索引擎收录和获得较好排名呢?答案也很简单,只要将网页设计得符合搜索引擎的排名基本因素即可,这就是搜索引擎优化的原理。但是,在研究搜索引擎排名因素、把网页设计得尽量迎合排名因素的同时,一定要牢记:自己的页面内容一定要优秀,必须提供用户需要的信息;否则,即使通过靠前的排名为网站带来流量,没有实质性的内容可以留住用户,也是没有用的。这点对于企业站点来说至关重要,因为企业进行搜索引擎营销的最终目的是要为企业创造效益,将搜索引擎带来的流量转化为实际客户。

8.3.2 影响搜索引擎排名的基本因素

搜索引擎的核心技术在于其对于页面的排名算法,它决定了搜索引擎的用户是否能够在短时间内找到所需要的页面。因此,搜索引擎排名算法的先进程度就决定了搜索引擎的市场占有率,排名越符合用户需求的搜索引擎,市场占有率就越高。

毋庸置疑,各个搜索引擎的排名算法都是绝对的商业机密,如何知道搜索引擎是根据哪些因素来对页面进行排名的呢?唯一的办法,只能从搜索引擎的结果页面中进行猜测,通过对排在搜索引擎结果页面前列的页面的 HTML 代码进行分析与归纳,国外的搜索引擎优化专家们逐渐找出了一些影响搜索引擎排名的基本因素。当然,这些被归纳出来的基本因素毕竟是有限的,Google 就声明它的排名因素达到了上百个之多。不过这些因素也被搜索引擎优化专家们证明是行之有效的。

一般来说,影响搜索引擎排名的基本因素分为页面因素(on-page optimization)和非页面因素(off-page optimization)。页面因素主要指对网站页面的 HTML 代码进行优化,而非页面因素主要指网站页面的链接流行度,是否被 DMOZ、Yahoo 等大型的目录网站收录,网站服务器的稳定性,响应速度等非 HTML 代码的优化。表 8-2 列出了一些影响搜索引擎排名的基本因素。

表8-2 搜索引擎排名因素

排名因素	描述
网页标题标签中出现关键字	查看页面标题中是否出现用户搜索的关键字。网页的标题在 HTML 中由 <title> 标签表示,这个标签总是出现在浏览器窗口的顶端,通常在搜索结果中以页面的标题形式出现

续表

排名因素	描述
name 属性为 description 和 keywords 的<meta>标签中出现关键字	页面头中的 <meta name="description" content="…关键字…"> 和<meta name="keywords" content="…关键字…">这两个标签是网页描述标签，它主要是向搜索引擎展示的，应该与页面内容相符
<H1>-<H3>标签中出现关键字	<H3>标签一般作为段落标题
<b> <strong>等可视化标签中出现关键字	将关键字置于粗体标签中，表示此关键字在页面中的地位比较重要
域名或页面 URL 中出现关键字	这点对于英语页面的优化非常有用。在 URL 中使用关键字会被搜索引擎给予一定加分，不管关键字是用连字符隔开的还是连在一起的
<img>标签的 alt 属性中出现关键字	在引用图片的<img>标签中有一个 alt 属性，用于描述图片的内容。它取代了链接文字，在作为链接的图片中有重要的作用
页面<body>标签中出现的关键字密度词	一般来说，公认页面的关键字密度在2%~5%，有助于页面的排名
页面存在的时间长短	几乎每个文件都有一个开始日期，该日期从搜索引擎蜘蛛程序第一次搜索到该页面算起。老的文件相对于新的文件容易被认为更具权威性、更应被信任、更有价值
页面的大小	搜索引擎排名时可能会考虑到文件的长度和页面大小及字数的多少。在某些情况下，搜索引擎会根据查询词来判断短小简洁的文件更易被用户接受，但有时长篇大论详细的文章更受喜欢。文件长度和大小没有一个最佳的标准，但会被搜索引擎用到排名中
页面及其所在站点的链接流行度	一个页面的链接流行度是指该页面的外来链接的总数量及外来链接的质量。页面的外部导入链接数量越多、质量越高，则说明其链接流行度越好。Google 对于链接流行度有其专门的指标，称为 Page Rank

8.3.3 搜索引擎优化的常用方法

1. SEO 的设置

SEO 设置中包括三个重要的参数：title，keywords 和 description。第一项参数 title，也就是标题，是在浏览器上面的界面显示出来的，方便用户了解这个网站的内容；同时这也是搜索引擎判断网页内容的主要根据，搜索引擎很大部分依靠网站 title 来判断网站的具体内容。现在百度和 Google 对 keywords 不太重视，所以站长要重视 title，title 一般不超过 80 个字符。第二项参数 keywords，中文释义就是关键词，一般来说网友访问是看不到 keywords 的，要通过查看源代码才可以看到。keywords 的主要作用是告诉搜索引擎这个网站的关键内容是什么。由于很多站长在 keywords 堆砌关键词，所以很多搜索引擎便不太重视 keywords 了；但建议还是认真填写 keywords，因为有的搜索引擎还是很重视的。keywords 一般不超过 100 个字符。第三项参数 description，也就是网站的描述，网友在网页是不能直接看到的，通过查看源代码可以看到，功能是让搜索引擎判断整个页面内容，当中要写入的内容是页面内容的简介。

2. 文章标题优化

所谓文章标题优化，其实就是策划出一个能让搜索引擎喜欢的标题。简单地说，标题应具备以下特征：

① 标题中关键词要突出、明确；
② 标题切勿在搜索引擎中存在重复；
③ 标题中关键词切勿堆积；
④ 标题一定要围绕文章内容。

3. 内链优化

内链是搜索引擎蜘蛛程序爬行的通道，也是蜘蛛程序给予网站关键词评分的一个指标。所以说，做好内链也是很必要的。当然做内链在于"精"而不在于"多"，合理地利用内链可以使网站的权重增加，也可以增加网站的 PV，但是切勿进行堆积，否则蜘蛛程序会认为是在作弊，大量地给予一个关键词投票，一般关键词的密度掌握在 6%~10% 方可。

4. 明确目标关键词

每一个网站都有自己优化的关键词，无论是一些"大词"，还是一些长尾词。首先应该就是明确要优化的词组，并且有目的性地罗列出来，尽可能地多做一些关键词的锚文本，无论是站内还是站外的，都是很有必要的。

5. "与众相同"的原创内容

原创内容是 SEO 中不可或缺的一个重要因素。搜索引擎蜘蛛程序通过 HTML 代码进行分解内容并与其他网站的内容进行比较,看 ljlife.net 是否复制其他网站的内容。当然也有缺陷,不然也不会出现"伪原创"这个词汇。大家都知道蜘蛛程序喜欢原创内容,所以说原创内容是 SEO 优化中势必要去认真做的。不过要记住一点,内容一定要和自己网站关键词相围绕,这样效果是最好的。

6. 外链的发布

外链是蜘蛛程序通过外部网站进入企业网站的一个入口,也是一个网站给予企业网站的一个友好的投票,所以说外链也是 SEO 优化中不可缺少的。这里强调的外链是一些高质量的论坛和博客,不是那种群发的论坛。然而很多站长错误地理解了外链,认为"多"就是"好",事实证明外链是重要的,但是并不在于"多",而在于"精",一些好的外链会很有效地提升网站权重,进而提高网站的访问率。

阅读思考 8-3

外链对于 SEO 优化有什么作用

1. 锚文本链接的作用

锚文本就是把一个关键词做一个链接,指向一个页面,也称锚文本链接。锚文本可以直接告诉搜索引擎其所指向的页面以及最想要表达的内容,对于关键词排名、文章页面的收录以及网站的权重,都是非常有帮助的。

合理的站内锚文本,可以引导蜘蛛程序爬取更多的页面,呈现网站对搜索引擎的友好。同时,站内锚文本在提供用户体验度上有很好的引导作用。

用户往往可以通过锚文本,准确而快速地找到自己需要的信息,如果没有这些锚文本,用户往往会关闭页面。

2. 超链接的作用

超链接的意义跟锚文本一样,可以由一个页面直接指向另一个页面,只是它的表现形式不是关键词,而是文本式的链接。

如果网站有效的相关域很多的话,就说明这个网站的传播性很广,被大众的熟知程度很高。而且这种有效的相关域是可以点击的,要是有需求的用户可以直接点击进入网站,这样的有效相关域也是外链的一种有效形式。

3. 纯文本链接的作用

纯文本就是纯文字的,即纯字母的一个链接表现形式,是不能直接点进入另一个页面的链接。

相对于锚文本、超链接,纯文本链接的作用是最弱的。但不是说纯文本就没有用了,一个纯文本链接,可以引导蜘蛛程序爬取内容。

4. 图片链接的作用

图片链接即用一张图做一个链接指向另一个页面。图片可以做上 alt 属性,方便蜘蛛程序能够识别图片信息,直接获取指向页面的主要内容。

图片链接可以让文章更生动、更吸引眼球,图文结合的文章、赏心悦目的感官享受,能够让网店越来越受欢迎。如果我们做外链只为做好主站的优化工作,尽量选择锚文本形式的外链,当然锚文本外链很多时候不好做,而图片链接主要用于吸引流量。

搜索引擎优化的主要步骤有哪些?

搜索引擎是互联网时代获取信息的主要方式之一,也是网络营销的重要工具之一,很多中小企业的网络推广营销方式都依赖于搜索引擎。搜索引擎一方面可以利用技术手段进行优化,从而符合搜索引擎的工作原理,使得网站可以更快获得收录与展现的机会。另一方面,可以利用搜索引擎营销中心进行付费推广。

相信通过本项目的学习,可以使大家认识搜索引擎营销,学习如何利用付费搜索引擎进行推广,并且利用搜索引擎从技术层面进行优化升级,帮助大家更好地利用搜索引擎为网站获得利润。

资源链接

1. 中国互联网络信息中心　http://www.cnnic.cn/index.htm
2. 艾瑞市场咨询公司　http://www.iresearch.com.cn

项目 9　微博营销

知识目标

- 理解微博及微博营销的模式
- 掌握微博的写作技巧及微博的营销技巧
- 掌握在不同环境下如何引发微博的爆点,如何进行微博内容的营销,如何用讲故事的方式进行营销

技能目标

- 能够根据所处环境引发微博的爆点
- 能够进行微博内容的营销
- 能够用讲故事的方式进行营销

案例导入

加多宝微博营销

作为传统的快消品,一般的企业微博给人的感觉往往不如小米、阿里等互联网企业微博会玩。但是,就是这样一个"卖凉茶"的加多宝的企业微博,成为了表现强势的品牌之一。2016年春节期间,微信、微博、支付宝等各家平台的红包大战再度升级,火药味十足,而加多宝实力冠名"让红包飞",联合唐嫣、刘恺威等21位明星,共赞助73万元现金打造红包盛典,微博红包从小年夜发到情人节,整个活动期间,微博账号"@加多宝凉茶"共发送133万元的红包以及价值200多万元的卡券,粉丝数量总体增长了130多万。

加多宝巧妙利用"让红包飞"事件的影响力,借助明星效应加以扩散,"@加多宝凉茶"账号的传播指数,在企业官Ⅴ榜上甚至超过了"@支付宝""@小米公司"等热门微博账号,而"@加多宝凉茶"的优质账号贡献度,在百强品牌中更是位列第五位。

可以说,加多宝的微博运营团队,在借势营销方面并不是新手,早在加多宝和王老吉品牌大战之时,加多宝营销团队深谙之道就已初露锋芒。当时号称"悲情营销"的一组海报至今让人印象深刻。

加多宝善于制造话题,善于造势,在特定的时间,遇上了好的机会,抓住了机会,让一个"卖凉茶"的企业微博,活脱成为一个兼具娱乐化和个性化的形象。

(资料来源:加多宝微博营销成功案例分析[EB/OL].(2016-12-07). https://www.sohu.com/a/120882636_467981.)

任务提示

你知道微博营销究竟是什么吗?它对于企业的营销活动有什么重要的意义?如何策划微博营销?请认真阅读本项目内容,相信会让你受益匪浅。

任务 9.1 认识微博营销

9.1.1 认识微博及微博营销

1. 微博的定义

所谓微博,即微型博客(MicroBlog)的简称,是一个基于用户关系的信息分享、传播以及获取平台,用户可以通过WEB、WAP以及各种客户端组建个人社区,以140字左右的文字更新信息,并实现即时分享。

微博在互联网及移动终端平台都可操作,受众覆盖面积广,用户的黏性极强,其商业模式和价值挖掘潜力无限。就微博的展现形式而言,其特点非常鲜明。

2. 微博营销的定义

微博营销以微博作为营销平台,每一位听众(粉丝)都是潜在营销对象,企业通过更新自己的微博向网友传播企业信息、产品信息,树立良好的企业形象和产品形象。每天更新内容就可以跟大家交流互动,或者发布大家感兴趣的话题,以此来达到营销的目的。

3. 微博营销的价值

微博营销是一种具备较大商业价值的营销手段,除了销售和客户服务之外,从微博营销的发展现状来看,目前其价值最主要体现在以下四个方面。

(1) 微博是强大的信息发布平台

"当你的粉丝数量超过100人,你就是在发布一本内刊;超过1000人,你就是在掌管一个布告栏;超过1万人,你就是在出版一本杂志;超过10万人,你就是在出版一份都市报;超过1亿人,你就是在经营一家电视台。"这段在网络中流传甚广的话充分说明了微博信息发布功能的强大,而这也是微博体现出巨大的商业价值的基础。

(2) 微博是潜力巨大的销售工具

以凡客诚品为例,其新品在微博的推广效果斐然,曾创下了新款丝袜上市三日内销量数千的销售业绩。微博的用户既是信息的传播者又是受众群体,因此,构成了交错且庞大的信息网络系统,用户之间的转发、评论使用户可随时将感兴趣的内容呈现给自己的粉丝,信息扩散的宽度非常大。与传统的博客和SNS社区相比,微博的内容更为开放,互动性更强,自然销售潜力更大。

(3) 微博是天然的市场风险管理系统

商家在开展微博营销之初,应首先学会"扎紧篱笆",建立危机的防火墙。首先,要建立危机处理体系,从危机的预防、处理到从危机中恢复,都应有体系、流程和制度作为保证;其次,要做好舆情监测工作,确保能在第一时间发现危机源头,了解危机动向,对热点进行识别,通过分类、聚类分析,判断用户发布信息的倾向和趋势;最后,主动、系统、全面地进行正面信息传播,积极承担商家责任,润物细无声地树立正面形象。如果说,商家尚能承受淘宝店铺内出现个别差评的话,那么在微博中出现负面内容,其影响力和对品牌的破坏力将是商家无法承受的。

(4) 微博是投入产出比较为理想的客户服务解决手段

微博已经成为很多商家解决客户服务问题的重要手段之一。淘宝卖家通常会注意到,客户服务永远充满着个性化,糟糕的客服态度动态评分往往是由于个体间的沟通出了问题。一般来说,当客户遇到问题主动寻求店铺客服帮助时,通常都会变得情绪化和易怒,他们强烈需要得到尊重和获得及时回复,然后才寻求解决问题。如果沟通不顺畅,将必然增加卖家的沟通成本,同时也难取得良好效果。微博并非即时沟通平台,其信息传播方式让客服人员拥有充裕的反应时间,从用户开始投诉抱怨到得到反馈的这段时间,可让客服人员充分了解用户需求,并提供恰当的帮助。

此外,商家还可以在微博上通过话题监控,实时了解网络中发生的消费者与其他商家的沟通内容,从而获取到大量与产品相关的需求和信息,更有机会主动与用户建立联系,为其提供帮助。这种采取"主动拥抱"的方式接近和了解消费者,维持良好关系,并有针对性地开展宣传活动,大力提高服务质量,是商家进行微博营销时得到的附带价值。

有序、高效互动的微博集群,将大幅提升微博营销的效能。目前部分淘宝卖家已经开始有意识地组织微博集群,通过信息流转的方式扩大品牌和产品的影响力,并为店铺活动起到推波助澜的作用。

9.1.2 微博的申请及运营

1. 前期注册

(1) 账号的开通

选择合适的门户网站开通微博,比如腾讯、新浪、网易、搜狐。截至2019年1月,新浪微博、腾讯微博月活跃用户均数达5.16亿,新浪用户群以职业白领偏多,腾讯用户群相对年轻化。企业微博首选新浪,其次是腾讯;以经验来看,新浪微博更具营销价值。

(2) 微博装修

最简单的办法是选择一个微博模板,从个人资料的设置完善开始,一直到皮肤的选择,都要与微博主题相符合,这样受众才会认为商家确实用心在经营微博,给人一种真实感,才会主动和商家进行对话、转播等各种互动。此外,还要在微博简介中留下投稿和联系方式(如邮箱),以便能与粉丝进行更为有效的互动。

(3) 微博认证

企业品牌微博最好进行认证,增加其权威性,也防止与其他账号混淆,具体流程根据微博官方要求即可。

2. 微博运营

(1) 内容建设

微博发布时间要有规律,切忌混乱随意发布,建议每天早上9点和晚上11点问早安、晚安,其他内容则以相同时间间隔来发布。具体的发布时间也可以根据企业用户的习惯来合理安排。

结合实践的经验来看,用户比较集中与活跃的时间段一般有:

① 上午9～10点:刚上班时,用户会上微博,了解最新资讯;

② 下午4～5点:用户快要下班,手头上工作基本完成,时间比较充裕;

③ 晚上8～11点:晚上8点后,用户基本上结束晚餐,开始休息,比较有空。

所以对于发布微博活动而言,掌握好用户的时间有时候会起到事半功倍的效果。

(2) 信息的采集和制作

根据内容规划中的话题制作文字内容和配图,每天第一条和最后一条内容分别是"#早安#"和"#晚安#",这样可以给用户一个很有规律的、很亲切的感觉,企业相关的信息要坚持原创,其他话题内容可摘自微博或网络,但与企业和品牌的相关度要高。

(3) 活动策划

微博活动一般分为平台活动与企业独立活动。

平台活动是指基于新浪微博活动平台发起的活动,通过新浪抽奖系统抽奖,如大转盘、砸金蛋、有奖转发等。

企业自建活动是指企业在自己微博中发起的各种活动,如有奖转发、晒单有礼、盖楼、随手拍等各种形式话题的活动。可分为独立活动和联合活动,独立活动就是企业自己发起的活动,联合活动就是与其他企业微博联合开展的活动。

(4) 活动开展步骤

活动的开展具体包括以下步骤:

① 确定主题；

② 撰写活动方案，包括活动形式、奖品、时间、执行人、宣传文案等；

③ 活动发布和维护，跟踪活动效果，互动维护；

④ 公布活动结果，安排奖品发放等事宜；

⑤ 活动分析，进行转发、评论、粉丝数、ROI等数据分析，并做好记录。

3. 微博推广

微博也需要推广，它犹如企业官方网站一样，需要通过多种渠道来进行宣传推广，将其归结为站内推广和外部推广，具体如下。

(1) 站内推广

站内推广是基于微博平台的推广方式，主要有以下几种形式：

① 活动推广，通过新浪平台和自建活动，吸引粉丝参与，增加搜索结果数；

② 草根账号推送，邀请网络意见领袖宣传活动；

③ 异业合作，通过赞助奖品等形式与其他微博开展联合活动；

④ 微应用，开发微博APP应用，吸引用户参与，同时可以推广企业微博；

⑤ 主动关注，通过搜索相关关键词，找到潜在用户，主动求关注。

(2) 站外推广

站外推广主要有以下几种形式：

① 在博客、论坛、贴吧、企业官网上发布企业微博信息；

② 微博组件推广，如在官网上添加一键关注、关注、分享等微博按钮；

③ 有条件的企业可以在EDM、DM宣传册、名片等添加企业微博信息。

一般情况下，企业需要结合自身优势来增加微博的有效粉丝，而不是通过"买粉""送iPhone"这样的活动吸引粉丝，可以通过官网、会员营销等方式来增加有效粉丝，因为数量永远没有质量重要。

4. 后期维护

(1) 客户管理

微博使得企业与用户直接对话，企业可以走近用户，聆听用户的声音，与用户互动。微博客户管理工作主要包括处理投诉、与粉丝互动、意见咨询、公布活动奖品发放通知等。

(2) 商务合作

企业微博营销过程中不可避免地会与合作伙伴、第三方服务公司等展开商务合作，以利于微博营销工作的开展，主要有以下几方面：

① 与微博平台服务商合作，如与新浪、腾讯开展微博组件合作、APP应用合作、活

动参与等商务往来；

② 与其他企业微博合作,前文提及的异业合作就是如此,联合其他企业微博开展活动,进行友情链接等合作；

③ 与第三方服务公司合作,如与微博代运营公司、微博营销分析工具供应商等进行合作；

④ 参与业内各种会议活动,企业微博营销中可能会参与一些业内的会议、沙龙活动等商务场合,与业内同行建立广泛联系。

(3) 运营日志

微博营销是一个实时的动态营销方式,它本身包含很多数据指标,如粉丝数、微博数、评论转发数、订单销售、流量等。行业其他微博的运营情况,也需要跟踪观察,做好相应记录。运营日志一般包括微博日志、活动报表,微博日志是最重要的,应该保持每天更新记录,活动报表可以周为单位进行汇报。

(4) 数据分析

微博自身涉及的数据包括微博信息数、粉丝数、关注数、转发数、回复数、平均转发数、平均评论数、二级粉丝数、性别比例、粉丝分布数,微博营销运营指标有粉丝活跃度、粉丝质量、微博活跃度,企业考核KPI指标有粉丝增长数、搜索结果数、销售/订单、PV/IP、转发数、评论数。

5. 团队建设

(1) 团队构架

根据微博运营的流程工作,团队主要包括运营负责人(CWO)、BD专员、文案写手、客服人员、活动策划、美工编辑这几类,具体可以根据公司的情况来合理配置。

(2) 成员考核

团队成员根据各自的工作建立日常报表,对每日工作进行分析。一般来说,微博运营团队的工作是密切相关的,在考核方面不应孤立来看每个人的KPI,可以对整个团队的业绩制订指标,如粉丝数、搜索结果数、订单或销量活动数量等,但是每个人对应的具体指标的侧重点不同,具体可以结合公司的实际情况来定。

阅读思考 9-1

方法进化论:企业营销核心战略"Social First"

数字消费时代,微博等社交平台成为连接品牌与消费者的重要渠道,品牌更注重通过微博与年轻消费者进行双向沟通,精准对接用户的小众化、个性化需求。包括珠宝品牌铂金、汽车品牌Smart在内的众多品牌,纷纷推出粉丝定制款来拥抱年轻消费者。

消费者与品牌之间的关系发生了变化,品牌营销方式也随之改变。品牌通过微博平台的营销实践,借助社交媒体新形式,探寻全新的企业营销战略。这一战略在微博发酵、成型、落地实施,并且依靠微博的社交势能将用户的多层级转发、互动,转化为产品销量和品牌声量。

作为品牌营销战略的见证者和承载者,2018年,新浪微博在金投赏、哈佛商业评论公开课、微博影响力营销峰会等多个业内知名活动上,就社交时代品牌营销的制胜之道提出了"Social First"的营销理念,重新定义品牌营销传播方式,为企业的战略管理升级提供了新参考。

1. 从决策漏斗到营销永动

传统的营销是典型的漏斗模式和漏斗逻辑,企业更关注的是流量的转化:在消费者面前有多少曝光;曝光的频次是多少;怎么样能够持续、有效地触达消费者,激发消费者的兴趣,从而产生购买的欲望。

但如今,随着消费者与品牌的关系发生变化,激活两者之间通路的营销永动机模型应运而生。通过品牌与用户的互动,从认知、考虑、评估、购买、享受、推荐、纽带七大步骤,营销永动机模型实现用户深度参与,激活关系通路,助力品牌搭建从流量循环到忠诚循环的双闭环,在获取新用户的同时,高效激发老用户的活跃度。

2. 用企业社交名片连接粉丝情感

近年来,越来越多品牌选择拥抱微博等社交媒体平台,通过深层曝光和流量转化来建立专属粉丝资产。多家企业管理者纷纷开设微博账号,通过微博与品牌粉丝建立深刻连接,用"Social First"的理念来运营企业社交名片。

这些企业管理者,也被"90后"消费者熟知,这样能够在丰富品牌形象的同时,进一步拉近品牌与年轻消费者之间的距离。

3. 点亮消费者与品牌之间的数字化通路

在新浪微博中,用户并非单向接收品牌营销信息,而是成为营销环节的参与者,转发、评论等互动简化了用户参与品牌营销的要求,加深用户参与度,打造沉浸式参与感。

作为媒体化、社会化、融合化的开放式传播平台,微博以内容连接品牌与消费者,为品牌主提供了基于用户深度参与的营销环境,也点亮了消费者与品牌主之间的数字化通路。新浪微博的2.8万娱乐明星、60个垂直兴趣领域、2700家合作机构、500+合作IP节目构建的内容生态,让品牌营销方式丰富多样,更提升了用户参与营销的积极性。

毫无疑问,在消费不断升级的工业 4.0 时代,数字经济蓬勃发展,面对消费者愈加多元化及个性化的需求,企业向"Social First"转型是发展的必然。

怎样才能做好微博营销?

任务 9.2　微博营销技巧

9.2.1　微博营销的策略

1. 如何获得大量微博粉丝

（1）个性引关注

微博的特点是"关系紧""互动强",因此,即使是企业微博,也要切忌仅采用官方发布消息窗口的那种冷冰冰的模式,要给人感觉像一个个体,要有感情、有思考、有回应、有自己的特点与个性。如果一个浏览者觉得企业的微博和其他微博差不多,或是别的微博可以替代,都是不成功的。企业微博的品牌与商品的定位应该是一样的,必须塑造个性,这样的微博具有很高的用户黏性,可以持续积累粉丝与关注度,因为此时已经具备不可替代性与独特的魅力。

（2）互动赢口碑

微博的魅力在于互动,拥有一群不说话的粉丝是很危险的,因为他们会慢慢变成不看内容的粉丝,最后更可能取消关注。因此,保持较高的互动性是使微博持续发展的关键。"活动内容＋奖品＋关注（转发/评论）"的活动形式一直是微博互动的主要方式,但实质上奖品比企业所想宣传的内容更吸引粉丝的眼球,相较赠送奖品,如果企业微博能认真回复留言,用心感受粉丝的声音,就更能换取情感的认同。

（3）全局收效果

营销活动想要取得持续而巨大的成功,都不能脱离了系统性,单纯当作一个个案来运作,很难持续取得成功。微博营销看起来很简单,对大多企业来说效果也很有限,因而被很多企业看轻。其实,微博这种全新形态的互动形式,发挥出的作用很小的原因是企业本身投入的精力与重视程度本就不高,最终导致潜力被忽视。企业想要微博发挥更大的效果,就要将其纳入整体营销规划中,这样才更有效果。

(4) 定位得粉丝

微博粉丝众多当然是好事,但是对于企业微博来说,粉丝质量更重要,因为企业微博最终商业价值的实现,或许就需要依靠这些有价值的粉丝。这涉及微博定位的问题,很多企业抱怨:微博粉丝人数都过万了,可转载、留言的人很少,宣传效果不明显,这其中一个很重要的原因就是微博定位不准确。企业要围绕一些产品目标顾客关注的相关信息来进行内容发布,吸引目标顾客的关注,而非是只考虑吸引顾客眼球,导致吸引来的都不是潜在消费群体,最终实现的商业价值很小。

2. 如何进行内容营销

微博内容营销是需要技巧的,特别需要结合热点。2016年12月6日海尔官微第一时间跟进罗晋唐嫣公布恋情的微博:"啥时候成亲?需要冰箱空调洗衣机么"(见图9-1),带动上千家企业官微评论转发,单条微博阅读量360万,传播层级超过6层,引发近百位微博大V转发,海尔官微涨粉3万,登上热搜榜,确立了蓝V总教头地位。

图9-1 海尔官微营销案例

微博传播应该怎么结合热点呢?无论做个人微博还是做企业微博,传播都需要三个环节:

第一个环节是内容。内容是核心,前面提到罗晋、唐嫣公布恋情事件,海尔公司正是利用此次事件热点进行内容营销；

第二个环节是时间。这点非常关键，响应一定要是最及时的、最早的；

第三个环节就是关键点引爆。

这个案例就说明了微博传播的一个规律：微博因微小而博大，是一门共鸣的艺术。当初微博就是作为一个短信共享的工具而被发明的，也正是因为其微小，才得以快速传播，并解决了博客传播的内容门槛问题，因为不是谁都能写千字以上的文章，然而微博就没有这个内容门槛。此外，更重要的是传播的门槛也没有了，每个人都可以传播内容，非常便捷。

如果微博要达到好的效果，就要引爆热门的话题，要有思想共振。任何人转发微博都不会是很随意的，一定要有某个点能打动他，或者让他感觉内容有趣；打动粉丝，才能引发其情感上的共鸣，最后才能达到大家一起引爆话题的效果，这称之为"行为趋同"。

微博运营的三个关键因素是：内容永远为王，关系和途径为纲，时间节点比较重要。用传统的话说就是"天时地利人和"。

进行微博营销，首先要考虑内容应该如何跟热点相匹配；其次思考关系要如何建立，以及怎么建立自己的微博圈子——大部分话题基本就在圈子内转发了，除非是大V，否则基本上突破不了圈子；最后就是思考微博传播的一些路径和规律，好多微博能被转发几万条，这到底是怎么转发的，又是通过谁来引爆的，都可以通过一些路径去分析。下面从几个方面来分别说明。

（1）微博的价值观

无论做什么都要有价值观，运营微博也一定要有价值观。其实营销本身无可厚非，但是作为个人品牌或企业微博来讲，一定要有自己正确的价值观。红总是一时的，多少微博红人已经"灰飞烟灭"，但个人和企业品牌是长久的，最终还要面对世人，所以还得要建立一个很好的价值观。

李开复老师的微博曾经说过："用幽默吸引人，用真情打动人，用智慧征服人。"每个个体和企业的微博账号都是自己的一个品牌，是塑造出的一个虚拟形象，长期来看也是一个个体和企业的品牌价值。

（2）微博的内容定位与规划

企业微博应该有具体的内容定位和规划。运营微博跟运营所有媒体的操作规律类似，也可以借鉴传统媒体的一些做法，比如说做报纸、做杂志，首先应有定位。现在有很多的微博完全没有内容定位，看不出每天的主题为何，只是把微博上的热点信息反复转发。内容定位规划一定要先明确定位，再划分模块，划分模块就类似于杂志划分栏目，要有一些长期规划的栏目，包括设置话题。话题就是传统媒体中的栏目，标签、系统这些功能都要增加在页面中,方便网友寻找,最终最好还能形成一种固定的、独特的风格。

(3) 微博内容管理

关于微博内容管理,有几点需要注意。

① 内容保持原创。吸引粉丝关注,主要措施就是微博内容坚持原创,有营养、有趣味、有故事、有话题。

② 注意转发质量。转发一定要是高质量的转发,特别是针对一些热门内容,需要规避一些政治话题,可以经过编辑后转发,借以提高自己微博的曝光率。热门内容肯定有成为热门的原因,通过转发可以使自己的微博不停地出现在别人的时间轴上,从而可以提高曝光率。转发还要注意进行有理由转发,也就是要加上自己的观点或评论,这样的微博出现在别人的时间轴上,会让人耳目一新,引发关注。

③ 避免刷屏。转发要有节制,不要转发太频繁而形成刷屏。现在好多知名微博账号都采取刷屏的套路,一天至少要转发三五十条微博,这可能是他们的一种策略:一条微博存活的时间比较短,要想不停地出现在网友的时间轴上,就要不停地刷屏。但是刷屏太多、太密,会让人感觉厌烦,甚至被取消关注。

④ 保持专业性。大部分官方微博或个人微博都是知性的,都想建立自己的品牌,那就要保持专业性,要有自己的格调。开始运营微博的时候可以与熟人互动,营造出较受欢迎、颇具人气的氛围。

与名人微博互动是可遇不可求的,要选择一个时间节点,看到名人一上线就立即评论。如果留下第一条评论,名人很可能回复,但几百条、上万条评论产生之后,名人回复的可能性几乎为零。

3. 如何打造微博的爆点

很多企业可能将微博的头像、名称、背景还有内容都做得特别棒,但只有一个阶段没做好,就是节点选择。好的内容只有被安排到一个适合的阶段去传播,才能产生好的效果。

(1) 传播渠道

有事件性的、有爆点的微博,一定要在好的传播节点通过好的传播渠道传播出去才会有好的效果,否则即使发一千条内容都会被淹没在信息的海洋里。好的传播渠道有以下几种。

① 微博红人渠道。现在比较常用的就是微博红人渠道,这个是最有效的,也是成本最低的传播渠道。

② 名人明星渠道。如果能邀请明星或名人进行宣传,那是最好的,可是不通过付费和代言,要怎么遇到这种机会呢?方法有好几种,比如有很多微博名人每天都在发布内

容,每天都在更新,要想跟上热点,一定要从每位名人的爱好入手,研究每位名人的微博特点。比如湖南卫视著名主持人吴昕最爱的卡通就是Hello Kitty,很多人发布Hello Kitty相关内容的时候就会在微博上提及她(@吴昕),很多时候她也会转发相关内容。这种方式不需要代言,不需要通过付费就可以与明星、名人的资源进行互动,传播效果非常好。

③ 朋友、伙伴渠道。朋友和伙伴渠道是最常见的,也是比较常规的传播渠道。

(2) 事件营销

把之前的内容都准备好了,最后再来进行事件营销才会有良好的效果。事件营销最重要的机遇就是大事件,在微博里出现大事件的时候,才会有"天时",否则即使内容写得再好、传播力度再大也是没有效果的。此外,"地利"就是创作的素材,"人和"就是媒体是不是关注、粉丝是不是喜欢微博账号中的这些内容和题材。

4. 如何开展故事营销

社会化媒体开展营销,就是要让微博的粉丝知道企业在为客户服务。社会化媒体营销就是服务,如何让客户主动讨论企业的产品是重点,"野兽派花店"就是一个非常成功的案例。

"野兽派花店"这个名字为很多文艺青年熟知。起初,野兽派花店没有实体店,甚至没有淘宝店,仅凭微博上几张花卉礼盒的照片和140个字的文字介绍就逐渐吸引到大量粉丝。从开通微博到现在,野兽派花店已经吸引了超过90万粉丝(如图9-2所示),甚至连许多演艺界的明星都是它的常客。为什么传统简单的花店会有如此新鲜的生命力?答案是,他们售卖的不仅仅是花,而是鲜活生动的故事。顾客Y先生在野兽派花店订花,希望能表现出莫奈的名作《睡莲》的意境,可是当时并没有合适的花材进行创作。几个月过后,店主兼花艺师Amber想起日本直岛的地中美术馆,从中获得灵感,做成了后来野兽派花店的镇店作品之一"莫奈花园"。与其他花店不同的是,野兽派花店倾听客人的故事,然后将故事转化成花束,每束花因为被赋予了丰满的故事而耐人寻味。这其中,有幸福的人祝自己结婚周年快乐的、有用于求婚的、有祝父母健康的、有纠结于暗恋自己的男同事的……在日复一日的寻常生活中,阅读140字的离奇故事情节,也成为粉丝们的一种调节剂。

野兽派花店所选用的花束绝不是市场上常见的,这些进口花卉品种经过精心雕饰之后,针对不同的人群、送花与收花人的心境,被赋予颇有文艺范的名字,包装完成的花束,只在微博上出售,顾客也都是花店的粉丝,在微博上通过私信下订单,客服通过私信回答顾客的问题最终达成交易。和传统的花店相比,野兽派花店绝对算得上花店中的奢侈品牌。野兽派花店出品的花卉礼盒少则三四百元,多则数千元,然而即使是如此高的价格,仍然得到众多顾客追捧。

野兽派花店的成功告诉我们,原来电商有这样的一种经营方式:利用微博的病毒式的故事传播免费获得大量的潜在客户,而动辄几百上千的礼盒又保证了毛利。这完全颠覆了传统电商拼价格"刺刀见红"的悲催局面,只需要一个微博,只要愿意分享故事,网站、PHP、服务器、架构等通通都只能为故事营销让步与服务。

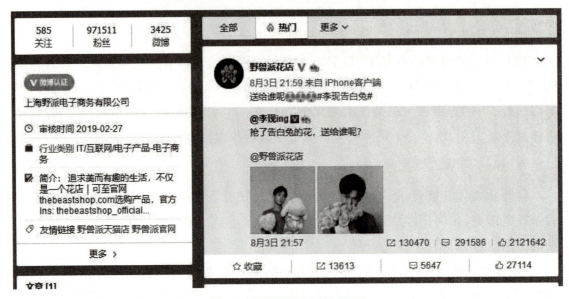

图9-2　野兽派花店官方微博

9.2.2　微博写作的技巧

微博写作是有技巧的。微博的特点就是小却不随性,这并不意味其写作内容是信手拈来的。微博被转发是有一些规律的,用户为什么要转发这条微博,以及用户的阅读都有规律可循。

1. 文字要简练

微博140字的容量,要求文字越精练越好。很多高度精练的一句话微博,转发量很高,简单的一句话背后,给广大粉丝留下广阔的讨论空间。

也许你会有这样的疑问:已经140个字了,再简练能简练到什么程度? 答案是:还可以简练成一句话。有时候人们可能连看完一句话或者140个字的耐心都没有,特别是用手机阅读的时候,因为这种媒体都是被人们在碎片时间快速浏览的,可能一句话只需几秒钟就过去了。所以微博要尽量简练,甚至精炼到一句话。

许多一句话微博就做得非常好,传播效果也非常好。所以维护微博的时候,应该向知名账号学习,因为它们的转发都是有热度的,遵循一些传播规律。譬如图9-3中的这条微博,文字简练到一句话,但是很有味道:"尚未佩妥剑,转眼便江湖。愿历尽千帆,归来仍少年。"短短20字,便收获了26万多次转发。

图9-3 "思想聚焦"的一句话微博

微博不是展示文采的地方,展示文采可以有很多途径,但微博一定是发起话题讨论的地方,一定要给别人留下充足的讨论空间;如果把话说满了,那只能让别人无话可说,所以文字要尽量简练。上面这条微博被转了26.3万多次,这种风格的微博内容仅有一句话,网友可能开始读不懂,但被多次转发,后来稍加揣摩就理解了,觉得这种风格和形式挺有意思,所以关键还是要给读者和粉丝留有一定的空间。

2. 情感要真挚

微博只有感动了自己,才能打动更多的人。微博基本上是一个透明的媒体,时间轴上出现的是日常生活的点点滴滴,此外还包括微博用户的关系网。所以在撰写微博内容的时候一定要最大限度地投入真诚,一定要情感真挚,只有讲生活中真切的话,才能打动更多的人。

图9-4是姚晨发的一条微博,说妈妈去探班的时候没有人给妈妈让座位,心里很难过,以后千万别怠慢了他人的父母。这条微博被转发了3万多次,不仅仅因为她是一位名人,更主要的是"母爱"的带入感和情感共鸣比较强,这种情感真挚的内容比较容易被大家转发。

图9-4　姚晨关于母爱感悟的微博

3. 适度结合热点

微博本来就是一个话题场,如果微博中没有热点,那就失去了使用微博应有的乐趣。在微博上,几乎每天都会涌现热点话题、流行各种微博体。如果适时地与热点结合,借助热点的"热度",可以提高微博账号的曝光率和关注度。

下面就是一个结合热点成功利用微博的案例。2018年9月29日,支付宝官方微博宣布,凡是在十一期间出境游的用户,请留意支付宝付款页面,有可能会被抽中免单。此外,转发支付宝的活动微博,即有机会被抽中奖品,支付宝会在10月7日从转发微博的网友中,抽选一位集全球独宠于一身的"中国锦鲤"。该活动获得294万转发、82万评论和32万点赞。2018年10月7日,支付宝官方微博公布了2018"中国锦鲤"获奖者,来自南京航空航天大学的网友"信小呆"(如图9-5所示)成为了幸运儿,获得"中国锦鲤"全球免单大礼包,该礼包由支付宝全球200多家合作伙伴提供,包含机票、酒店等多项奖品,号称价值将近一个亿。

在得知中奖后,"@信小呆"发博文称:"我下半生是不是不用工作了?"此微博一出随即引发网友热议,"信小呆"微博一时间涨粉数十万,相关"中国锦鲤""信小呆""下半生是不是不用工作了"等关键词纷纷登上微博热搜。

图9-5 "信小呆"微博

自此，一波由支付宝发起的营销活动让"信小呆"成功变为"年度锦鲤"，中奖之后，该博主的人生轨迹也发生了改变。2018年10月，支付宝在"中国锦鲤"的营销活动中打造出史无前例的锦鲤IP，成为广大网友茶余饭后的谈资，"信小呆"也因此走上网红之路，一时间合作、代言、签约不断。

通过查询其微博发现，"信小呆"在2018年内接过多个广告，包括潘多拉、资生堂等品牌，均以锦鲤人设为基础进行推广。另外某国产美妆品牌还邀请她担任品牌代言人，并推出了一款取名为"锦鲤色"的口红。如今，越来越多的品牌选择网红进行合作、代言、推广。

4. 多用疑问句

有很多名人的微博用得最多的就是疑问句，有些时候明明知道答案，但是他们不说，因为如果说了可能会对自己的微博产生影响，但是通过提问可以让粉丝去讨论，他们就想把自己的微博变成一个讨论的平台。

每个做微博营销的人都应该明白，前文也提到过：微博不是展示文采的地方，而是发起话题讨论的地方，因此多用疑问句，可以把空间留给粉丝，激发粉丝的转发和讨论。一些大V都善于在微博中使用疑问句，特别是在写一些敏感话题时通过疑问句，既引发了网友的讨论，又让自己置身话题之外，远离舆论漩涡。图9-6是2019年男篮世界杯中国队赢了韩国队后一位博主发起的话题，一个简单的疑问句，引起网友的热烈讨论和转发。

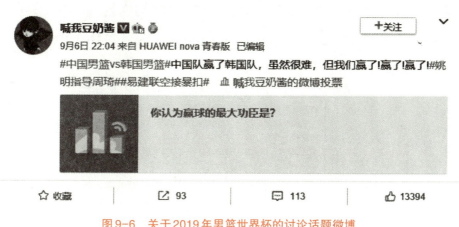

图9-6 关于2019年男篮世界杯的讨论话题微博

5. 善用图片

一些草根大号非常善于使用图片,只配上一句话,粉丝就会不停地转发。这看起来非常简单,但实际也需运用许多巧思。

图9-7中的人物相信很多人都认识,这是2018年世界杯蒙牛的一个广告,但是经过PS就出现了大量的图片:我是梅西,已经不慌了,我们现在慌的一圈……非常有意思,而且也很有创意。微博内容一定要善于和图片结合起来,包括一些适当的PS和图片的巧用,内容图片要跟自己的品牌和风格结合,这是非常重要的。

图9-7　2018年世界杯期间蒙牛的广告图片

一张图片胜过千言万语,这是一个读图的时代,特别是在微博上,除了韩寒等一些极具个人特色的微博,流传最多的都是与图片相关或者带图片的内容。

6. 善用长微博

有时候微博140字的容量的确表达不了很深度的内容,通过使用长微博、图片微博等工具,用户不用离开微博页面就能够看完全文,微博的传播效率越来越高。如图9-8所示,为某作者所写《潘石屹微博营销十招必杀技》,被优米网用一条长微博转发。

【潘石屹微博营销十招必杀技】1、多用疑问句式;2、善用图片;3、与名人互动;4、自嘲和娱乐精神;5、适度结合热点;6、项目推广软植入;7、经常回馈粉丝;8、多账号运营;9、借势营销;10、勇于尝试新手段。via@黑马良驹

图9-8　关于《潘石屹微博营销十招必杀技》的长微博

长微博的好处就是不用离开页面就可以转发,微博的传播效率可以提高。如果微博与博客链接的话,用户可能会离开页面后就不再回来转发了,所以可以适时使用长微博。

7. 让用户创造内容

个人的创造力都是有限的,而成千上万粉丝的创造力是无穷的。如果微博能够激发粉丝的创造力,让粉丝创造内容,那么微博将会魅力无穷,这就是传说中的UGC(user generated content,用户原创内容)。下面来看博主"—Buddy—"发布的带外公去旅游的微博(图9-9)。

图9-9　"带外公去旅游"的微博

这条带外公去旅游的微博是一个很好的让网友创造内容的例子,其实所有的社会化媒体运营过程中最关键的就是UGC,即用户创造内容。即使微博所有的编辑团队都不在,微博也会天天产生内容,只要产生内容就是有价值的。

这条微博的核心就是让大家带着她外公的肖像去拍张照片,然后上传@她一下,每@她一下就转发一下,这就是病毒式转发。如果只是上传一张图片,方式就会简单很多,就是没有这种病毒式的复制,@一下就变成了病毒式传播。所以无论做什么应用,一定有一些传播链条,信息要传递下去才可以产生巨大的影响力。

阅读思考 9-2

爆款案例频出:戴森种草,锦鲤刷屏

过去一年,经由"Social First"营销理念指导和微博完善的商业化服务,诞生了众多刷屏级营销案例,其中最有代表性的就是戴森和支付宝锦鲤。

1. 戴森种草,新浪微博的营销玩法"U微计划"的代表

戴森作为"U微计划"首批试点品牌之一,通过圈定目标用户——信息触达销售转化两步走战略,成功借助"U微计划"将新品智能扫地机器人打造成爆款。

首先,圈定目标用户:微博圈选戴森代言人吴尊的粉丝群体、海淘人群等,阿里寻找戴森品牌消费者、家居家装消费者、3C数码消费者,双方数据互补之后,在微博针对目标人群进行信息流广告投放,扩大新品的认知度。

进而,信息触达促进销售转化:"@Dyson戴森"转发了"@美好家园杂志"发布的吴尊爱家视频,借助微博信息流广告,使品牌信息出现在目标用户微博首页,实现精准触达。随后,大量用户与品牌发生即时互动,最终,该视频播放量达到779.7万,15.3万用户在微博被种草后,前往天猫购买戴森产品或询问相关购买问题。

戴森新品营销的成功,验证了"U微计划"的专业性和科学性,凸显了"微博种草、天猫拔草"在品牌营销方面的独特优势。

2. "锦鲤"的发酵,是微博社交媒体平台势能的释放

国庆期间,"@支付宝"选择与新浪微博合作,打造"寻找中国锦鲤"活动。通过微博天然的流量池属性以及强大的平台聚合能力,活动成功实现了社交裂变,单条博文阅读量破2亿,互动总量超过420万,在24小时内,博文转发层级达到39层,为"@支付宝"积累了不可估量的社交资产。

在微博商业生态中,众多品牌倾向于通过转发抽奖与用户产生互动行为,建立双方的情

感连接。几年前,"@海尔"联合各路商家发起转发抽奖的活动,一战成名,从此站上微博营销的高地。现如今的"支付宝#中国锦鲤#"显然是这一玩法的升级版本,也是社会化营销的典型示范。

"锦鲤"这一词汇发端、发酵于微博,随即扩散至全网,成为网友在各种社交场景下的谈资。所以说,在微博语境之中,锦鲤已经具备巨大的势能。相比于以往大多数企业品牌传播动作,这次的营销终极价值有了质的变化:从物,转向了人;从奖品,转向了幸运感。

官方微博和个人微博营销该如何定位?

微博营销是通过微博平台为商家、个人等创造价值而执行的一种营销方式。微博营销以微博为营销平台,每一位听众(粉丝)都是潜在的营销对象,企业通过更新自己的微博向网友传播企业信息和产品信息,树立良好的企业形象和产品形象。

通过本章的学习,大家可以掌握微博及微博营销的模式,并学会微博的写作技巧及微博的营销技巧,用讲故事的方式进行微博内容的营销。

参考文献

[1] 陈孟建,沈美莉,徐金华,等.网络营销与策划[M].2版.北京:人民邮电出版社,2013.

[2] 杜子健,申音,尹光旭,等.无微不至:微博营销实战指南[M].合肥:安徽人民出版社,2013.

[3] 淘宝大学.网店推广核心工具[M].北京:电子工业出版社,2012.

项目 10　微信营销

 知识目标

- 理解微信营销的含义与作用
- 掌握微信营销的各种方法和技巧

 技能目标

- 能够根据实际需要制订微信营销目标
- 掌握微信营销的技巧和方法
- 能够开设微信公众号并进行运营

案例导入

H5推广代表企业星巴克

随着互联网技术的发展,微信营销也逐渐与创新技术结合起来,H5即是目前最为常见的一种营销手段,它是一种集文字、图片、音乐、视频、链接等多种形式为一体的展示页面,通过丰富的控件、灵活的动画特效、强大的交互应用等实现品牌的展示推广。星巴克曾经通过H5技术策划了一次春季樱花季活动,它采用漫天飞舞的樱花特效、3D场景转换,描绘四个樱花场景,配合轻松的文字,展示星巴克品牌。同时,还通过场景交互,引出抽奖活动和活动奖品,让用户在欣赏美丽场景的同时参与活动。这不仅将广告完美地融入了场景中,同时也大大增强了用户的体验感,使品牌形象深入人心。

图10-1　星巴克H5推广页面

任务提示

微信营销迄今为止已经有近十个年头,其营销形式也在不断变化,目前微信营销主要的形式是什么?如何通过微信这种工具实现营销?请认真阅读本项目内容,相信会让你受益匪浅。

任务 10.1　认识微信营销

10.1.1　微信概况

1. 微信的发展历程

微信（WeChat）是腾讯公司于 2011 年 1 月 21 日推出的一个为智能终端提供即时通讯服务的免费应用程序。微信支持跨通信运营商、跨操作系统平台运行，通过网络快速发送免费（需消耗少量网络流量）语音短信、视频、图片和文字，同时，也可以使用通过共享流媒体内容的资料和基于位置的社交插件"摇一摇""漂流瓶""朋友圈""公众平台""语音记事本"等。

微信作为时下最热门的社交信息平台，也是移动端的一大入口，并已经演变成为一大商业交易平台，其对营销行业带来的颠覆性变化日益显现。微信商城可以实现商品查询、选购、体验、互动、订购与支付的线上线下一体化服务模式。

2. 微信的基本功能

（1）基本功能

① 聊天：支持发送语音短信、视频、图片（包括表情）和文字，作为一种聊天软件，支持多人群聊。

② 添加好友：微信支持查找微信号、查看 QQ 好友添加好友、查看手机通讯录添加好友、摇一摇添加好友、二维码查找添加好友和漂流瓶接受好友等几种方式添加好友。

③ 朋友圈：一般指的是腾讯微信上的一个社交功能，用户可以通过朋友圈发表文字和图片，同时可通过其他软件将文章或者音乐分享到朋友圈。用户可以对好友新发布的朋友圈内容进行"评论"或"赞"，用户只能看相同好友的评论或赞。

④ 实时对讲功能：用户可以通过语音聊天室和一群人语音对讲，但与在群里发语音不同的是，这个聊天室的消息几乎是实时的，并且不会留下任何记录，在手机屏幕关闭的情况下也仍可进行实时聊天。

（2）微信支付

微信支付是集成在微信客户端的支付功能，用户可以通过手机完成快速的支付流程。微信支付以绑定银行卡的快捷支付为基础，向用户提供安全、快捷、高效的支付服务。

支持支付场景包括：微信公众平台支付、APP（第三方应用商城）支付、二维码扫描支付。

（3）系统服务（公众号）

微信公众平台主要有实时交流、消息发送和素材管理等功能。用户可以对公众账户的粉丝进行分组管理、实时交流，同时也可以使用高级功能（编辑模式和开发模式）对用户信息进行自动回复。

当微信公众平台关注数超过500，就可以去申请认证的公众账号。用户可以通过查找公众平台账号或者扫描二维码关注公共平台，公众号包括订阅号、服务号、企业号、小程序四个体系。

10.1.2 微信公众号概况

1. 微信公众号概述

微信公众平台，简称公众号，曾被命名为"官号平台""媒体平台"的微信公众号，最终定位为"公众平台"。

利用公众账号平台进行自媒体活动，简单来说就是进行一对多的媒体性行为活动，如商家申请公众微信服务号，通过二次开发展示商家微官网、微会员、微推送、微支付、微活动、微报名、微分享、微名片等，这已经形成了一种主流的线上线下微信互动营销方式。

2. 微信公众号分类

（1）订阅号

订阅号就是为媒体和个人提供一种新的信息传播方式，构建与用户之间更好的沟通与管理方式。订阅号主要偏向于为用户传达资讯（类似报刊杂志），每天都能推送一次图文消息。微信用户或多或少都会关注一些订阅号，一旦订阅号多了起来，微信就会把订阅号归类到"订阅号栏目"里。

（2）服务号

服务号是给企业和组织提供更强大的业务服务与用户管理能力，帮助企业快速实现全新服务模式的公众号服务平台。服务号每个月只能有四次的图文推送次数，多适用于大企业和商户，利用服务号的展现和功能开发优势来进行企业所需要的在线商城、在线支付等服务。服务号推送的消息，都是在微信用户的好友列表里展现的，这就相当于接到了微信好友的消息,有提示并且能很直观地看到内容。相比订阅号来说,服务号的用户体验度比较有优势。

(3) 企业号

企业号现在称为企业微信,是企业的专业办公管理工具,拥有与微信一致的沟通体验,提供丰富且免费的办公应用,并与微信消息、小程序、微信支付等互通,助力企业高效办公和管理。企业微信是一个面向企业级市场的产品,是一个好用的基础办公沟通工具,拥有最基础办公和最实用的功能服务,专门提供给企业 IM 服务。企业号比较适用于企业、政府、事业单位或其他组织。

(4) 小程序

微信小程序,简称小程序(mini program),是一种不需要下载安装即可使用的应用,主体类型为企业、政府、媒体、其他组织或个人的开发者。小程序也是多年来中国 IT 行业里一个真正能够影响到普通程序员的创新成果,现在已经有超过 150 万的开发者加入到了小程序的开发,目前小程序应用数量超过了 100 万,覆盖 200 多个细分的行业,日活用户达到 2 个亿,小程序还在许多城市实现了支持地铁、公交服务。小程序的发展带来了更多的就业机会,2017 年小程序带动就业 104 万人,社会效应不断提升。

3. 微信公众号注册

(1) 准备材料

不同类型的主体在申请微信公众号时,需要准备不同的材料,如图 10-2 所示。

个体户类型	企业类型	政府类型	媒体类型	其他组织类型	个人类型
个体户类型	企业名称	政府机构名称	媒体机构名称	组织机构名称	
营业执照注册号/统一信用代码	营业执照注册号/统一信用代码	组织机构代码	组织机构代码/统一信用代码	组织机构代码/统一信用代码	
运营者身份证姓名	运营者身份证姓名	运营者身份证姓名	运营者身份证姓名	运营者身份证姓名	运营者身份证姓名
运营者身份证姓名	运营者身份证姓名	运营者身份证姓名	运营者身份证姓名	运营者身份证姓名	运营者身份证姓名
运营者手机号码	运营者手机号码	运营者手机号码	运营者手机号码	运营者手机号码	运营者手机号码
已绑定运营者银行卡的微信号	已绑定运营者银行卡的微信号	已绑定运营者银行卡的微信号	已绑定运营者银行卡的微信号	已绑定运营者银行卡的微信号	已绑定运营者银行卡的微信号
	企业对公账户				

图 10-2 申请微信公众号所需材料

（2）申请注册

打开浏览器，搜索微信公众号（如图10-3所示）。

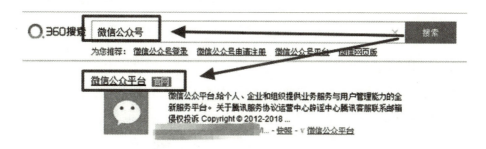

图10-3　在浏览器搜索微信公众号

进入官网后，点击"立即注册"（如图10-4所示）。

图10-4　在官网点击"立即注册"

选择注册公众号的类型（如图10-5所示）。

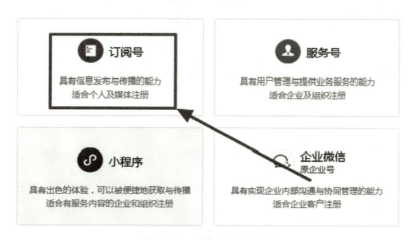

图10-5　选择注册订阅号

然后填写一个未被绑定过的邮箱地址用于激活邮箱(如图10-6所示)。

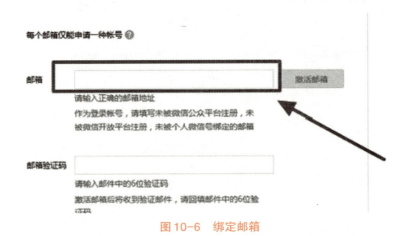

图10-6　绑定邮箱

填写完成后,系统会向输入的邮箱发送验证码(如图10-7所示)。

图10-7　邮箱验证

填好验证码,密码设置完成后点击"注册"(如图10-8所示)。

图 10-8　设置密码

选择企业注册的地址，如选择"中国内地"并点击"确定"（如图 10-9 所示）。

图 10-9　选择企业注册地

选择账号类型，点击"订阅号"（如图 10-10 所示）。

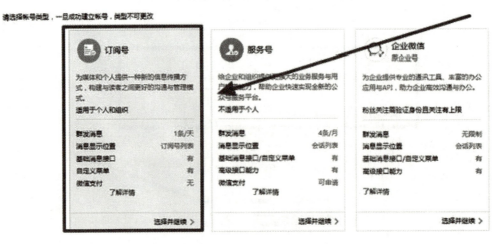

图10-10　选择账号类型

选择订阅号的主体类型,如选择"个人"(如图10-11所示)。

图10-11　选择主体类型

填写身份证号码和姓名,用微信扫描下方的二维码验证管理员身份(如图10-12所示)。

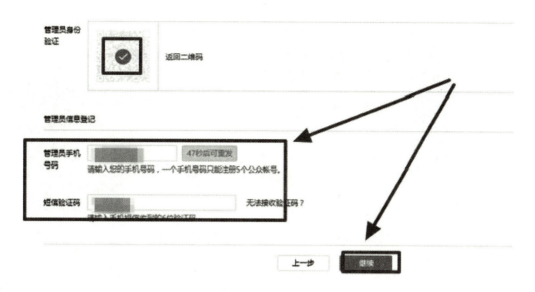

图 10-12　登记主体信息并完成验证

最后输入"账号名称"以及"功能介绍和地区"后,点击"完成"即可成功注册微信公众平台(如图 10-13 所示)。

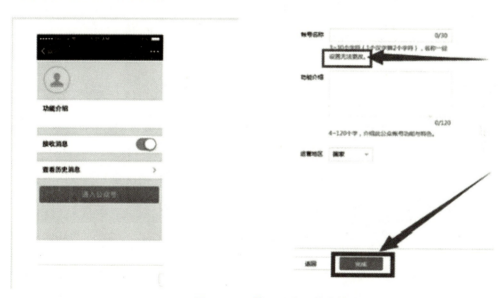

图 10-13　填写公众号简介等信息

4. 利用 135 编辑器设计微信公众号

135 编辑器是一个微信公众号文章美化工具,操作简单方便,旨在提供丰富的样式、精美的模板。编辑文章时,就像拼积木一样,挑选样式、调整文字、搭配颜色,最后形成排版优质的文章,让读者更觉得赏心悦目。135 编辑器的界面及功能分区见图 10-14。

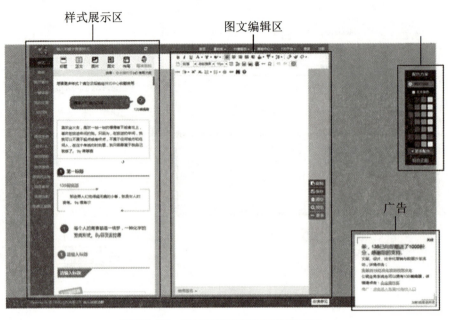

图10-14 135编辑器界面及功能分区

使用135编辑器时,可参考以下步骤。

① 登陆135编辑器。

② 选择进入编辑器,如图10-15所示。

图10-15 进入135编辑器

③ 开始编辑,将准备好的文字内容复制到图10-16中方框所示区域里。

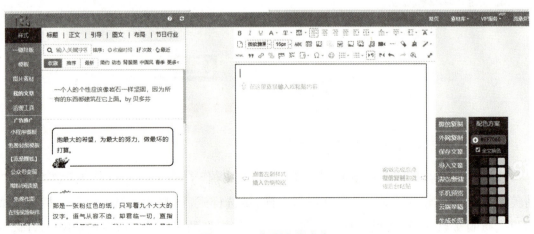

图10-16 复制文字内容

④ 编辑正文,按图10-17所示的功能介绍对正文进行加工处理。

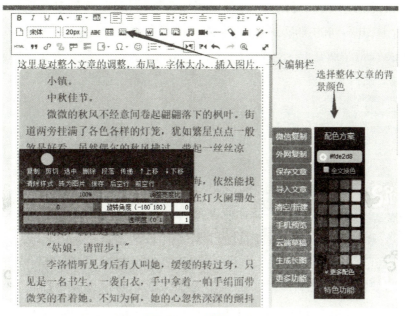

图10-17　编辑正文

⑤ 界面左边菜单(见图10-18)包括多个功能,可根据不同需要进行选择。

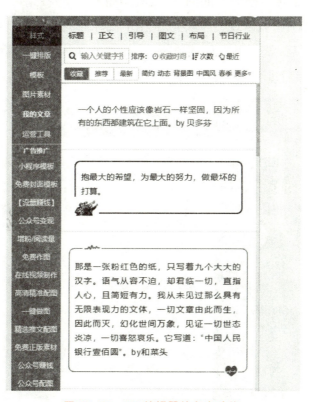

图10-18　135编辑器的多个功能

样式：可以在里面找到各种文本编辑框、背景图；

一键排版：包括一些固定的格式，可以采用已有的格式，然后自己选择和添加内容，相当于模版。点击不同的排版，右边的字体风格就会改变（见图10-19）；

图10-19　135编辑器的"一键排版"功能

图片素材：可以上传自己需要的图片，或者是用网站本身已有的图片。

⑥ 点击"手机预览"会出现一个类似于在手机界面的效果图（见图10-20），当设计好样式、排版完成之后，就可以进行预览操作，评估公众号文章排版后的效果。如有需要，可以随时关闭，然后进行修改。

图10-20　预览效果

阅读思考 10-1

微信公众号认证

微信认证,也称微信公众号认证。企业可以通过微博、网站等途径,推广自己微信公众号的二维码,获取更多订阅用户。2013年10月29日,微信对公众平台进行了升级,升级后的服务号可申请微信认证,提交资料审核通过后,即可获得认证标识,并同时开通高级接口权限。订阅号仍然可以申请微博认证入口进行认证。最新的公众号认证收费标准是300元/次,注意这个认证是每次收费300元,如果这次申请没有通过,300元是不退的,还得继续付费认证(所以提醒需要认证的组织,一定要将所需要的资料和各方面信息提交正确)。如果通过有效期是一年,第二年年审继续收费。微信团队于2014年1月24日公布了微信公众平台认证更新通知,具体内容是:微信公众平台已开放订阅号的企业类型认证,流程与服务号完全一致;所有认证成功的账号(包括微信认证和已获得关联微博认证的账号)都可以自动获得自定义菜单;企业组织类型的微博认证入口已关闭,同时微信认证不支持个人认证。

认证通过的微信公众平台在现有基础上增加了9种新的开发接口,通过这些接口,企业和媒体、机构的公众平台可以开发出更多的微信应用,打造更强大的微信公众平台。网络广告正向无线领域进军,已经有公司研发出了可以用在PalmPilots和Windows CE下的广告软件,随着无线上网用户的增加,无线广告的前景颇被看好。

微信公众号已经在企业中广泛应用,如果你所在的社团想开设一个公众号进行宣传,你觉得申请什么类型的比较合适?如果是学校门口的奶茶店呢?

任务10.2 微信营销技巧

10.2.1 微信营销概述

1. 微信营销的概念

微信营销是网络经济时代企业营销模式的一种创新,是伴随着微信的火热而兴起的一种网络营销方式。微信不存在距离的限制,用户注册微信后,可与周围同样注册的朋友形成一种联系,用户订阅自己所需的信息,商家通过提供用户需要的信息,推广自己的产品,从而实现点对点的营销。

2. 微信营销的特点

(1) 点对点精准营销

微信拥有庞大的用户群,借助移动终端、天然的社交和位置定位等优势,每条信息都是可以推送的,能够让每个个体都有机会接收到信息,继而帮助商家实现点对点精准化营销。

(2) 形式灵活多样

微信营销包括公众平台、开放平台、二维码等多种形式,能够帮助企业和消费者进行全方位的互动与沟通,实现企业产品营销宣传。

(3) 强关系的机遇

微信的点对点产品形态注定了其能够通过互动的形式将普通关系发展成强关系,从而产生更大的价值。通过互动的形式与用户建立联系,而互动主要就是聊天,企业可以解答疑惑、讲故事甚至可以"卖萌",用一切形式让企业与消费者建立朋友的关系取得消费者的信任。

10.2.2 微商营销概况

1. 微商营销概述

微商模式指的是在微信朋友圈进行宣传、销售、维护等行为的商业模式。

2012年为微商的萌芽阶段,2013~2014年迈入巅峰,2015年随着政府与腾讯的介入而进入调整期。《2016~2020年中国微商行业全景调研与发展战略研究报告》中的数据显示,美妆、针织、母婴、大健康、农特占据着微商主要市场份额。2019年1月1日,《中华人民共和国电子商务法》正式实施,微商纳入电商经营者范畴,消费者维权有法可依。

2. 微商营销的基本思路

微商营销场所包括:朋友圈、微信群、个人通讯信息。个人微商运营核心为:微信好友数、社交圈影响力、产品价值、销售技巧、文案。组织微商运营核心是:品牌产品选择、团队/渠道组建、培训体系、管理激励、外宣造势。

3. 微商营销技巧

（1）建立信任度

在微信营销时先不要着急做推销,而是要先建立与客户的良好关系,建立信任度。

（2）内容为王

优质的图文和正能量的态度对于品牌树立是十分重要的。

（3）选对信息发送的时间

每天微信用户在哪个时间段最活跃、关注的信息最多,就在那个时间段发送信息,这样比较容易受到用户的关注。

（4）注意线上线下营销相结合

微商营销不仅仅只包括线上营销,还应当与线下实体相结合,增加客户的信任度。

10.2.3 企业微信营销概况

微信的火爆吸引了企业的注意,越来越多的企业开始利用微信进行营销活动。大部分企业在进行微信营销时会选择微信公众平台商业模式。微信公众平台对企业的价值基本表现包括:品牌宣传、商品营销、客户服务、渠道服务。

根据前文的内容,大家可以看出开设微信公众号的步骤是非常简单的,但是如果想将公众号用好、用出效果,其难点不在基本操作上,而是在思路和方法上,如何将公众号用好呢？企业微信营销的策略包括以下几个方面。

1. 微信公众号的定位

（1）品牌型

品牌公众号更多侧重于展示,其定位核心与品牌型网站很类似,目的是为了让用户全面了解企业,对企业有一个深入和深刻的认识。对于有品牌展示、业务开展、产品展示等需求的企业来说,这种方式非常合适。

图10-21为LG电子官方公众号,包含了LG各类产品介绍、LG商城以及LG精彩速递等内容。

图10-21　LG电子官方公众号

(2) 吸粉型

吸粉型公众号的目的就是为了聚集潜在用户，发布用户关心的信息，从而吸引粉丝关注。例如，图10-22所示的公众号，名字叫作"O2O实战策略"，从表面上看是一个自媒体账号，因为其定位和内容都是围绕着O2O展开的。但实际上，这是一家企业服务机构的公众号，此机构的目标用户以传统企业为主，而现在最令传统企业头疼的问题就是转型问题，类似电子商务、网络营销、移动商务、O2O等，这些都是企业关注的焦点。所以，该机构围绕着目标用户的需求，建立了一系列公众号，这个"O2O实战策略"只是众多公众号中的一个。

图10-22　"O2O实战策略"公众号

由此可以看出,吸粉型公众号的特点是围绕用户需求来的,根据用户需求进行发文,从而达到吸引粉丝关注的目的。

(3) 销售型

该类公众号主要通过移动端实现商品的购买。销售型公众号的建立理念与销售型网站是一致的,一般销售型公众号应具备几个要点,即展示力、公信力、说服力、引导力、推广力。

(4) 服务型

服务型公众号就是为了更好的给客户提供服务,是为了满足线上线下不足而设置的。通过服务内容的提供,提高客户满意度,提升口碑,产生复购,增强黏度。

(5) 媒体型

2018年媒体融合论坛数据显示:在机构运营的微信公众账号中,来自媒体的账号数量占比不足1%,但是粉丝总量却高达近23亿,充分体现了主流媒体在传播领域的权威性和影响力。建设和运营媒体型公众号相对前面几种更为复杂。要打造媒体型的账号,首先要确定目标受众,即关注账号的粉丝群体,然后围绕着受众的特点和需求,明确媒体属性,最后进行内容打造,找到自己的特色或者拳头产品。具体以什么作为特色,要根据目标用户的特点以及结合同类账号来策划,例如:以原创为特色、以访谈为特色等。

(6) 混合型

混合型公众号顾名思义就是将以上几种类型的公众号组合使用,从而达到最佳的效果。目前大部分企业都会根据实际需要创建几个乃至几十个公众号,以满足企业经营需要。

2. 公众号的运营技巧

(1) 取名技巧

一个合适的名字,可以对公众号的运营和推广起到锦上添花的效果,而不合适的名字则有可能制约公众号的发展。公众号取名时可以采用以下方法。

① 提问式取名法:以问题的方式、提问的方式取名,让关注者获得兴趣,比如"如何多赚钱""今晚看什么"等,或以人们对某些事件或者问题的关注度来取名。

② 直呼其名法:直接以企业名称或者服务、产品名作为微信公众号名称,比如推一把网站的官方公众号就叫作"推1把"。

③ 垂直行业取名法:用"行业名+用途"的形式命名,比如"百度电影"。

④ 功能实用法:直接将公众号的用途和服务展现出来,让用户更了解平台,比如"酒店助手""航班服务"等。

⑤ 形象取名法：将企业的形象化或者服务产品形象化的一种手法，比如音乐类的公众号可以叫"音乐工厂"，体育类的公众号叫"体育公园"。

(2) 取名的禁忌

取名的方法很多，不要拘于一格，但是取名时也有需要注意的地方。

① 要符合用户的搜索习惯。符合用户的搜索习惯，才能增加被用户搜索到的概率。

② 不要使用生僻字。生僻字不利于用户的理解和搜索，不利于传播。

③ 不要过于天马行空。取名要发挥创意，但是也不能过于天马行空，要和账号的定位具有关联性。

3. 内容设计技巧

公众号的内容一般包括纯原创和二次设计两种，纯原创内容相比较而言更具有竞争力和优势。但无论哪一种形式，对于公众号的运营，核心都是内容，重点都是互动。内容是为了吸引用户、留住用户，互动是为了增强与用户的感情，让用户变为粉丝，那么如何才能增加粉丝呢？

(1) 增强互动性

① 互动栏目。在策划公众号时，直接策划一些带有互动性质的栏目。如"人才招聘"等栏目都是可以与用户互动的栏目，用户如果有求职需求就可以通过本栏目进行互动。

② 内容互动。可以在公众号的内容中与用户互动，比如在文章中引用用户的评论、留言或者调侃用户。

③ 互动调查。调查也是一种非常传统但却非常有效的方式，这种方式不但能与用户经常互动交流，还能收集各种数据、了解用户习惯等，可谓一箭双雕。

④ 有奖竞猜。竞猜类的方式也很传统，但是经久不衰，如猜歌名、猜谜语等，任何时候都能让用户乐此不疲。当然前提最好是有些小奖品来刺激，效果更好。这个奖品不一定非得是企业自己花钱采购的，也可以与其他厂商通过合作的方式互换。如果公众号粉丝非常多，甚至可以直接寻求赞助。

⑤ 答难解惑。如果条件允许，可以设置一个答疑类的栏目或者环节，每天在固定时间为用户解答问，提供帮助。

⑥ 有奖征文。如果公众号具有一定影响力，用户群体足够多，征文也是一种非常不错的互动方式。如果征文有难度的话，也可以简单一点，如看图编故事等。

⑦ 用户评价。可以周期性地推出一些用户评比活动，比如最活跃用户、转载量最高用户等，这种方法的好处在于：一是能够与用户产生互动；二是能够树立典型，培养核心粉丝；三是可以让用户之间产生竞争感。

⑧ 群辅助。除了公众号本身的互动外,应该学会借助一些其他的工具进行辅助互动。比如建立QQ群、微信群,引导用户加入群,通过群的方式辅助互动,培养用户习惯。

(2) 有技巧地植入广告

企业建立公众号的最终目的还是为了营销宣传,但是广告宣传痕迹太重,很容易让用户取消关注,因而有技巧地植入广告就显得尤为重要。

① 以故事的形式植入。提及故事,不少人充满期待,因此商家在植入广告时,可以充分借用这一手段。故事因为具有完整的内容和跌宕起伏的情节,所以比较吸引大家,关注度相对较高。对于企业来说,讲述一个企业故事、发生在企业的故事,或者创业故事,会让用户感受到企业的文化氛围,毕竟故事就是生活的一种艺术形式,而生活又离不开产品,所以将企业产品和企业文化用故事来表达,是非常合情合理,也是十分自然的。

② 以图片的形式植入。相比纯文字的信息,图片加软文的方式更加受用户群体的欢迎。通过加入图片来进行表达或者描述品牌,会更容易收到效果。企业可以在文章中插入企业LOGO、产品LOGO或者水印,只要美观,就会产生自然的植入效果;也可以在文字中配好与企业所宣传的信息相关的图片。切记,适合的图片可以吸引有相同爱好的用户,赋予品牌人情味,使广告植入得更自然,可以把品牌与用户兴趣牢牢地结合在一起。

③ 以段子的形式植入。好玩、幽默、有趣的人生感悟或者笑话类的段子总会令人受益匪浅、感悟颇深,因此企业把品牌植入这些最受欢迎的段子当中,用户一定会赞叹创意的精妙,而不会反感。

④ 以视频的形式植入。可以在微信软文中加入一段有关企业的视频或者语音,宣传效果比起文字会事半功倍。如果想要达到更好的效果,可以邀请明星来录制视频或者语音,甚至也可以请企业的董事长或者总经理,总之要用一些在用户心目中有一定影响地位的人来录制,这样可拉近用户和企业的心理距离,取得更显著的效果。

⑤ 借助舆论热点植入。每天我们的手机都会收到关于网络舆论热点人物或者事件的报道,它们的共同特点就是关注度高,企业可以针对这些热点人物进行广告设计,并悄无声息地植入广告。但是必须敏锐地观察舆论热点的进度,不要等到热点事件关注度下降之后再策划,那就为时已晚了。

4. 公众号的推广

对于大多数企业而言,微信公众号运营的过程中都曾经存在过一个痛点:有内容,没有粉,没人看。如何快速涨粉?怎么去推广自己的公众平台呢?

(1) 自身资源推广

使用企业自身资源进行公众号的推广,如利用企业自身的宣传资料、企业做的广告牌、企业官网、企业员工邮箱、产品包装盒、产品说明书、门店资源等。

(2) 自媒体推广

在一些比较流量比较大的自媒体平台注册账号发稿,比如今日头条、1点资讯、搜狐自媒体、百度百家、博客等,保持文章的更新,在文章中加入微信公众号的推广信息。

(3) 论坛发帖

可以去一些论坛进行微信公众号的推广。宣传质量比较高的方式就是去知乎,搜索一些与微信公众号定位相符的问题作答,并在底部留下自己的微信二维码,如果答案质量好的话,会获得比较高的点赞数,曝光的机会比较大,有兴趣的知友也会扫描二维码关注。

(4) 垂直网站

可以到一些垂直行业媒体的网站进行投稿,比如钛媒体、虎嗅、36氪等这些网站,如果在这些垂直行业媒体投稿通过之后,也会有许多网站会转载文章,这样品牌和微信号也会得到更高的曝光。

阅读思考 10-2

微信公众号常见九种营销活动方式

1. 留言回复有礼

一般是根据当下热点、近期活动、节日庆典等,准备一个话题,让用户在活动时间内到图文的留言区进行回复,进而随机筛选或者按照点赞数等规则选取中奖用户。

活动形式评点:简单易行,用户参与度高,可控性强。但是用户容易产生心理疲倦,话题需要互动感强。

2. 晒照有礼

一种方式是设定方向,比如选取亲子照、全家福、婚纱照、造型照、风景照、美食照、萌宠照等不同主题的照片。让用户将照片发至公众号后台,进而按照活动规则抽选中奖用户。

另外一种方式是促进分享、促进交易或者促进其他KPI的晒照活动,比如将某个指定图片、指定文章分享到指定的朋友圈、微信群或者其他平台,进而截取相应的图片。或者拍摄购买的物品或者购物小票等,发至公众号后台,运营者收到后再进行选取与奖励。

活动形式评点:互动感更强,能与运营目标结合。但用户参与难度较回复有礼更高,收到的图片只能够在微信后台保存五天,需要及时收集用户参与信息。

3. 红包抽奖

可以设置关注抽奖或者线下扫码抽奖,有机会获得现金红包或者实物礼品。比如八城平台的大转盘抽奖功能,可以设置抽现金红包,也可以设置商城代金券、礼品兑换券和话费充值码等多种抽奖方式。

活动形式评点:这是回馈用户的常见手段,也是聚集人气的有效方式。建议除了大奖,还可设置一些丰富的小奖,以保证更多用户都可以参与或者中奖,以加强用户与平台之间的关联。

4. 游戏互动有奖

现在不少的平台都提供免费的互动游戏的接口,这些小游戏通常与一些流行的单机版游戏类似,比如连连看、消消乐、切水果、跑酷、摇钱树甚至斗地主、打麻将等,用户可以通过小小的游戏比赛,既获得娱乐的乐趣,同时又赢取奖励。推荐的免费平台有凡科、易速推、微喵等。

活动形式评点:娱乐性强,能够带给用户一定新鲜感与参与兴趣。

5. 病毒式H5互动

曾经风靡过一时的病毒式H5包括以下几种形式。

(1) 生成器型:用户在H5页面上输入指定信息,即可以生成趣味的工资单、证件、微信对话、照片、海报、匿名评论等,通过有趣或有价值的内容促进病毒式传播。

(2) 测试型:比如回答指定的问题进行智商测试、情商测试、专业度测试等;或者是对你的照片、你与家人的照片、你与爱人的照片进行水平打分、契合度打分、相似度打分;也可能是将自己设置好问题让你的朋友回答,测试了解度、真情度、信赖度等。

活动形式评点:这是传播的一大利器,策划得好很有可能成为平台有利的招新功能之一。

6. 投票评比活动

据说这是朋友圈、微信群中最让人烦恼的一种活动形式,偏偏又是最有效的活动形式之一。活动形式一般是比赛制,通过设立大奖,吸引用户进行报名,然后进行微信公众号内拉票,根据最终票数或者报名内容等决定中奖者。

在公众号中最常见的投票活动一般是萌宠比赛、孩子作品比赛、员工工作评比等,有利益驱使,有人情作保,投票活动只要利用好了这些要素,基本上活动效果都会不错。推荐平台有"投票吧"等。

活动形式评点:投票过程不宜太复杂,比如仅是找到想要的投票人都需要半天,别人就可能弃投;投票的机制需要防止刷单作弊;投票活动的目的如果是吸粉,需要用户关注后才能投票,投票后又有内容可以吸引用户。

7. 有奖调研/问答活动

活动形式一般是根据需求,设置好调研问卷或问答题目,用户参与并填写信息,即可获得指定奖励。如果是平台有搭建自身的调研系统,完全可以做到用户完成调研,奖励直接发放,刺激用户的参与度。

活动形式评点:不要为了做调研而调研,一定要考虑到目标对象,做有目的性的问卷调研。

8. 征文征稿活动

活动形式一般是设定征文征稿的方向,比如征集梦想清单、征集元宵主题的文章或者诗歌、散文,也可以征集公众平台的宣传口号,鼓励用户进行创作,用户创作的内容,可以在微信公众平台进行推广和发布,同时对优秀作品给予奖励。

活动形式点评:比较适合对于原创内容有一定要求,同时粉丝会员的质量和用户黏度都较高的平台。

9. 用户访谈活动

活动一般是以访谈的形式进行,通过邀请用户报名,而后进行一对一的沟通访谈。聆听用户的故事,并将用户的故事撰写成文或设计成图,让用户的故事成为运营素材之一,当然对于参与访谈的用户,也要给予一定鼓励。

活动形式点评:这种活动尤其适合专业媒体型的平台,或者是需要用A用户去感染更多其他用户的平台。当然,对于缺乏写作素材的平台,也不妨试试这种形式。

请为学校门口的奶茶店设计微信公众号,并说说如何开展微信营销?

微信营销是网络经济时代企业或个人营销模式的一种,是伴随着微信的火热而兴起的一种网络营销方式。微信不存在距离的限制,用户注册微信后,可与周围同样注册的"朋友"形成一种联系,用户订阅自己所需的信息,商家通过提供用户需要的信息,推广自己的产品,从而实现点对点的营销。

通过本项目的学习,大家可以掌握微信的使用方法,并学会注册微信公众号,实现文案的优化设计。同时利用微信朋友圈、微信公众号等形式,实现企业的营销活动。

资源链接

1. 微信公众平台　https://mp.weixin.qq.com
2. 搜狐网　http://www.sohu.com
3. 简书网　https://www.jianshu.com

项目 11　视频营销

　知识目标

- 理解视频营销的含义与特点
- 掌握视频营销的定位
- 掌握短视频营销、直播营销的建立过程
- 掌握视频营销的技巧

　技能目标

- 能够根据实际需要确立好视频的营销定位
- 能够完整建立短视频营销和直播营销的过程
- 能利用视频营销理论分析视频营销效果

案例导入

卫龙辣条:辣条吃出了米其林的感觉

2018年卫龙辣条入驻抖音,其中一条视频收获了17万点赞。该视频最有创意的地方在于,其标题是:不可思议,辣条吃出了米其林的感觉。这样做的好处是:一方面提升了产品品牌形象;另一方面,我们知道在戏剧中必须有冲突,这样故事才好看、才刺激。

卫龙辣条在大家原本认知里的特质是比较接地气,而在视频里与美好的方式产生戏剧化的碰撞,使这条视频成为爆款。参考卫龙辣条的抖音短视频可知(如图11-1),反差和冲突可以增加内容的看点,我们在策划视频内容时可以刻意寻找和制造一些冲突点,从而创造戏剧性。

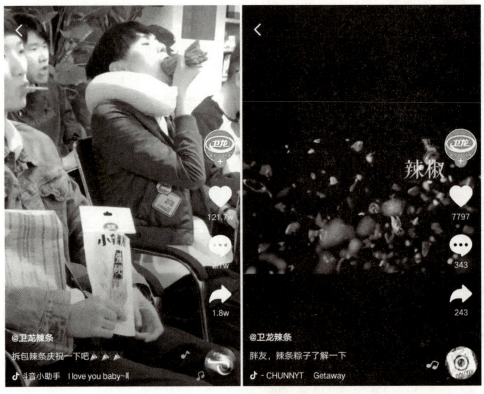

图11-1 卫龙辣条抖音短视频

(资料来源:抖音创意视频营销案例分析[EB/OL].(2019-08-13).https://www.sohu.com/331315674_579450.)

任务提示

你知道视频营销是什么吗？它对于企业的整体营销活动有什么重要的意义？如何做好视频营销？请认真阅读本项目内容，相信会让你受益匪浅。

任务11.1 认识视频营销

11.1.1 视频营销的基本概况

1. 视频营销的定义

视频营销是指利用视频的方式，达到营销目的。这里既包含通过视频开展营销活动，也包含对视频本身开展营销推广的涵义。前者可以通过各种视频内容，达到对产品、组织进行正面或负面的表达目的；后者是对视频本身，从视频内容、视频制作、视频推广等方面综合优化，从而达到视频被更多电视流量和网络流量观看的目的。

2. 视频营销的特点

中国互联网信息中心第47次《中国互联网络发展状况统计报告》显示，截至2020年12月，中国网络视频用户规模达到9.27亿，其中短视频用户规模为8.73亿，较2020年3月增长1亿，占网民整体的88.3%。随着众多互联网企业布局短视频，视频营销的市场成熟度逐渐提高。视频营销的特点有如下几点。

（1）制作成本较低

相对比传统几百万元成本的视频制作及广告拍摄，现代便捷性的移动和拍摄设备的普及，使视频的拍摄更加方便和快捷，加之目前自媒体行业的免费性，使拍摄者可将拍摄好的产品随时上传至自媒体，供网络社区的用户观看。

（2）营销精准性较强

当下视频营销主要通过网络形式进行传播，以搜索词引擎优化的方式，提高搜索观看率。目前，国内最主流的视频网站每天至少有一亿的访问量，而且视频形式更有利于搜索引擎的优化，相同关键词的视频往往会在搜索引擎结果中获得更好的排名。

（3）营销转化效果较突出

视频是集文字、音频、视频为一体的丰富立体表现形式，整体对观看者视觉及大脑冲击力都较强,因而能够加强营销效果。ReelSEO调查显示:34%的服装购物者在观看网络视频之后,会直接购买;相比之下,观看电视广告后引发购买行为的比例只有16%。

(4) 互动性和传播力较好

无论是网络视频营销还是电视视频营销,都能够增加相应的顾客体验感。尤其是当下社交型自媒体的多元化,使得网络原创视频增加了顾客体验和参与的通道,如视频评论、转发等。由此增加了受众主动型参与,从而增强了视频的营销表现力。

(5) 营销效果可测量

传统营销的评测大部分来自于营销背后商业产品的购买增长率的考察,最终是系统营销的效果还是产品自身的拉动力导致的销售量提升考究起来较为艰难。而视频营销可通过观看率、转发率、点击率、评论率等就可直观评测视频带来的营销效果,评测方式简单而便捷。

11.1.2 视频营销的制作与优化

由于视频的拍摄目的是促进与辅助营销,因此在制作的过程中,首先要确定视频制作需要达到的营销目的,在营销目的的基础上,再展开一系列的视频营销构思、内容创作、剧本筛选、拍摄设备准备、剪辑、内容上传、推广优化等工作。

1. 营销目的

视频营销的目的是以整体营销战略目的为基准,实现不同的视频效果,如在生命周期中导入期的整体营销目的是切入市场,因此视频制作的营销目的,就需要将产品独特的销售卖点凸显出来,以符合受众求新的心理;在生命周期的成熟期,以保留老客户、增加新客户为营销目的,由此拍摄的视频需要以增加老客户的让渡价值,以保留老客户,同时增加产品新功能展示,以吸引新客户。

2. 营销构思

通过视频营销的构思,可以在视频的传播力、公信力、营销力上增强效果。传播力,要求视频具有分享传播的功能,如2018年"口红一哥"李佳琦"我的妈呀""OMG,这也太好看了吧"等各种独具特色的病毒视频,使其在当年的12月,因口红试色而吸粉2343万。公信力,要求视频内容公正、客观、真实,凸显卖家的权威相关技术认证,深度挖掘人物及卖家的内在美,以感动客户为需求等组织视频,如淘宝带货直播红人——薇娅,曾在个人视频广告中说道,"晚上下直播,凌晨12点到1点就开始选品,试吃、试用、试穿,直至早晨8点回家,一天就睡4个小时。虽然嗓子越来越哑了,但依然保持计划有序的工作内容",以表达其个人和团队带货需严把货品源头,即使每天睡眠不足,也要坚守货品安全意识,全面展示商家资质和产品特征,以感动客户。营销力,要求视频因势利导,在传播过程中灵活机动,利用各种方式提高客户的营销目的转化率,如家用便捷拖把,通过精准定位受众人群,进行点对点视频推送,以拖完地干净、方便清洗等为内容进行真实表达,凸显生活用品的特点。

3. 视频内容的创作与执行

营销视频的创作是在商业运营营销目的的基础上,进行内容方式的表达,即将视频的剧本通过不同的内容主题、拍摄手法、剧本场景和角色进行策划,如2017年天猫"双十一"狂欢购物节的活动广告,就通过不同用户的不同购物场景,以不同主题,通过系列广告形式,唤起观看者的情感和购买欲望,从而达到活动宣传与转化购买行为的目的。

内容表达方式确定好后,相关创作小组会进行内容方案的筛选,最后进行内容方案的执行。执行过程中需注意重点内容的调整和相关顺序安排等,这样可以降低执行带来的不必要的时间成本、人员成本及资金成本。一般视频拍摄计划需要制订好相应的预算,如表11-1所示的拍摄计划预算表。

表11-1 拍摄计划预算表

准备阶段	前期费用	拍摄阶段费用	后期费用	其他费用
预算费用支出	故事和剧本 核心创作人员酬劳 制片办公室	演员费用 工作人员费用 设备租金 服装费用 化妆与发型 道具设计 特技 外景及设备 住宿与餐饮 交通 底片或拍摄器材	剪辑 宣传	机动费用

4. 拍摄设备的准备

视频的相关拍摄设备需要提前准备好,如电脑、摄像设备、视频卡等,视频转换软件及其他视频编辑软件也需准备好,如Adobe Premiere Pro、Windows Movie Maker、VirtualDub等编辑软件。

5. 视频的剪辑

视频的剪辑并不只是在视频拍摄好后进行删减,一段能把营销视频剧本完整表达出来的视频需要在视频拍摄全程中进行剪辑。

  首先,需要在每天的拍摄完成后即进行粗剪,这样第二天拍摄小组可以根据前一天的拍摄内容进行讨论和完善各种分镜头拍摄等;其次,整体拍摄完成后,需要进行第二次粗剪,以方便拍摄小组在查看全程剪辑内容后,根据粗剪内容进行视频补拍;接着,视频完整版完成后,需要进行第三次的精剪,以达到完整表达剧本要求的目的;最后,根据最终的精剪,需要在内部试映的基础上进行试播放,以达到获得效果反馈及明确如何完善精剪的目的。

6. 视频内容上传

  视频拍摄好以后,需选择合适的平台媒介进行上传,此时需考虑两点要求:一方面需提前了解视频网站之间的权重,网站权重越高,相应的流量就越大;另一方面需匹配好视频网站平台的客户群受众数量及受众结构,如拍摄视频以家庭主妇为观看对象,但上传至适合10~25周岁观众的年轻化网站或者APP,这就相对来说不是很匹配,由此不会带来最佳的视频营销效果。

7. 视频权重优化

  每个视频网站的搜索排序不完全相同,基本围绕视频的关键词、视频发布时间、视频播放次数、视频的参与程度等几项因素设置权重。

  (1) 视频的关键词

  视频关键词是影响视频优化最关键的因素之一,尤其是视频标题和视频专辑标题中包含的关键词,对视频优化非常重要。

  (2) 视频发布时间

  视频发布时间对视频优化也有影响,视频发布时间越近,视频权重越高,对视频权重优化就越有利,如将一些流量大、参与度高的"热"视频,利用其他账号重复发布。

  (3) 视频播放次数

  视频播放的次数直观反映此视频被观看者喜欢的程度。一般视频的播放次数较多,会优先被视频网站推选到流量前端,从而被更多用户观看,进一步提高视频的播放次数。

  (4) 视频的参与程度

  视频的参与程度是反映视频与观看者互动效果的指标,与观看者互动的效果越好,视频本身的营销目的便被传达得较为高效。影响视频的参与程度的相关元素有视频的评价量、视频被认可的数量、视频被观看者传播的数量、视频被收藏的数量等。图11-2所示视频互动界面的右侧,即为被点赞、转发、评论的界面。

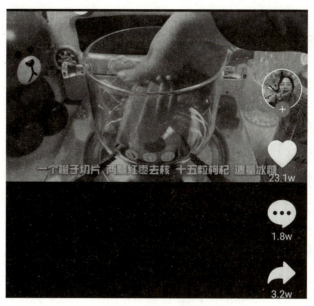

图 11-2 视频互动界面

11.1.3 视频营销的评估

视频营销的效果将直接影响整体营销战略的实施,因此对视频营销的效果评估非常重要。视频营销的评估主要从以下几个方面入手。

1. 视频的认知效果

受众的认知心理直接影响劝服性效果,也直接影响着视频背后的商业目的的实现。由此,在认知模块,对于视频营销的评估标尺有广告接触和广告认知,由此延伸出的视频营销评估标准包括视频的点击率、视频的播放率、视频的传播率、视频的收藏率等。

2. 视频的心理效果

视频的心理效果包括对视频本身内容的心理效果和视频背后所反映的目的等。由此反映的评估标尺有对广告的态度和对产品或品牌的态度,反映视频心理效果的指标包括视频的反映的品牌忠诚度、品牌认知度、视频博主的粉丝量、视频评论的互动量等。

3. 视频营销所反映的销售效果

视频营销所反映的销售效果即视频营销中销售行为的转化情况,这里包含购买意愿和购买行为两个层面。由此反映出视频营销的销售效果不仅反映在产品的购买量的转化上,同时也可包含潜在客户的增长量、客户的评论及咨询的数量、老客户的购买频次、产品的浏览量等。

阅读思考 11-1

Pixability：2019年网络视频广告报告

Pixability 的网络视频广告报告显示，大多数公司在 Facebook(90%)、YouTube(88%)和 Instagram(88%)上投放广告。

Facebook 提供最佳的点击率(Click-Through-Rate, CTR)，平均为 1.15%；紧随其后的是 Instagram(0.47%)和 YouTube(0.11%)。

在 Facebook 和 Instagram 上，65 岁及以上消费者的平均 CTR 分别为 3.42% 和 1.8%。55~64 岁消费者在 Facebook 上的平均 CTR 为 2.38%，在 Instagram 上的平均 CTR 为 1.73%。18~24 岁消费者在 Facebook 和 Instagram 上的平均 CTR 分别为 1.05% 和 0.46%。

在 YouTube 上，25~54 岁消费者的 CTR 平均为 0.13%。

对广告商来说，好消息是 Facebook 和 YouTube 的每次访问成本(CPV)都有所下降。2018~2019 年，YouTube 的 CPV 下降了 32.5%，而 Facebook 的 CPV 同比下降了 11.4%。但是，随着 Instagram 成为一个不可忽视的广告平台，其 CPV 在 2019 年有小幅增长(4.5%)。

1. 年轻人的展现量要高得多

尽管视频广告 CTR 在老年人中普遍较高，但大多数展现量仍然来自年轻人。尤其是 Instagram，超过 2/3 的视频广告展现量(69%)来自 18~34 岁的成年人，而 YouTube 受众则偏年长一些，近 2/3 的展现量(65%)来自 25~44 岁的用户。

根据 Pixability 的数据，35 岁及以上的成年人占 Facebook 视频广告展现量的 58%。

与此同时，移动设备为 Instagram(98%)、Facebook(81%)和 YouTube(64%)贡献了大部分视频广告展现量。

2. 完成率上升

CTR 只是衡量广告成功与否的一个指标，而完成率是另一个重要指标。

Pixability 发现，Facebook 和 Instagram 的视频广告完成率大幅上升。2018~2019 年，Facebook 视频广告完成率增长了 240%，而 Instagram 视频广告完成率则上升了 190%，YouTube 的完成率上升了 20%。

（资料来源：腾讯云企鹅号"199IT 数据中心"）

视频广告营销在各大网络平台上如此普及,请用所学的知识谈谈视频营销的成功需要哪些条件。

任务11.2 短视频营销

11.2.1 短视频营销概况

1. 短视频营销的定义

相对于正常规格的视频,短视频顾名思义就是用时比较短的视频,通常时长为10分钟以内,节奏较快,内容较紧凑,一般比较适合利用碎片化的时间消费的人群观看。目前短视频的内容格式以WMV、AVI、RMVB以及MOV等居多。

短视频营销即利用网络短视频展示产品优点、企业品牌理念,将互联网、视频、营销三者有机结合起来,实现营销目的的转化效果。

2. 短视频营销的优势

据中国互联网络信息中心2018年发布的第42次《中国互联网络发展状况统计报告》,我国已有74.1%的网民看过短视频。短视频的优势有如下几点。

(1)较强的互动性

短视频的时长较为简短,从几十秒至几分钟都有,由此短视频的传播力以及被受众观看点击率就较高,受众不需花较多时间就可迅速领略到视频内容的要点。据国内知名自媒体内容统计,2019年抖音月活跃用户已经达到了5亿以上,而日活跃用户在2.5亿以上。

(2)较低的制作营销成本

相对比传统广告营销及长视频拍摄的高资金投入,短视频的制作营销成本极具竞争力,这里的成本包含短视频的制作成本、传播成本及维护成本等。2019年一位从事建筑工作的"90后"农民工借着短视频的风口,仅用自己的一部手机,自己拍摄运营,用了6个月的时间月入过万,粉丝达到20万,总曝光1.7亿次。图11-3为此农民工的视频截图,其正在跳霹雳舞。

图11-3 农民工视频截图

(3) 高效、持久的营销效果

作为短时间内的图文影音结合产品,短视频能够在短时间内给受众直观、立体的感官冲击力,结合网络搜索引擎中关键词的优化,加之短视频制作方在多方面整合营销方式,能够系统地辅助短视频营销效果,由此便能够高效、持久地转化短视频的营销效果。

(4) 可分析衡量的营销效果

短视频的视频点击率、转载率、评论率等相关数据显示,加之短时间就能见效的优点,广告主可通过此数据进行短视频内容筛选,从而对产品的市场营销相关方向提供正确的引导。

3. 短视频营销的分类

在整体营销目的基础上,根据短视频在营销定位中的作用,可以将短视频内容营销分为以下几种类型。

(1) 以营销"4P"中促销策略为基准

① 网络促销广告。刺激购买行为转化,强调以提高产品销量为目的进行短视频营销,如图11-4的海鲜大礼包促销视频截图。

② 活动短视频。包括节庆、会议、媒体活动、商业活动、体育或公益慈善等活动形式,主题明确,以具体活动的内容形式间接提高营业推广或以公共关系为目的的内容营销视频。

图 11-4　海鲜大礼包促销视频截图

（2）以营销"4P"中产品策略为基准

① 产品展示广告。围绕产品整体概念，包括品牌介绍短视频、产品独特的销售卖点短视频等。

② 宣传片短视频。包括企业形象宣传片、产品宣传片、招商宣传、公益宣传等短视频，构思精良，解说语言及细节简洁精悍，通过对主体的形象和文化的诠释，达到树立口碑、打造品牌的目的。图 11-5 为天猫"双十一"活动短视频宣传系列截图。

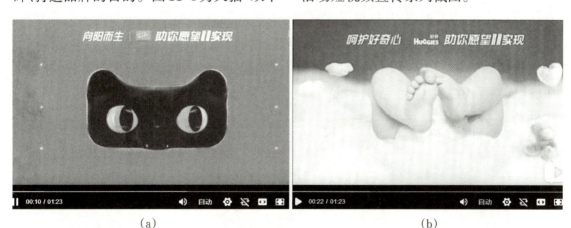

(a)　　　　　　　　　　　　　　(b)

图 11-5　天猫"双十一"活动短视频系列截图

(c)   (d)

图11-5　天猫"双十一"活动短视频系列截图(续)

（3）以整合营销为目的

包括系列广告、微剧集、微电影、影视视频等。要求以短视频为营销窗口，结合横、纵向的整合方式，尤其是受众的互动程度，视频内容凸显不同风格，如励志奋斗、幽默风趣等，同时精准投放，适当增加创意，扩展时间和空间的延续传播效果。

（4）以个人营销为目的

包括原创视频和UGC视频。其中原创视频是指以网络视频为源泉，通常由传媒或团队自己制作，凸显独特性，包括电视传媒自制的视频，如首档网络自制户外真人秀节目《侣行》（如图11-6），以及视频团队自制的作品，如《晓松奇谈》。UGC短视频，即以个人营销为目的，用户原创内容，通过互联网将视频拍摄者的内容上传，与其他用户分享，此类型的视频凸显个人风格，极具性格及感性诉求表达。图11-7为某个人UGC视频截图。通过个人营销，达到对个人及衍生的商业产品进行表达的目的，这也是当下发展较快的短视频营销类型。

图11-6　户外真人秀节目《侣行》

图 11-7　个人 UGC 视频截图

4. 视频营销的发展与平台

短视频最早诞生于美国,创办于 2010 年的 Viddy,主要以简洁的方式制作与分享视频,具有即时拍摄、快速生产和便捷分享等特点。自 2012 年,4 款短视频软件陆续问世,分别为 Keek、Cinemagram、Vine 和 Instagram,其均有打造即时分享受众生活的强大功能,同时也开始慢慢影响着人们的生活方式。

我国有抖音、快手、淘宝卖家等短视频主流平台,其代表了目前国内短视频营销的发展现状。

（1）抖音

抖音是一款可以拍摄短视频的音乐创意短视频社交软件,于 2016 年上线,至 2019 年用户规模已达到 5.94 亿,占整体网民规模的比例高达 74.19%。抖音是一个以年轻人的音乐短视频定位的产品,图标如图 11-8 所示。通过霸屏阅读模式,以拍摄作品、直播、热门话题等形式,营造短视频营销的个性化及营销转化的环境。抖音商业产品发展演变过程如图 11-9 所示。

图 11-8　抖音图标

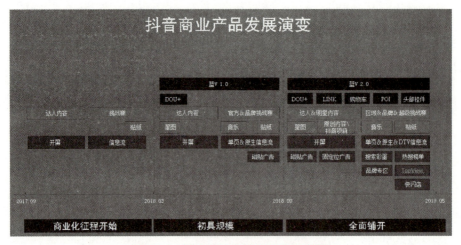

图 11-9 抖音商业产品发展演变过程

(2) 快手

快手平台于 2011 年上线,最初是一款处理图片和视频的工具,后转型为短视频社区。至 2019 年,快手用户规模已达到 5.2 亿,覆盖近 1/3 移动互联网人群,图标如图 11-10 所示。快手以被主流媒体和主流创业者所忽略的普通人为受众,主要以三、四线人群为地域细分,以"人人平等、不打扰用户"的营销定位,来吸引受众拍摄生活短视频,以达到对营销转化的目的。

图 11-10 快手图标

(3) 淘宝卖家秀

淘宝卖家秀是精准定位短视频、以营销为目的的平台,其目的是让用户更直观、更真实地了解产品,促成交易。据统计,通过短视频取得的淘宝产品销售转化率高达 70%。通过淘宝卖家秀视频,受众可以看到卖家以人格化的方式,拉近与受众的距离,从而更好地展现产品的独特卖点,综合以商品性、内容性等多个角度进行内容营销。图 11-11 为某淘宝卖家秀。

图 11-11　淘宝卖家秀

11.2.2　短视频营销的制作

1. 短视频营销的定位

获取高流量及反馈的短视频，离不开系统的策划和执行整合。在各种内容制作之前，制作者需提前确定短视频在整个营销执行中的位置，即短视频营销在市场营销中的角色定位，如完成短视频用户画像、分析竞品、选定选题切入、设定头像及标题、装修短视频账号等。

2. 短视频营销的内容策划

在选取好短视频在市场营销中的定位和短视频自身的营销定向以后，短视频营销内容需要做好以下几个步骤。

① 需要根据营销目的，选定能够引起受众共鸣的短视频类型，如不同领域知识型、娱乐型、情感型、创意型、鲜明人设型。

② 围绕在内容类型下进行内容延伸垂直，如聚焦某一目标受众、某类主题场景或者某种生活方式，从而进行内容聚焦和升华，放大所需要表达的主题思想。

③ 对聚焦的某一主题进行再次极致细分，如知识型（类型）→四川小吃（聚焦）→20元吃垮成都（极致细分）。

④ 对细分内容做热点赋予，以达到抓流量、生产热门话题，同时也可以契合产品的卖点，如20元吃垮成都（极致细分）→中国某企业家夜访成都小吃（热点）。

⑤ 对视频内容的数量和频次进行规律更新，一方面可以机械式地加强受众的记忆点，另一方面提高网络短视频曝光的概率，增加短视频权重，从而加强短视频内容的营销效果。

3. 短视频的制作执行

将短视频在策划构思好的基础上进行制作,需要一定的要求和技巧,具体如下。

(1) 制作团队的建立

优秀的短视频制作团队需具有用户的感知能力、内容的创作能力、用户的运营能力、大众的审美能力及数据分析能力。其中数据分析是指用数据进行内容的方向指导,包含视频内容剪辑的侧重点、视频的发布时间、视频运营的工作重心等。除此之外,还需要商业策划相关人员进入团队中,对视频拍摄的整体进行营销目的的把控。一般常见的短视频团队分工包括导演、内容策划、演员、摄影师、制作剪辑、视频运营(视频内容的反馈等数据的管理)、其他(如灯光师、录音师)等。

(2) 选择拍摄器材和道具

① 相机。市场流通的高端手机虽然已具备强大的剪辑、拍摄和发布功能,但对于专业的短视频制作团队来说,拥有专业的单反相机或者斯莫格BMPCC、松下GH5以及SONYA6300等微单相机还是非常有必要的。

② 灯光。一般采用需要主灯、辅灯和轮廓灯的基础灯布光法。其中主灯作为主光,是一个场景中的最基本柔和光源,其目的是将主体轮廓打亮,通常放在主体的侧前方,在主体与摄像机间的45°~90°的位置。辅灯作为补光灯,亮度比主光小,通常放在主光相反的位置,以达到对主光覆盖的主体暗部进行补光和提亮。通常主灯与辅灯光比在2:1或4:1。轮廓灯本质是修饰画面,如打亮人头的头发和肩膀等轮廓,增强画面的层次感和纵深感。

③ 辅三脚架。辅三脚架可以保持摄像机的稳定,如图11-12所示。

图11-12　辅三脚架

图11-13　静物台

④ 静物台。静物台用于放置拍摄主体,方便打光,如图11-13所示。

⑤ 摇臂。摇臂方便摄影机捕捉到镜头捕捉不到的画面,如图11-14所示。

图11-14 摇臂

⑥ 滑轨。使用滑轨,通过更改参照物,以呈现动态的效果。

⑦ 话筒。话筒方便视频声音的收集。

(3) 使用运镜

拍摄镜头的变化会增加视频视觉上的冲击力,还能推动内容的发展。一般运镜有以下技巧。

① 推镜头。指拍摄物的位置不动,镜头从全景或别的景位由远及近向被拍摄物推进,逐渐推成近景或特写的镜头,主要用于描写细节、突出主体和制造悬念。

② 拉镜头。指人物不动,构图由小景别向大景别过渡,摄影机从特写或近景拉起,逐渐变化到全景或远景,视觉上会容纳较多的信息,营造一种远离主体的效果。

③ 移镜头。指摄影机沿水平面做各个方向的移动拍摄,便于展现各个角度。

此外,还有跟镜头、摇镜头、升降镜头、悬空镜头等运镜的技巧,要求拍摄者灵活使用不同场景,以充分表达视觉效果。

(4) 适当转场

转场是指场景与段落之间的切换,纯熟的转场能增加短视频的连贯性。一般分为无技巧转场和技巧转场。

① 无技巧转场。指镜头自然过渡来连接上下两段内容,强调视觉的连续性。一般有以下转场方法:一是空镜头转场,指没有人物的镜头,主要为了刻画人物情绪,渲染气氛。二是声音转场,指利用声音过渡的和谐性自然转换到下一画面,用音乐、解说词、对白等和画面配合,实现自然转场。三是特写转场,指对局部进行突出强调和放大。例如陈可辛的短视频《三分钟》,上一个镜头是妈妈盯着窗外发呆,旁边摆着写给儿子的信,下一个特写镜头转向妈妈写给丁丁的信,表现出妈妈对儿子既思念又愧疚的复杂心情,如图11-15所示。四是主观镜头转场,指按照前后镜头的逻辑关系来处理转场。上一个镜头拍摄主题在观看的画面,下一个镜头接转主体观看的对象。除此之外,无技巧转场

还有两级镜头转场和遮挡镜头转场。

图 11-15 《三分钟》特写镜头转场

② 技巧转场。指用一些特技的手法,进行转场,如淡入淡出转场、叠化转场、划像转场等。

(5) 选取音乐

音乐可以渲染视频的场景及情感,一般有网络推荐音乐、音乐榜单或者自己原创音乐等形式。需注意音乐的选取需匹配内容的场景类型。

(6) 添加字幕

为视频内容添加字幕,可以方便用户了解内容。同时,有字幕的短视频营销效果较好。有关数据显示,有字幕的短视频播放互动效果比无字幕的播放互动效果增加35%。图 11-16 为某字幕视频演示。

图 11-16　字幕视频演示

（7）视频配音

视频内容配音能够渲染视频的营销效果。常见的配音有自行配音、请专业团队配音或者配音软件配音，其中配音软件有讯飞快读、配音阁等。

（8）编写视频脚本

视频脚本是指短视频的拍摄大纲和要点规划，主要用来指导整个短视频的拍摄方向和后期剪辑，起着统领全局的作用。其中，拍摄提纲一般包括选题、视角、体裁、调性、内容、细节等。此外，分镜头脚本是大纲脚本的细节化。图 11-17 为康师傅方便面拍摄分镜头脚本。

镜头	摄法	时间	画面	解说	音乐	备注
1	采用全景，背景为昏暗的楼梯，机器不动	4秒	两个女孩A、B忙碌了一天，拖着疲惫的身体爬楼梯	背景是傍晚昏暗的楼道，凸显主人公的疲惫	《有模有样》插曲	女孩侧面镜头，距镜头5米左右
2	采用中景，背景为昏暗的楼道，机器随着两个女孩的变化而变化	5秒	两个人刚走到楼梯口就闻到了一股泡面的香味，飞快地跑回宿舍	昏暗的楼道，与两人飞快的动作交相呼应，突出两人的疲惫	《有模有样》插曲	刚到楼道口正面镜头，两人跑步侧面镜头一直到背面镜头
3	近景，宿舍，机器不动，俯拍	1秒	另一个女孩C在宿舍正准备试吃泡面	与楼道外飞奔的两人形成鲜明的对比	《有模有样》插曲	俯拍，被摄主体距镜头2米
4	近景，宿舍门口，平拍，定机拍摄	2秒	两个女孩在门口你推我搡地不让彼此进门	突出两人饥饿，与窗外的天空相互配合	《有模有样》插曲	平拍，被摄主体距镜头3米
5	近景，宿舍，机器不动	2秒	女孩C很开心地夹着泡面正准备吃	与门外的两个女孩形成对比	《有模有样》插曲	被摄主体距镜头2米

图 11-17　康师傅方便面拍摄分镜头脚本

(9）拍摄技巧

大致包含重心左移、竖屏拍摄、光线布局、拍摄构图、网络功能、背景和角度、画面色彩等技巧。其中网络功能是将画面进行黄金分割，将分割的节点进行重点突出。图11-18为对称拍摄和九宫格构图。

图11-18 对称拍摄和九宫格构图

（10）视频的剪辑

视频剪辑的目的是让用户注意不到剪辑的痕迹。一般剪辑要从视频的信息、动机、镜头构图、摄影机角度、连贯和声音六个方面进行。

阅读思考 11-2

"上好佳"整合视频营销的玩法

短视频公域流量营销，其迅速导流的实效，常为日常的精细化运营而不及。前者注重流量之来效，后者注重流量之留存。而双方的互哺互推，是一种更为高阶的方法论。

以引流效果为主，肯定少不了 KOL（关键意见领袖）投放。4月的"#上好佳男友力大挑战#"就主要利用 KOL 促成了一波可观的数据造势。

以 KOL 的流量基础为基点，以主题性创作内容吸引再生流量，已经是见惯不惊的投放策略。通过埋植、触发品牌关键词，以抖音为根据地，全面覆盖快手、微信、微博、火山等主流自媒体，甚至于马蜂窝这类专门化平台。

联手多位 CP 达人，通过不同的情侣人设渲染甜蜜气氛，落根到情感层面的内容营销才具有穿透力。头部 Vlog 账号 @牛肉夫妻出逃记就为"#上好佳男友力大挑战#"吸引了众多欣羡甚至是跃跃欲试的粉丝，星榜进行 KOL 投放的效果一目了然。除了制造浩大声势外，还激发了受众的主动性参与。

当然，事件营销的热度也不能少。趁着上好佳冠名东南卫视《地球之极——侣行》节目风头正盛，星榜找准传播重心，名为"#上好佳男友力大挑战#"的抖音挑战赛顺势而为，就此上线。

仅仅就抖音平台而言，总计超 150 万的播放量、超 99 万的互动量，已经是一份满意答卷。除了在上面列出的网络广告主要形式外，其实还有其他许多新的广告形式，它们是网络广告主要形式的有效补充，现今正得到越来越多人的关注。

（资料来源：2019星榜数据告诉你：短视频营销整合模式怎么玩？[EB/OL]. (2019-08-16). https://vr.sina.com.cn/news/hz/2019-08-16/doc-ihytcitm 9658848.shtml.）

课堂讨论

短视频营销的整合营销模式，该如何把握住重点，从而达到短视频营销转化的高效？

任务 11.3　网红与直播

11.3.1　直播与网红概况

1. 直播的定义

直播是一种新型的互联网科技视频方式,通过互联网传播的途径,结合数据流量算法的科技,将即时的视频内容以一种高时效、强互动的形式,促使传统2D的电商展现模式转变为3D的视频展现过程。

中投顾问在《2016～2020年中国网络直播行业深度调研及投资前景预测报告》中认为:可以将网络直播行业的演进过程划分为1.0～4.0四个阶段,如图11-19所示。

图 11-19　网络直播行业的演进过程

(1) 直播1.0 —— 传统秀场/重度秀场

相对于移动直播(轻度秀场),传统PC端秀场可以称为重度秀场。重度秀场里,用户消费主要用于社交关系消费(用户等级体等)和道具打赏。

(2) 直播2.0 —— 游戏直播/移动直播

这个阶段以网络游戏为代表,形成了一种多人同时在线竞技/策略的游戏模式,于是产生了社交需求及学习、提升游戏水平/提高段位的需求,观赏、娱乐、游戏视频本身内容的可观赏性等因素促成了游戏直播平台的诞生。

(3) 直播3.0——泛生活"直播+"

直播进入较多的细分垂直行业,如社群经济:各行业可以与直播结合,与用户进行互动,增加用户黏性;移动直播:全场景直播。在商业模式方面,不仅是虚拟道具,其他互联网商业模式均可嫁接到直播中。

(4) 直播4.0——VR+直播(时空穿梭机,直播的终极状态)

VR直播无可比拟的沉浸感使得观众瞬间穿越时空,进入他人的角色。2019年,我国各家直播平台已经在千人千面、互动剧、游戏植入等技术上进行了探索。

2. 直播的特点

直播不仅可以解决传统电商的缺点,还可以将电商市场的优势进行延伸,包括2D至3D的空间真实性的打造。具体来说,直播主要有以下几种特点。

(1) 完善产品展示的不足

传统电商的产品展示是在网络界面中呈现的,顾客缺乏真实的体验。直播可以让售卖者360°展示产品,对其进行特点、优劣解说,同时还可以增强产品应用场景的转化,克服了传统电商产品展示单一不足的缺点。

(2) 增强互动性、刺激性

通过直播的全方位展现,优秀推销人员的精准解说,结合团队策划的才艺表演、音乐渲染、场景打造、娱乐点缀,可以明显提高顾客的消费欲望,达到良好的互动性、刺激性目的。

(3) 提高流量购买转化

直播的视频展示,在主播团队的强势语言及画面的渲染下,能延长顾客的逗留时间,提高顾客的消费欲望,最终推动消费转化。

(4) 容易形成KOL效应

在直播过程中,主播展现的个性、价值观、表现方式会营造主播人格魅力,直播的产品售卖可由此上升到人物的角色营销,即KOL(关键意见领袖),在直播平台也俗称"网络红人"。

3. 直播营销与网红诞生

直播营销的优势因直播特点被放大,而"网络红人"(influencer)是因自身的某种特质在网络作用下被放大,与网民的审美、审丑、娱乐、刺激、偷窥、臆想、品味以及看客等心理相契合,有意或无意间受到网络世界的追捧,成为"网络红人"。因此,"网络红人"的产生不是自发的,而是网络媒介环境下,网络红人、网络推手、传统媒体以及受众心理需求等利益共同体综合作用下的结果。

直播通过视频即时营销,能够即时地满足客户需要点。具体来说,直播营销有以下几个方向。

(1) 内容营销

根据主播表达内容的特点,可分为主播擅长的领域直播、主播擅长的风格直播、主播将电商与娱乐结合的直播等。由此因个人的特点带来的内容营销成果,便是主播的忠实受众,即粉丝。主播的粉丝量和粉丝的质量决定了主播的价值,因此也就决定了主播是否成为"网红",这也是将主播推向具有商业价值的KOL的机会。

(2) 产品营销

直接将产品特点、卖点等清晰表达的直播,为产品营销直播。产品营销直播时需有精准消费受众,同时需把握好产品自身的生命周期,以达到较高的产品营销直播效果。此外,产品营销需把握好产品的供应链与售后服务,以便完善直播营销带给顾客的消费体验,降低售后风险的发生。

(3) 受众营销

受众营销即与受众需求匹配的直播营销形式。在进行直播过程中,需严格把握准受众的消费心理,以做好受众营销的满足与维护。

(4) 促销营销

促销是营销组合中短期迅速提高销量的营销执行方式,即快速刺激消费者的购买转化欲望,从而达到短时间内快速清货的目的。直播中促销,需严格把控好促销的产品量,同时也需及时利用好直播的促销氛围,如秒杀、优惠券的时间节点的发放,以及关键词、抢答、抽奖等互动环节的设计,由此渲染直播氛围,提高直播促销的转化率。

11.3.2 直播建立

1. 直播场地的选择

专业的直播间对室内外场地的要求较为严格。其中要求室内场地有较好的隔音、吸音效果,同时要求室内灯光明亮,直播入镜的相关物品摆放整齐。

室外场地一般适合体积较大的产品或多人组织的直播,如码头现场挑选海鲜、多人共同直播等。室外直播要求在良好的天气下进行,画面度较为和谐,同时场地不宜过大,方便主播可以在有限的时间内讲解产品和回复顾客的信息,避免花费大量的时间行走。图11-20为室外直播场景。

图 11-20　室外直播场景

2. 直播设备的配备

直播要求有拍摄、电脑硬件等设备。同时,室内的灯光设备要求进行主灯、辅灯等叠加,以达到补光、柔和灯光的效果。

除此之外,直播间内储存架、衣架、地毯、摆设、迷你桌椅、白板、荧光板、图片信息道具等均需具备。

3. 直播效果的呈现

直播效果要求从画面上、音频上、着装上、主播形象上达到一定标准。首先在直播画面上,要求构图合理、兼容性强、易更换风格类型等。画面拍摄的角度、物品的远近和设计要求符合构图法则,同时直播间在更换主播和产品时,兼容性风格的画面方便随时切换,需明确直播间画面要突出主播和产品,而非其他画面。其次是音频方面,要求效果清晰,同时配备相关辅助音乐及素材,以渲染主播讲解的声音效果。最后在主播形象上,要求主播在直播前进行妆面调整,以达到直播镜头前形象良好、符合直播风格以及情感表达等效果,如图 11-21 所示。

图 11-21　形象良好的主播

直播间的创意要求在直播画面中加入图片信息,如卡通元素等,丰富直播间内容,尤其在节假日、大促活动期间,加入与活动及节日相符的元素,能丰富直播的视觉效果,更加吸引观众眼球。

4. 直播过程的相关流程

（1）产品对接流程

在开播前,要求首先进行直播内容的选定。商业直播需要对产品的定价、定位、供应链、市场受众等多方面进行了解。需根据主播的标签定位从商家库中筛选商家,当选择相关产品后,主播再进行二轮产品筛选,在对产品链接、名称、页面价格、优惠信息、到手价、优惠领取方式、产品卖点、物流、联盟佣金等诸多信息了解后,便开始定位产品卖点和制作直播内容脚本。

（2）直播脚本的制作

直播的脚本需要经纪人与主播沟通完成,在遵循推荐优质产品的原则上,反复对比产品的使用实际效果、产品的性价比、产品的生产日期以及主播试用反馈,最后确定产品上档日期,标注标签。

接着,主播团队会根据主播挑好的产品进行反馈、脚本制作和策略制订,包括秒杀款、主推款、黑马款、次推款等,并定好3天的脚本。最后由团队将脚本信息导入直播预告,并写明优惠信息。主播根据脚本提前做好笔记,做好开播准备。图11-22为某网络主播的直播脚本。

某档口整场直播提纲			
直播主题	春季新品上新		
直播流程	直播内容	话术建议	画面
1. 开场1分钟	开播介绍	进入直播状态,签到环节,和新进直播间的用户打招呼	近景直播,切主画面
2. 1~5分钟	商品预告	边互动边安利本场直播1~2款爆款,互动建议选择签到、打卡抽奖等形式,不断强调每天定点开播	近景主播介绍,中景全身比对展示主推款
3. 10~20分钟	商品介绍	将本场直播所有的款全部介绍一遍,不做过多停留,潜在爆款可重点推荐。整个剧透持续10分钟,不同款配套全身比对展示。整个过程不看评论,不跟粉丝互动,按主播的节奏逐一刷透	中景全身比对展示
4. 开播主体阶段	商品卖点讲解试穿搭配演绎互动玩法	开播半小时左右正式进入产品逐个推荐阶段。有重点地根据用户需求、促销优惠来介绍,参考直播前预设的产品结构顺序。每个产品五分钟介绍时间。主推款试穿,介绍搭配方法,同时进行优惠券发放、抽奖、引导下单	切主播全身画面,主推款进行详细介绍,近景特写展示服装细节
5. 最后1小时	返场演绎	进行呼声较高产品的返场演绎	
6. 最后10分钟	下播预告引导	剧透明天服饰,见缝插针回复今日商品的问题。强调关注主播,预告明天开播时间和明日福利	

图11-22 某网络主播的直播脚本

11.3.3 电商直播的原则与推广

1. 电商直播的原则

专业的电商直播在操作过程中需遵循以下原则。

（1）准备充分原则

直播前，除了专业的直播设备、团队、资金、供应链等需准备好外，主播也需做好相应的准备，包括分配直播的产品、安排营销时间、设置优惠信息、提炼产品的卖点、按照顺序记录补充脚本文案等。

（2）解读全面原则

直播过程中，主播需对电商产品从整体上进行充分的解读，包括产品核心、形式、期望、延伸、潜在等五个方面，同时主播表达形式也需结合不同产品解读的内容进行灵活更换，如产品的核心点表达，主播可在直播中即时试验，得出对比效果；再者，在表达产品期望的价值点上，主播可通过历史评价和口碑进行受众需求点的稳固。此外，主播也可以利用直播教学的形式，激发受众马斯洛需求中的最高层次——自我实现的需求满足，从而推动购买转化。通过多种灵活方式，让受众全面了解直播产品的信息，凸显直播方式的优势。

（3）提高热度原则

根据观看受众的需求，诸多平台的直播均设置了点赞、查看热度、刷礼物、弹幕等功能，直播过程中团队需多方面提高这些热度标准，使直播间热闹起来。这样不仅可以增加受众的互动次数，提高互动质量，同时也能提升直播平台的热度，增加流量池的流量分配。

（4）粉丝运营原则

直播的流量基础离不开直播受众的关注，即直播间的粉丝量。一般来说，主播的粉丝越多，直播的合作价格也就越高，同时这也是新顾客进入直播查看并判断此直播账号是否优秀的标准之一。由此，主播需多才多艺，在多方面吸引观众，并且经常与新顾客互动。同时维护好粉丝，也是粉丝运营的重要方面。

2. 电商直播的推广

直播的推广，即将直播信息发送给较多的流量群体。下文以淘宝直播的推广为例进行案例分享。

淘宝智钻中的直播推广是淘宝直播官方的推广工具，目前支持投放的资源位有3个，如图11-23所示。

如图 11-23　智钻资源位

直播推广功能的操作流程如下：

① 登录智钻推广，在"内容推广"中选择"直播推广"，如图 11-24 所示。

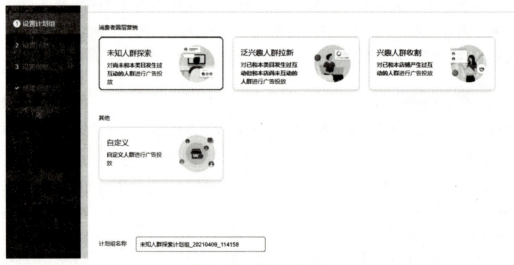

图 11-24　选择推广形式

② 设置好相关的基本信息。

③ 设置定向人群、选择投放资源位、设置出价（如图 11-25～图 11-27 所示）。

图 11-25　设置定向人群

图 11-26　选择投放资源位

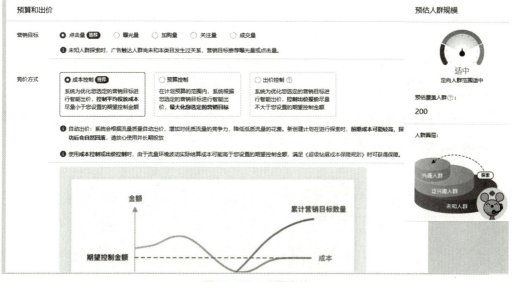

图 11-27　设置出价

（4）上传创意。创意指创意的图片，需严格符合钻展的图标准，由于钻展图需审核，创意需要提前制作上传，避免审核不通过导致直播推广延迟，如图11-28所示。

图11-28　上传创意

添加创意时需要注意以下两点：

第一，从直播中添加，可以投放直播广场和微淘2个资源位，直播间没有浮现权的商家，无法投放直播广场资源位，只能投放微淘媒体资源位。

第二，首焦(首页视觉焦点位置)资源位的创意只能从本地上传，图片的像素要求为640*200像素，同时需要保证直播链接格式准确，否则无法提交。

阅读思考 11-3

卖车直播——新潮流

不想卖车的导购不是好主播。

小小的直播间,正成为汽车销售"带货"的主阵地。

"我们每天都会在不同时段直播,每场直播都有不同的主题。"特斯拉线下销售人员告诉未来汽车日报,门店将从2月17日起陆续恢复营业,在此之前,轮流直播是导购的主要任务。

不止特斯拉,线上卖车已成为各大车企和经销商的"救命稻草",在线直播则成了汽车导购人员的"必备技能"。

线上直播卖车并非新鲜事。去年10月,雷佳音联手快手网红"手工耿"直播3.5小时,为宝沃汽车拿下1623个预订单,创下直播卖车的记录。11月1日,主持人李湘与汽车KOL闫闯合作直播,为长城汽车引入200多辆的加购数量,转化率远超传统4S店。同年"双十一",上千家4S店和2000多名导购涌入淘宝直播。

2003年的"非典"过后,中国车市迎来了33.5%的同比增幅。如今私家车数量大幅上涨,很难重现17年前的"购车热",但中国目前汽车千人保有量仅为美国的五分之一,仍有巨大潜力。

"如果不考虑特殊因素带来的风险,2020年的3~12月的市场仍具有实现正增长的可能性。"崔东树告诉未来汽车日报,"新冠"疫情好转之后,车市将出现由负转正的情况。

这意味着,被车企和经销商寄予厚望的直播卖车,虽然短期内很难达成交易,但吸引的潜在订单仍值得期待。

同时,越来越多车企认识到线上营销的重要性。北汽集团正加速研究减轻传染风险的销售模式,长城汽车也在通过互联网统筹全国数千家经销商网络运营,以直播为主的线上营销已经被推上风口。

(资料来源:线上直播:2019打响车市复苏第一枪?[EB/OL].(2020-02-13).https://www.sohu.com/a/372789502_114778.)

服务行业如何开展好直播营销?

任务11.4 视频营销技巧

视频营销要想提高电商的效益转化,需从营销的根本上解决受众的需求问题,即提高顾客的让渡价值。

视频营销通过多种方式降低受众的各种购买成本,同时提高受众获得的价值感。由此,提高了顾客的让渡价值,也就间接提高了受众的"性价比"感受。根据视频营销的发展趋势,下文从短视频和直播两个方面介绍视频营销的技巧。

11.4.1 短视频营销的技巧

1. 灵活转变表达方式

短视频在制作方式、表达类型、创意制作、推广形式、营销力等方面较为灵活。如对于企业宣传片,可以选择微博、微信、抖音等渠道进行推广,这样不仅不会降低企业作为组织的姿态,反而会促进相关人群流量进入观看,从而达到口碑稳固等相关目的。

2. 适当增加感性表达

一般来说,故事性、情节性的短视频能避免观看者的厌恶和抵抗情绪,同时能迅速抓住受众的注意力,让顾客产生某些情感的共鸣,从而愿意接收短视频的信息。

3. 适当增加趣味性表达

趣味性的短视频可在短视频内容上增加受众积极、轻松的心理暗示,更好地渲染受众的观看效果。趣味性内容可体现在情节、解说词和表现形式上,如图11-29所示的皮炎平口红。

图11-29　皮炎平口红的趣味性

11.4.2 直播视频营销的技巧

1. 饥饿营销

在直播过程中,可以通过多种方式进行饥饿营销的氛围营造。如将产品价格设置为招徕定价的方式,从而打造氛围;设置"秒杀级"定价,将某一大牌羽绒服定价为99元,限定20件，3秒钟结束，让消费者在短时间不通过深入思考，就迅速地进行购买。这样虽然会造成短期亏损，但会吸引消费者消费直播间其他高利润产品，从而达到提高总销量的目的。此外，还会让潜在客户形成下一次再次"蹲点"的心理，从而留住直播间流量。反之如果一次性满足大部分观众，便会导致流量大量的丢失。但饥饿营销的背后，需要直播团队事先确定好饥饿营销产品的供应链、优惠力度、物流、售后客服等关键要素，这样才能保持长久的直播效果。

2. 场景化营销

在直播中，配合场景化内容输出，能更好地营造受众的需求点，从而降低顾客购买产品决策的精力成本和时间成本，提高购买后的顾客让渡价值。

（1）原产地场景直播

此类直播常见于生鲜、农副产品，如水果、海鲜、放养家禽等。由于消费者已习惯了图文中的"厂家直销""无中间商"等营销信息，因此通过原产地的场景配合，提升了直播间的互动性，可以让受众在直播间现场挑选下单，如图11-30所示。

图11-30 原产地直播

（2）现场制作和体验式直播

此形式常见于美食、专业技术组装等。对于美食直播，主播可以从场景中充分满足顾客对食物安全、新鲜度、外形、营养、美味等多个角度的需求，从而增加顾客对美食的诱惑，同时还可以增加停留在直播间的时间，综合促成购买转化，如图11-31所示。

图 11-31 美食制作直播

对于专业技术组织,如电脑组装,可以满足受众对电脑质量、配件的熟悉度和了解度的需求,同时主播也可以展现自己的技能水平,吸引更多粉丝,从而成为 KOL。

(3) 教学与评测直播

此形式比较适合美妆、专业服务、护肤等信息不透明也不普及的快速消费品行业。由于快速消费品的消费作用需要专业信息支撑才可以满足顾客需求,比较适合通过直播来传达,如图 11-32 所示。

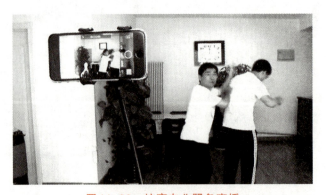

图 11-32 按摩专业服务直播

(4) 趣味活动场景直播

此场景适合趣味性、娱乐性活动,如直播开蚌取珍珠。此直播场景意在将场景氛围娱乐化、轻松化,由此吸引偏好娱乐轻松氛围的粉丝类别,对于直播电商的购买转化效果并不明显。此场景需与其他购买转化高的场景结合使用,以弥补自身不足。

(5) 购物场景直播

此场景即以购买的形式让受众喜好。一般适合代购、特色产品购买、品牌产品购买等。通过购物场景的直播,可以使受众解决品牌真实度的顾虑,同时也可对产品的标价一目了然,综合提高了直播转化,如图11-33所示。

图11-33　代购直播

（6）真人秀场景直播

此类场景直播适合各种综艺形式的直播,如直播户外、野营、钓鱼、探险等。观众不仅可以观看非推销形式的直播,打发时间,同时也可以增加直播KOL效应,从而提高粉丝量。但此类直播拍摄难度较大,要求较高,一般适合新兴专业的直播团队操作,如图11-34所示。

图11-34　烹饪直播

3. 福利营销

福利营销可以降低顾客付出的价值感,同时让顾客感觉"占便宜",提高受众的需求度,如直播间抽奖、秒杀、粉丝群福利等。这样做可以增加直播间热度,提升粉丝忠诚度,保持直播间人气,增加观众的停留时间和回访率,使其可以听主播介绍更多的产品。

4. 相关热点营销

热点营销是指直播过程中可参与直播平台相关热点大促或者站外话题热点，如天猫"双十一"大促或者世界杯等话题热点。同时直播过程中也可以策划相关营销活动，并将直播间装修成相关主题风格，以营造营销氛围。

阅读思考 11-4

一个抖音挑战赛，总播放量742.6万次

一杯纤维奶昔牛奶除了靠美味口感拉动消费者购买外，还有哪些新鲜的尝试？一个统一的抖音动作，能有多大的影响力？蒙牛大胆做出了尝试。

2018年，蒙牛新推出了一款慢燃纤维奶昔牛奶，主要面向"90后""00后"消费群体。为了将新品快速地渗透和触达目标人群，曝光新品，强化产品卖点，提升产品销量，蒙牛选择短视频的流量聚集地抖音，发起了一场"#全民挑战慢燃环#"挑战赛活动，引导参与者完成简单的挑战动作，并将挑战视频分享至抖音，引爆全平台对活动的关注（如图11-35）。

这个活动在挑战动作的设置上，强调展示挑战者身体协调性的同时，更是对完美身材的另一种展示。15位高人气抖音达人参与挑战，掀起全民模仿热潮，总播放量达742.6万次。此外，活动设置有实物大奖，通过利益引导用户参与。同时，在微博和微信"双微"端发布相关活动信息，为活动预热和引流。

图11-35　蒙牛燃脂抖音视频片段

（资料来源：微播易年度盘点：2018年十大创意短视频营销案例［EB/OL］.（2019-01-16）. https://biz.ifeng.com/c/7/jVNWTOTFoh.）

请总结不同行业的视频营销的特点。

视频营销是当前网络经济环境下较为流行的营销方式,其将视频和互联网相结合,既具备视频传播感染力强、内容形式多样、创意新颖等优势,也具备互联网营销互动性强、主动性传播、传播速度快以及成本低廉等优点。通过精心策划,以内容为核心、创意为导向,视频营销能够实现企业或个人中各种营销传播的目的。

通过本章的学习,大家可以掌握视频营销的特点和方法,同时针对当下流行的短视频营销和直播营销的学习,掌握一定的视频营销技巧,从而利用视频实现营销转化的目的,最终有利于相关主体的视频营销的效果评测和产品营销、品牌传播的目的达成。

资源链接

1. 中国互联网络信息中心 https://www.cnnic.cn
2. 内容营销协会 https://contentmarketing institute.com
3. 艾瑞市场咨询公司 https://www.iresearch.com.cn
4. 中华机械网 https://www.jx.com
5. 中投顾问产业研究中心 https://www.c.ocn.com.cn

参考文献

[1] 冯英健.网络营销基础与实践[M].2版.北京:清华大学出版社,2004.
[2] 刘徽.30分钟玩转视频营销[M].北京:电子工业出版社,2014.
[3] 阿里巴巴商学院.内容营销[M].北京:电子工业出版社,2019.
[4] 谭静.短视频营销与运营实战108招[M].北京:人民邮电出版社,2019.
[5] 秋叶.短视频:策划、制作与运营[M].北京:人民邮电出版社,2019.
[6] 美国内容营销协会:2019年B2C内容营销白皮书完整版[EB/OL].(2019-01-11). http://www.199it.com/archives/820480.html.

项目 12　论坛营销

知识目标

- 理解论坛营销的定义
- 理解论坛营销的基本原则和策略
- 掌握帖子的设计和维护技巧

技能目标

- 能够策划论坛营销
- 能够根据要求选择论坛营销策略
- 能够设计和维护帖子

案例导入

小米手机的论坛营销

论坛营销作为一种网络营销方式,在我们的日常生活比较常见。与其他的营销形式相比,论坛营销的操作相对比较简单,因而应用范围比较广泛。

小米是一个大家熟知的数码产品品牌,每个星期都会有人在网络上抢购其品牌手机,这个就得益于其成功的网络营销方案。

小米手机官网在本质上是一个电子商务的平台,而其电商系统的本质是对用户需求的把握。据了解,小米在米聊论坛建成了一个"荣誉开发组",从几万人的论坛中抽一批活跃度相当高的用户,大概200~300人,他们会和小米内部工作人员同步拿到最新软件版本的手机。最后,内部和外部用户一起同步测试,发现问题随时修改。这样一来,小米就很好地借助了外力,把复杂的测试环节很好地解决了。

同时,通过MIUI论坛、百度贴吧、天涯社区等进行营销,对发烧友级别的用户单点突破,成功实现口碑营销,避免了电视广告、路牌广告等"烧钱"式营销。小米手机每周会有一次开放购买活动,每次有活动的时候就会在官网公布微信的推广链接以及微信二维码。要买小米手机,需要在网络上抢购,这个营销方案有些铤而走险,不过事实证明,他们的网络营销做得非常成功。

任务提示

你知道论坛营销究竟是什么吗?如何策划论坛营销?请认真阅读本项目内容,相信会让你受益匪浅。

任务12.1 认识论坛营销

12.1.1 论坛营销概述

随着网络的迅猛发展,很多企业都在使用网络论坛营销这个推广利器。论坛营销可以成为支持整个网络营销推广的重要渠道,尤其在品牌推广的初期格外值得关注。

1. 论坛营销的含义

所谓论坛营销，就是企业利用论坛这一网络交流的平台，通过文字、图片、视频等方式发布企业的产品和服务的信息，从而让目标客户更加深刻地了解企业的产品和服务，最终成功开展宣传企业品牌、加深市场认知度的网络营销活动。

2. 论坛营销的特点

（1）有效性高

一些论坛具有很高的人气，可以有效为企业提供营销传播服务。另外，论坛具有话题的开放性，企业大部分的营销诉求几乎都可以通过论坛传播得到有效的实现。

（2）传播性强

专业的论坛帖子包括策划、撰写、发放、监测、汇报等流程，在论坛空间能够实现高效传播。各种置顶帖、普通帖、连环帖、论战帖、多图帖、视频帖等能够让传播效果达到最佳。

（3）互动性强

论坛活动具有强大的聚众能力，利用论坛作为平台举办各类踩楼、灌水、贴图、视频等活动，可以充分调动网友的积极性，增强用户与品牌之间的互动。

（4）持续性好

通过策划网民感兴趣的活动，将客户的品牌、产品、活动内容植入传播内容，并实现持续的传播效应，引发新闻事件，保证传播的连锁反应。

（5）互通性强

运用搜索引擎内容编辑技术，不仅能使优质内容在论坛上获得较高的阅读量，也能够在主流搜索引擎上得到迅速传播。

（6）回报率高

适用于商业企业的论坛营销分析，与长期网络投资项目组合应用，能够精确地预估未来企业投资回报率以及资本价值。

（7）成本低廉

论坛营销操作成本比较低，主要要求的是操作者对于话题的把握能力与创意能力，而不是资金的投入量。

（8）可信度高

论坛营销一般由企业以自己的身份或者品牌身份发布信息，利用自己的商业信誉作为背书，所以对于用户来说，其发布的信息要比单纯的网络广告更加可信。

（9）精准度高

企业进行营销时一般都会提出关于论坛营销的需求,其中会有特别的主题和板块内容的要求,操作者多从相关性的角度思考问题,所操作的内容就更有针对性,用户在搜索自己所需要内容的时候,精准度就更高。

(10) 针对性强

论坛营销的针对性非常强,企业可以针对自己的产品在相应的论坛中发帖,也可以为了引起更大的反响而无差别地在各大门户网站的论坛中广泛发帖。

12.1.2　论坛营销的基本原则

论坛营销是一种重要的网络营销方式,在实际运用中如果要发挥它的重大作用,需要遵循其基本原则,这样才能确保营销效果的顺利实现。

1. 明确产品定位

在进行论坛营销时,首先要做的就是明确市场定位,确定产品服务的客户群体,探寻客户在哪些论坛聚集。例如,如果产品是数码电子,那么发布的论坛就选择数码产品论坛。

2. 制订工作计划

要先制订网络推广方案,也就是确定将要通过哪些方式进行营销,这样就有了基本的目标和工作步骤。

3. 合理注册账号

注册账号的时候最好不要用没有任何意义的数字或者英文字母,因为一些网友一眼就可以看出其随意性。

4. 原创发帖内容

根据制订的计划创作发帖需要的内容,整个帖子内容要最大程度上保持原创。如果为了迎合网友的需求,可以先进行实地考察,然后进行最后的文字整合工作。

阅读思考 12-1

小米论坛营销的成功秘密

论坛营销的真正价值在于互动性和参与感,做好论坛营销,可以获得高忠诚度的核心用户群体,在这方面的佼佼者当属小米。

小米与用户的论坛互动可以说是教科书级别的示范。以MIUI为例,为了让用户深入参与产品研发过程中,小米设计了"橙色星期五"的互联网开发模式,核心是MIUI团队在论坛和用户互动,保持系统每周更新。

在确保基础功能稳定的基础上,小米把好的或者还不够好的想法、成熟的或者还不成熟的功能,都坦诚地放在用户面前。每周五的下午,伴随着小米橙色的标志,新一版MIUI如约而至。随后,MIUI会在随后的周二让用户提交使用过后的四格体验报告。通过四格报告,可以汇总出用户对于哪些功能最喜爱,觉得哪些功能不够好、哪些功能正广受期待。

雷军曾说过:"说直白一点,小米销售的是参与感。"在小米论坛里,参与感和口碑是两个互相促进的层面。通过提高用户的参与感,让用户有更好的产品体验;而用户参与感的提高也可以帮助产品开发团队不断完善产品,保证产品的体验感,从而获得良好的口碑。

科特勒把营销3.0时代划分为三个阶段:第一个阶段主要吸引用户的思维、心灵和精神,并与之建立联系;第二个阶段主要帮助用户意识到他们的预期,让他们购买产品;第三个阶段主要与用户形成同感、共鸣,使之具有可持续性。

这个时代变化很快,包括营销方式。但是所有的营销方式不外乎两种,一是将产品铺到用户面前,二是将产品铺到用户心里。

小米论坛营销的成功秘密究竟是什么?

任务12.2 论坛营销的策划

论坛营销经过多年的发展,很多企业都尝试或进行过这种营销形式,所起到的作用各不相同,为了能够充分发挥论坛营销的作用,需要掌握论坛营销策划的相关知识。

12.2.1 论坛营销的操作

论坛营销的操作是一个细致的工作过程,在进行操作的过程中,需要把握如下几个方面。

1. 广泛注册账号

企业要在全国各大知名专业性论坛注册账号。根据企业不同产品的特点,注册相关论坛账号,更加利于产品的推广营销。

2. 确保账号数量

企业在每个论坛的账号不低于10个,这是保证前期宣传效果的前提。对于不同产品、不同营销事件,需求的账号数量不定;一些知名品牌进行论坛营销不需过多账号,即可产生效应;而普通企业在论坛推广产品时,则需要较多的账号配合。

3. 合理分工协作

企业要在各大型论坛安排专门的人员进行账号管理、发帖、回帖等工作。很多企业都有专人负责论坛推广,经常发帖、回帖是为了融入论坛核心,积累更多的经验,在进行论坛营销时,会有很多资源辅助开展营销。

4. 创新内容主题

企业策划的帖子内容主题要新颖,要有创意性,要有一定的创意性,这样才会吸引读者。营销主题比较重要,也是开展论坛营销的关键。策划的主题如果比较好,不需费力即可达到预期的效果。

5. 策划吸睛标题

企业策划帖子的标题要有一定的吸睛程度,即标题要在一定程度上有号召性、能吸引读者。标题是敲门砖,要有一定的含义或争议性,让读者产生疑惑而进一步想得到答案。

6. 加强互动效果

企业策划帖子的内容一定要具有一定的水准,积极引导网友进行互动。论坛营销现阶段已经很成熟,网友也深知论坛营销的目的,企业策划一些有趣味的话题,可以鼓励网友进行互动。

7. 引导积极参与

企业人员要积极参加回复、鼓励其他网友回复。网友的参与是论坛营销的关键环节,如果活动策划成功,网友的参与度会大大提升。通常公司在企业论坛做活动营销居多,可利用一些公司产品或礼品,激励网友参与活动。

8. 合理引导回帖

企业人员要正确地引导网友的回帖,不要让舆论朝相反的方向发展。具体情况具体分析,有时在论坛产生争论也未必是件坏事,特别是对于不知名企业来说,通过论坛途径演变成大范围病毒式营销,知名度会有很大提升。

9. 及时监测效果

企业要仔细监测论坛营销带来的效果,不断改进。这是一个细致的数据分析和用户群体分析过程;通过一次营销,会总结出很多问题,下次策划活动时可以借鉴;不同领域用户群体的习惯不同,因此方式方法并不通用。

10. 加强相关沟通

企业要及时和论坛管理员沟通交流,熟悉各大论坛的管理员和版主有助于论坛营销的开展。经常发帖、回帖会与论坛营销这个圈子近距离接触,和管理员、版主建立良好的沟通机会,获得资源辅助,论坛营销会开展得更顺利。

12.2.2 论坛营销的策略

在掌握了论坛营销操作的一些细节注意事项后,论坛营销的策略不容忽视,这能够让论坛营销达到事半功倍的效果。企业开展论坛营销应该遵循网页、产品、价格、促销、渠道和互动等策略。

1. 网页策略

企业可以选择比较有优势的技术公司,建立企业的网站,建立后由专人进行维护,并注意宣传,这样能够节省原来传统市场营销的广告费用,而且搜索引擎的大量使用会提高搜索率,对于企业者来说一定程度上,这一策略比广告效果要好。

2. 产品策略

企业要明确自己的产品或者服务项目,明确哪些是网络消费者选择的产品,确定目标群体,因为产品网络销售的费用远低于其他销售渠道的销售的费用,因此企业如果产品选择得当,可以通过论坛营销获得更高的利润。

3. 价格策略

论坛营销价格策略是成本与价格的直接对话,由于信息的开放性,消费者很容易掌握同行业各个竞争者的价格,如何引导消费者进行购买决策是关键。企业如果希望在论坛营销中取得成功,在价格上应注重强调自己产品的性能价格比以及与同行业竞争者相比之下自身产品的特点。

除此之外,由于竞争者的冲击,论坛营销的价格策略应该适时调整,企业营销的目的不同,可根据时间制定不同的价格。例如,在品牌的推广阶段可以以低价来吸引消费者,在计算成本的基础上减少利润从而占有市场。当品牌积累到一定阶段后,设计自动价格调整系统,降低成本,根据变动成本市场供需状况以及竞争对手的报价来适时调整。

4. 促销策略

网上促销不同于传统营销模式下的人员促销或者直接接触式的促销,取而代之的是大量使用网络广告这种软营销模式来达到促销效果。这种做法对于企业来说可以节省大量人力和财力支出。通过网络广告的效应,可以在广阔的空间上挖掘潜在消费者,可以通过网络的丰富资源与非竞争对手构建合作联盟,以此拓宽产品的消费层面。论坛促销还可以避免现实中促销的千篇一律,可以与本企业的文化相结合,从而达到最佳的促销效果。

5. 渠道策略

渠道策略不可忽视,论坛营销的渠道应该本着让消费者方便的原则设计。为了在网络中吸引消费者关注本公司的产品,可以根据本公司的产品特征,联合其他企业的相关产品,并将其作为自己企业产品的外延,因为相关产品的同时出现会更加容易获得消费者的关注。为了促进消费者购买,应该及时在网站发布促销信息、新产品信息、公司动态;为了方便消费者购买,还要提供多种支付模式,让消费者有更加丰富的选择;在公司网站建设时,应该设立网络店铺,拓展销售的空间。

6. 互动策略

论坛营销与传统营销模式不同还在于它特有的互动方式。传统营销模式中,人与人之间的交流十分重要,营销手法比较单一,论坛营销则可以根据自身公司产品的特性,根据特定的目标客户群、特有的企业文化来加强互动,节约开支。互动形式的新颖多样,避免了原有营销模式的老套与单一化。

12.2.3 论坛营销的步骤

网络营销的兴起使得越来越多的企业能够在节省开支的情况下取得更好的宣传效果,以一种新颖的方式将自身产品营销出去,规避了资金不足、品牌弱势的弊端,使公司不断取得营销成功,这一切都离不开掌握合理的论坛营销步骤。

1. 收集整理论坛

企业首先要对所收集的论坛进行分类,例如娱乐、地区、女性、财经、综合等类别;完成分类以后可以对其进行属性标注,例如人气、严肃程度、是否支持可链接URL等。

2. 注册账号

注册统一的中文账号，以提高后续发帖效率。注册账号要求所有账号资料必须填写完整，必须上传头像，并且用户名必须使用中文，这样可以使账号更加正式，增强账号的可信度。

3. 发布主题

将事先撰写好的软文发布到论坛相应的版块，要求找准版块并分析版块的内容及特色，防止主题与版面内容偏差太大，避免高删帖率。必要时可根据版面内容调整文章标题或内容，使软文最大限度贴近版块主题。

4. 内容维护

将软文整理成文档存放，以便后续效果分析及内容维护，主题发布后，要做到定期回访主题，回访项目包括：检查主题是否被删除、是否被执行管理操作（例如"加精""提升""置顶""掩埋"等）、是否有人回复用户提出的问题或者质疑。

对于热门论坛，需要培养高级账号，使用该高级账号与论坛成员建立互动关系，提高账号的知名度、美誉度、权威性，使该账号成为该社区的舆论领袖，从而使由该账号发布的内容更具说服力。

5. 效果评估

效果评估参数包括：发布论坛数、发布主题数、帖子浏览量、帖子回复量、帖子被加精量、置顶量、删帖率等。

通过上述论坛营销知识的学习，可以模拟利用论坛营销推广一个事件。

第一阶段，选择一个规模比较大的论坛，传播一个预热贴，告诉用户要在某月某日到某个广场求婚，希望大家支持。在此阶段设计一些互动情节，能够引起用户的关注。

第二阶段，在求婚当天，拍摄好现场图片，组织好文字，然后回到论坛发布这件事的后续报道。具体操作还是在这个论坛平台上完成，但要模仿普通用户的口吻拟定和发布内容，并且要模拟不同的用户发布不同观点的文章，同时利用大量的"马甲"账号将这些帖子炒火，让这个论坛中充斥着这个话题的帖子。

第三阶段，帖子拥有讨论热度，开始将战场扩大，转移到其他大型论坛，传播方法以在其他论坛转载这些论坛帖子并且继续制造评论为主。

在这个案例中，不同阶段设计不同的内容，传播在不同的论坛平台上，引发广泛的关注，从而实现论坛营销的目的。由此可见，论坛营销活动要根据目的合理的相关步骤，进行妥当的安排，保证营销效果的实现。

阅读思考 12-2

论坛营销的执行策略

在掌握了论坛营销策略的基础上,开始从事论坛营销的过程中,还需要掌握具体的一些执行策略,常见如下几种。

1. 研究自身产品

这是在开始进行论坛营销前非常重要的一个步骤,只有对产品的性能、特点、功效等了解得透彻,在后续的工作过程中,才能够根据这些产品情况针对性的采用不同的策略。

2. 了解用户需求

在识别用户需求的时候,要找到需求与产品特点相契合的点,这样才能确保产品能够被用户认同,从而购买产品。

3. 找到热议卖点

可以借由名人事件,制造一些有争议性的话题,通过一些事件来进行宣传,配合一些与自己产品有关的一些引人入胜的故事,这样可以起到吸引用户的眼球的效果。

4. 设计不同阶段的话题

这一点比较重要,可以将一个话题设计成"连续剧",当旧话题的热度开始衰减时,又出现一个与之相关的同样吸引人的新话题,这样可以让论坛营销持续有力。

5. 设计回复和讨论等互动情节

论坛运营中,互动是非常重要的,如果帖子有大量的用户主动参与并且积极互动,效果无疑是最好的。要提前设计好帖子的互动情节,制造气氛。在进行论坛营销前就设计好互动的一些情节,如果在运营过程中没有出现提前设计的情节,那就由"马甲"账号来发布设计好的回复,但要注意,这些设计的主题要尽量与社会热点相关或者能够引起用户共鸣,吸引更多的用户参与讨论。

比如某网校在某论坛上发布了一篇论坛营销的软文《"80后"毕业生十大尴尬之事》,在文章的内容中,没有一点广告成分,并且内容是很切合实际的,引起了用户的共鸣与热议。当他们在论坛上推出这篇文章的同时,用事先设计好的情节,通过话题的深入,一步一步引导出"边工作边参加成人教育拿文凭,是最划算的解决之道"这个观点,然后又告诉用户,上网校是最佳选择,最后引出他们的网校推广信息。

论坛营销不是简单发个子就可以完成了,它最需要的是策划。在进行论坛营销方案策划时,需要提前设计好不同阶段的方案及应对的手段,包括不同阶段的传播点、传播平台、传播手段和需要用到的人力、物力等。

你认为论坛营销的执行策略中哪条策略最为重要?

任务12.3 设计与维护帖子

论坛营销的产生为传统营销模式注入了一股新鲜血液,特别是为企业营销者开辟了一种新的营销思路。

帖子是在网络论坛上就某一主题或者某个板块发表的个人意见或稿件,作为论坛营销重要的载体,它的设计与维护直接决定着论坛营销的效果。因此,为了顺利实现企业预期的营销效果,要熟练掌握帖子的设计与维护的方法和技巧。

12.3.1 标题操作方法和技巧

标题是吸引用户点击帖子的重要诱因,一个好的标题能够有效提升帖子的点击率。

举一个经典的案例:有一对高中同学,互相暗恋却没有表白,毕业了就各奔东西,大学的时候也都谈过恋爱,都无一例外地分手了。一次机会,让他们在北京的一家咖啡厅里偶遇了,再续前缘……从此他们过上了幸福和快乐的生活……对于这则故事,传统的标题可能是《爱得早,不如爱得刚刚好》;如果换一个角度去考虑,拟定的标题就可能是《有多少人最后嫁给了自己的高中同学!》。举出这两个标题的对比是为了强调,在网络营销过程中,标题不是为了把文章概括清楚,而是吸引点击,让读者继续去传播,而不单只是阅读。对于第一个标题,读者可能文章看完就没有任何后续行为了;而对于第二个标题,读者可能在阅读之前就已经浮想联翩,看完之后再转发到高中同学群里,或者是转发给某个人,这正好契合了网络营销中通过发帖实现点击和分享的重要目的。常见的标题基本类型如下。

(1) 直言式

该类型的标题直接把内容核心讲明白,如《全场5折起 199款商品第二件半价》。

(2) 间接式

该类型的标题能够间接引起读者的好奇心,继而阅读内容里的具体信息,如《原来牙刷还可以这样用!》。

(3) 新闻式

该类型的标题提供一条新消息内容,常用于新闻类,如《今天,华为新款手机正式上线了》。

(4) 如何式

该类型的标题应用广泛,比较有吸引力,如《怎样成为"别人家的孩子"?》。

(5) 提问式

该类型的标题效果较好,前提要明白读者需求,引发共鸣,如《你是一个"低头族"吗?》。

(6) 命令式

该类型的标题直接告诉读者怎么做,多用动词,语气坚定,如《肚子饿的时候,千万别吃这些食物》。

(7) 理由式

该类型的标题直接告诉读者为什么看这篇文章,如《冬日养生全攻略,注意这三点少生病》。

在实际的营销活动要根据活动的内容选择合适的标题类型,在无法确定的情况下采用直言式和新闻式较为妥当,但是标题和内容一定要贴合。

12.3.2 内容操作方法和技巧

内容作为帖子的灵魂,承载着营销的重要作用。帖子的内容有很多是关于产品和服务的介绍,一般情况下对这些专业的内容很难进行改动,在发帖过程中,内容的编辑和撰写技巧如下。

(1) 嵌入宣传文字

在图片贴和视频贴中加入相关宣传文字,使得图片和视频更加直观,更能吸引读者。只要文字不是过大、遮盖了焦点画面,一般网络用户都可以接受。

(2) 创造争议内容

不挑战法律和道德的红线,适当让帖子的内容具有争议性,这样可能吸引网友回帖互动。如果没有争议性,大部分的网友都是一看而过,很少会在帖子下留言或者评论。

(3) 避免硬性广告

文章内容最好不要有硬广告,即使包含广告,也要坚持以网友为本的原则。如果广告内容非常明显,那么帖子被删除的可能性非常大。帖子的内容不吸引人,无论发帖数量有多少,总体的浏览量也不会高。

(4) 少用专业名词

除非是在一些行业的专业论坛里,一般情况下,不要使用行业的特有名词,这样容易造成网络用户理解上的困难。大多数用户逛论坛并不抱着学习的目的,如果连基本的认知都达不到,可能无法参与帖子的互动。

12.3.3 跟帖和回帖操作方法和技巧

回帖是在发表的帖子后面,写上自己的意见等一种网络行为;跟帖是针对主帖回复,以表达观点、解释并解决问题等作为主要内容的一种网络行为。在网络营销实际进行中,要注意以下的相关技巧。

(1) 积极回复问题

在发布一则营销帖子以后,要密切关注网友们对于帖子的态度,对于针对帖子的一些跟帖问题要及时回复,解决网友们的疑问。

(2) 保持帖子热度

一般论坛的板块中,最新的帖子排在板块的前面。针对这一情况,要适当保持帖子处于不断更新的状态,引导网友积极跟帖或回帖,从而保持帖子的热度,获取板块的优先排序。

(3) 加大激励力度

对于一些活跃的跟帖网友,可以给予一定的奖励,比如运用论坛积分激励跟帖的网友。这样可以激发网友跟帖的热情,也在一定程度上保证了帖子的热度。

阅读思考 12-3

论坛营销的不成功原因

1. 论坛帖子的标题不够吸引人

用户浏览帖子第一眼看见的就是标题,如果标题写得不够吸引人,那么用户很大概率不会点击内容。比较这两个帖子的标题——《白雪公主的故事》和《一个女人和七个男人的故事》,明显后一个标题更吸引人。

2. 话题的设计不能满足用户的需求

设计的话题如果没有足够的争议性，用户看完就会关闭帖子链接，觉得没有什么内容值得讨论。只有事先了解用户的需求，才会策划出令人兴奋的话题。

3. 发布平台的选择不合适

选择的论坛平台要合适，比如企业的目标用户是40岁左右的中年男性，却在一个美容论坛发布帖子，这显然不太合适，也会导致发布的内容无效。

4. 发布的版块不符合帖子的关注点

要注意在论坛上发布的版块是否适合，比如有关网络营销培训的推广帖子，却被发到"育儿频道"，这种情况下营销成功的概率是比较渺茫的。因为不同的版块里用户关注点的差异是非常大的，要找到论坛内最精准最适合的版块发帖。

在一次成功的论坛营销过程中，除了要注意标题、内容、跟帖外，还有哪些需要注意的事项？

论坛营销作为网络营销的一种重要形式，具有明显的低投入、高产出的特点。论坛是一个互相交流经验、大多数人都可以进入的平台，因此受众面比较广，从事论坛营销具有非常现实的意义。

通过本项目的学习，可以了解论坛营销的定义，理解论坛营销的基本原则和策略，掌握帖子的设计和维护技巧，从而能够策划论坛营销，根据要求选择论坛营销策略，设计和维护帖子。

资源链接

1. 百度百科　https://baike.baidu.com
2. 站长之家　http://www.chinaz.com
3. SEO研究协会网　https://www.seoxiehui.cn
4. 搜狐网　http://www.sohu.com

项目 13　问答营销

知识目标

- 理解什么是问答营销、百度百科、百度知道、知乎、FAQ
- 掌握百度百科、百度知道、知乎、FAQ的特点
- 探讨问答营销的推广模式与发展趋势

技能目标

- 能够根据实际需要利用问答营销进行推广
- 能够根据实际需要利用百度百科进行推广
- 能够根据实际需要利用百度知道进行推广
- 能够根据实际需要利用知乎进行推广
- 能够根据实际需要利用FAQ进行推广

案例导入

50元的价值=?

——问答营销,带您玩转东北

只有走在竞争对手的前面才能获取更多的利益。

目前,冬季已经到来,此时此刻很多南方人都想到东北旅游区玩滑雪、看冰灯、观雪景等,这对于旅游者来说是一件可以缓解工作压力的好事,然而为了省时省力,大部分的人都通过百度找到一些地方性的网上旅行社来进行跟团、购票、选景点。很多旅行社都在这旅游黄金时段,争取获得更多的流量及转化率。

对于商家来说,如何做好百度上的推广,并不是那么轻松。"百度知道"是一个营销的好渠道,百度搜索每天约有3千万条品牌答疑需求,80%的答疑被"百度知道"覆盖,而网民偏偏更信任百度知道提供的信息,认为其显得更加"真实可信",因此可以抓住网民的这种心理,用问答营销做好口碑营销。下面就以"百度知道"这一营销产品为例,具体介绍部答营销相关内容。

在做百度推广之前,建议商家添加问答营销物料。随着搜索量的上升,可以提升商家的信誉度,让有限的需求网民尽可能地选择商家的产品。在达成订单时,商家尝试使用单独设立一个计划,预算设置50元。

首先进行账户策划,撰写问答创意。不要把搜索的创意直接照搬到知道频道进行展现,网民更爱到知道频道收集信息从而达到决策。这是来自于网民对知道频道信息的信赖度和对生活化式的一问一答式的接受度。换句话说,要想做好问答营销,商家需要学会用生活化的语气去跟网民交流,而不是把大篇幅的"公司简介"搬到知道频道。

设置问题时,要想到什么样的问题是网民习惯性搜索的问题。营销不是为了针对"某个人",而是针对"某群人",这群人是企业的目标受众,他们必定有某方面的共性。要分析出他们可能搜索概率偏高的词,同时又最能体现购买需求的问题。比如"雪乡滑雪旅游好不好",这个问题比较口语化,符合网民的搜索需求,同时这个问题的背后,也显示了搜索问题的网民可能正在犹豫要不要选择去雪乡滑雪旅游。撰写内容的同时要尽量用网民的语气回答,像是由另一个网民告诉网民这个企业很好,而不是一板一眼地、生硬地宣传自身,这会让网民更愿意相信答案给出的信息。

(案例来源:蒋晖.网络营销运营之道[M].北京:北京大学出版社,2015.)

任务提示

从以上案例可以看出,问答营销是品牌宣传的"新大陆",它让网民在一个看起来纯粹无商业的环境作出抉择,要在这块新大陆收获成果,就需要换一种思维、换一种心态、换一种语气去营销,用网民更容易接受的"网民风格"去影响网民。本项目中,我们将会对四种不同的问答营销产品进行学习。

任务13.1 百度百科营销

13.1.1 百度百科概述

1. 百度百科的定义

百度百科是一个内容开放、自由的网络百科资料查询网站,它旨在创造一个涵盖几乎所有领域知识、服务所有互联网用户的中文知识性百科。

百度百科为用户提供了一个创造性的网络平台,强调用户的参与和奉献精神,充分调动互联网所有用户的力量,汇聚上亿用户的头脑智慧,积极进行交流和分享。同时,它实现了与搜索引擎的完美结合,从不同的层次上满足用户对信息的需求。

2. 百度百科的作用

百度百科所提供的是一个互联网所有用户均能平等地浏览、创造、完善内容的平台,让所有中文互联网用户在百度百科都能找到自己想要的全面、准确、客观的定义性信息。

3. 百度百科的常用术语

(1) 词条

词条是一个单一的主题阐述事物,可以是一个人,也可以是其他标志性的主题。

(2) 段落标题和目录

段落标题对词条的各个方面进行划分,类似文章的段落标题。目录将文中的段落进行索引,点击目录可以到达指定的内容。

(3) 词条链接

词条链接是正文中指向百科其他词条的链接,帮助读者理解词条叙述的内容和扩展阅读。

(4) 参考资料

参考资料是有公信力、可查证的资料,包括书籍、论文、杂志、网络资源等,可以链接企业的网址。

(5) 开放分类

开放分类是比传统的目录式更灵活、更自主的分类方式,可以根据词条的不同属性添加多个分类,如对于"珠穆朗玛峰",可设置"西藏""地理"等多个分类。

(6) 相关词条

相关词条是与当前词条联系较为紧密的词条,可以使阅读与浏览更具连续性,如"唐僧""孙悟空"。

(7) 同义词

同义词名称不同但意思相同,选择规范的表述作为标准,如"北京大学"的同义词为"北大"。

(8) 搜索重定向

当人们检索"奥巴马"时,百科会跳转至大多数人想查看的"贝克·奥巴马";而对于另一部分想了解实际上指为形式"奥巴马"词条时,可以点击提示语里的"奥巴马"链接进行查看和编辑。

13.1.2 百度百科营销概述

1. 百度百科营销的价值

(1) 为网站带来流量

用户点击百科词条的拓展阅读,参考资料中的网址,可以直接给网站带来流量。

(2) 提升网站的权重,提升网站排名

百科是百度的产品,被百度给予很高的权重,在词条中加入网站的链接,能提升网站的权重排名。

(3) 有效提高企业的知名度、可信任感,增加传播的机会

百度百科营销可以在词条中创建公司、企业、品牌的词条,增加传播机会。

2. 百度百科营销的方法

题目必须与内容信息相关联,尽量提交准确的信息描述,这样能有效地保护账号。一个好的账号(级数高、通过率高)的优势有:以后编辑的词条会更容易通过;4级账号有

85%通过率可以编辑百度名片;有些词条是需要级别高的账号才能修改的。

在文中含广告、有链接的文字或者QQ号码等,基本上就是不会被通过的。如果还继续多次这样发布,那么百度管理员就会封掉发文账号。

参考资料和扩展阅读一定要跟词条相关,一次不要添加太多。可以注册多个账号,多次添加完善。

根据企业的网站内容,写出一些相关的词条,无论是热门词还是长尾关键词,只要在百科里是可以创建的词条,就可以创建。所需要创建的词条可以是和同行业相关的词,比如说,某公司是做网上药房的,就可以创建网上药房、网上购物知识方面的词条。

创建词条时,多加一些一级目录、二级目录、图片,通过率会得到提高。

阅读思考 13-1

百科推广的相关经验

1. 创建的词条信息必须与词条相关联,尽量提交准确的信息描述,这样能有效地保护企业的账号。

2. 在正文中尽量不要有含广告、带链接的文字和QQ号码。这样的词条基本上就不会被通过,而且如果多发几次,账号就有可能被封掉。

3. 参考资料和扩展阅读一定要跟词条相关,一次不要添加太多。可以注册多个账号,多次添加完善。

4. 每天添加5个词条,以量带质,能给企业的网站带来非常乐观的数据。

作为一名初创的农村电商企业的推广专员,如何利用百度词条进行推广?

任务13.2 百度知道营销

13.2.1 百度知道概述

百度知道是一个基于搜索的互动式知识问答分享平台,是用户自己具有针对性地提出问题,通过积分奖励机制发动其他用户来解决该问题的搜索模式。同时,这些问题的答案又会进一步作为搜索结果,提供给其他有类似疑问的用户,以达到分享知识的效果。

百度知道的最大特点就在于和搜索引擎的完美结合,让用户所拥有的隐性知识转化成显性知识,用户既是百度知道内容的使用者,同时又是百度知道的创造者,在这里累积的知识数据可以反映到搜索结果中。通过用户和搜索引擎的相互作用,实现搜索引擎的社区化。

百度知道也可以被看作对搜索引擎功能的一种补充,让用户头脑中的隐性知识变成显性知识,通过对回答的沉淀和组织形成新的信息库,其中信息可被用户进一步检索和利用。这意味着用户既是搜索引擎的使用者,同时也是内容的创造者。百度知道可以说是对过分依靠技术的搜索引擎的一种人性化完善。

13.2.2 百度知道营销概述

1. 百度知道营销的价值

(1)口碑宣传

口碑是消费者衡量一个公司所获评价的重要标尺。在百度知道能给企业网站带来很大流量的基础上,如果企业能巧妙地利用百度知道进行正面宣传,将大大提高公司的信誉度,同时在大众心目中建立良好的第一印象。

(2)品牌推广

在百度知道中回答问题,有些时候需要系统审批,所以不是每次都能加入链接。如果不能加入链接,则百度知道的推广工作主要服务于品牌推广,通过百度知道提高公司的曝光率;如果答案的质量较好,更能带来一定的流量。

(3)带来流量

百度很青睐自己的产品,对很多关键词搜索之后,百度知道的内容都排在搜索结果页面的第一位。所以利用好百度知道,肯定可以带来一定的流量,并且这种流量的获取是一次操作、长久受益的。如果回答的问题可以长期排在关键词搜索的前几位,则可以带来较高转化率,并且不用做太多的工作,就好比某企业很轻松地获取了一个关键词百度排名第一的位置,这要比自己优化关键词到百度排名第一简单得多。

2. 百度知道营销方法

(1)百度账号的培养

找一个企业感兴趣,并且在互联网上比较受关注的问题,先看看其他人在百度知道的答案,然后归纳整理,一定要注意把言语整理通顺,将几份答案融合成一份答案,这样就拥有了一个很容易被认可的答案。然后在百度知道之中搜索目标问题,选择待解决的问题,粗略看一下问题的内容,对已经准备好的答案进行细微的调整,尽可能多地去回答这一问题。注意回答速度不要太快,否则后台可能要审核答案。

一般一个账号一天是无法养成的,需要几天或者更多的时间。很多问题当时回答之后提问的人并不会立即来选取答案,要等1~2天;对于有的问题,可能提问的人就不会再浏览了,也没人选择正确答案。这时候百度会采用网友投票的方式进行正确答案的选择,记得有空的时候就给自己的答案投上一票,百度要求同一个IP在24小时之内只能完成一次投票,所以要更换IP之后才能再投。

(2)百度知道问题的回答

如果拥有一个高级的账号,回答问题的时候就轻松多了。有时候带链接回答问题,后台不审核便可直接通过,这样很容易就放上一个链接,以推广企业的网站,并增加了外链;但大多数时候有链接的回答,后台都会审核。通过实际操作,发现了一种方法,就是先回复问题,而不带链接,如果答案不需要后台审核,直接发布,选择点击查看该问题,然后修改答案,再放上链接。如果一次成功了,马上继续重复这种操作,接下来的4~5次都会成功,但一天一般一个IP无法多次成功,所以要想专注于百度知道的推广,是要多换IP的。

(3)百度知道中的自问自答

注册几个账号的好处就是方便"自问自答",有的行业可能属于相对较冷门或者专业性较强的行业,没有那么多网民在"百度知道"上提问的,那么就需要企业自己来提问、自己来回答。自己来提问的好处是问题范围更广,更有利于针对企业网站的优势进行提问,也更有利于留下链接。比如某企业想增加外链,就提问某行业的门户网站都有哪些,这样更方便留下链接,参考资料中附加链接的内容通过的审核率会更高一些。

阅读思考 13-2

如何使百度知道中的问答更规范?

1. 构成提问

提问内容清晰简洁,语句通顺,无明显错误;用简洁的文字提炼问题,不赘述;有针对性地提问,不寻求模糊空洞的答案。

正确示范:人可以不吃食物只靠营养剂生活吗?

错误示范:大家好,我是新手,请多关照。

2. 表述清晰

问题题目应包含足够的信息量,以确保可以获得有意义的答案;问题需容易理解,明确哪种答案可满足提问的期望。

正确示范:小孩刚出生时的睡姿真的能影响头骨形状吗? 如果有影响的话,该怎么睡才有利于头骨发育呢?

错误示范:百度知道。

3. 书写规范

句式、用词、标点符号应严谨规范。问题尽量不要含有与问题本身无关的词语(例如:"跪求大神""请问各位")、不规范的网络用语(例如:"肿么办""为神马")以及不规范的标点符号。

正确示范:请问大家一般到哪些网站去搜索专业/学术/可靠的资料?

错误示范:急急急急急急,在线等……

4. 选择准确的问题分类

为问题选择合适的分类,有利于其他用户看到你的问题,增加被回答的概率。

正确示范:电脑总是蓝屏怎么办? 型号是 ThinkPad X201。

选择分类:电脑网络/硬件。

百度知道不鼓励以下类型的提问:

(1) 不构成问题

如:大家好,我是新手,请多关照。

(2) 招聘/求职、交易/合作、寻人/征友、召集/赠送类的问题

① 招聘/求职:高薪聘请 Python 工程师。我是 Python 工程师,求职位。

② 交易/合作:谁要二手 iPhone? 我要创业,谁要入伙?

③ 征友:有人想和我聊会儿天吗? 我的 QQ 号是 1234567。

④ 寻人:有哪些重庆的朋友?

⑤ 召集:明晚五月天的演唱会,谁和我一起去?

⑥ 赠送类:我有一个二手 iPad,谁要?

(3) 求或发放产品账号或邀请码的问题

如:谁有××的邀请码?

(4) 任何可能涉及盗版资源获取的问题

如：想看最新的电影，哪儿能下载？求××激活码。

（5）羞辱、谩骂、人身攻击、使用不文明用语等破坏社区良好氛围，令其他用户不悦或者难堪的内容

如：××问的问题为什么这么傻？

（6）其他

涉及个人隐私、涉及政治问题及不适合公开讨论的敏感内容。

利用百度知道进行网络营销的常用方法有哪些？

任务13.3　知乎营销

13.3.1　知乎的概况与传播特点

1. 知乎的概况介绍

互联网时代加速了信息的传递，同时也让知识的获得更加容易。近几年问答型网站兴起，通过网民自发的分享，人们获得知识的方式变得更加便捷，曾经需要通过查阅大量资料才能得的答案，现在只需敲击键盘、轻点鼠标，即可知道完善的答案。

知乎是国内新兴的网络社交问答社区，用户可以在这个平台上提出或回答问题，彼此分享知识、经验和见解。知乎2010年12月开放，在上线的前两年，采用邀请制注册方式。2013年3月，知乎向公共开放注册，在不到一年的时间里，注册用户迅速由40万攀升至400万。

知乎以问答型内容为主，用户可以在知乎上提出问题，根据自己的知识和经验进行问题的解答。随着知乎的发展，知乎的衍生产品也变得越来越多，目前除知乎问答外，还有知乎日报、知乎专栏、知乎周刊等产品（如图13-1所示）。随着自身的不断发展，知乎也开始同第三方开展合作，如知乎精选。当时，此网站站长认为知乎本身的产品设计不够完美，用户体验一般，于是致力于搜集知乎上高品质的文字，为用户进行信息过滤，便于读者更加便捷地获得优质内容。

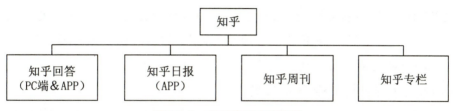

图13-1　知乎旗下主要产品

2. 知乎的传播模式与特点

作为一个社交问答平台,问题和回答是联系用户的主要途径。通过对知乎平台的研究,总结出知乎传播模式的以下几个特点。

(1)"马太效应"式传播

知乎的话题种类繁多,若是想让用户快速了解每天的优质信息,就需要一个信息筛选机制,在某种程度上形成了内容的优胜劣汰制。在每个回答上,用户可以根据自己的判断进行赞同和反对的投票,赞同数量最多的答案排在问题的首位。

(2)系统性与碎片化并存

为了让用户能够根据自己的兴趣选择话题,知乎设计分层结构,由主话题、子话题组成。同时和许多社交网络类似,知乎的用户在登录时,就可以显示所关注用户的最新动态。其次,为了让用户快速获得优质信息,知乎对信息筛选机制进行了人为的设置,让每天和每周最受关注的问题被推荐到"发现"页面,这些信息彼此毫无关系,让知乎的信息更加碎片化。

(3)开放性和整合性

目前知乎上,既可以向站内的好友推荐回答,进行信息交流,也可以通过分享按钮分享到新浪微博上。而在移动端,知乎上的内容可以通过邮件、微信、微博等多种社交网络实现在不同社交圈中的传播。

13.3.2　知乎广告概述

知乎广告是指在知乎平台及旗下产品中以商业品牌宣传为目的的信息传播,主要包含硬广告和软性植入型广告两种形式。

1. 知乎广告价值分析

(1)定位清晰:高质量问答社区

知乎的定位是知识型社交问答网站,用户之间通过问题与答案进行沟通,基于共同的兴趣进行连接。这一定位使得知乎对于内容质量和用户都有一定的要求。首先,用户需要具备创作高质量答案的能力,对于某些领域有着自己的见解;其次,对于阅读者而言,需要具有了解世界的好奇心和求知欲,希望通过知乎成长。因此,知乎的内容创作者和普通用户都需要具备较高的素质。

(2) 内容为王:高质量答案和高影响力

知乎的话题涉及自然科学、人文、生活、互联网、科技、金融、法律等多个领域,每个父话题下,又分为多个子话题,几乎涵盖各个学科以及生活领域。在问题类型上,八卦消息、娱乐性信息较少,涉及某些领域的专业问题仍是主流,这为社区创造高质量内容奠定了基础。

(3) 精英群体用户群

知乎作为知识分享型社区,定位于服务各行业的专业人士,希望通过发挥用户的认知盈余,创造优质的内容。从性别、兴趣、购物习惯等方面来看,知乎用户的整体收入水平较高,他们追求生活品质,接受新鲜事物程度高,热爱网购,并且具有较高的消费能力。

(4) 良好的运营机制

为了避免用户阅读过于碎片化,帮助用户进行信息管理,知乎在产品设计上更加注重系统性的归类。在知乎上,用户可以自己选择关注某些话题,关注后用户可以在话题界面中看到此话题下的问题更新动态;用户也可以就自己的兴趣关注某些问题,关注问题后,如果此问题有了新的问答,知乎会在消息界面进行提醒,便于用户了解此问题最新的动态。通过对信息的有效管理,不仅让用户在查阅信息时更加清晰明了,也通过信息的分类,了解了用户的需求。

同时,知乎支持分享功能。知乎目前已开放注册,支持新浪微博、QQ等社交网站绑定账号直接登录。作为一个社交问答网站,知乎的分享功能十分强大,除知乎问答外,知乎日报、知乎周卡、知乎阅读也是知乎优质内容的展示窗口,通过对知乎内容的分享,可以扩大知乎的影响力和知名度。如知乎上常有些问题不仅被许多新浪微博用户转载,也被天涯论坛中的网友应用。作为用户,在知乎平台上既可以把内容分享给站内好友,也可分享到社交媒体,如微博、微信、QQ空间等,这扩大了知乎信息的传播面,扩展了信息的传播渠道。

2. 知乎广告的营销策略

(1) 打造知乎核心优势

知乎现有的广告主数量较少,主要集中在电子产品、汽车、服装、文化等多个领域,随着广告客户的增多,打造知乎对某一行业或某一类产品的核心传播优势,对于知乎的广告营销具有极大的推动作用。

对于广告主的匹配策略,在知乎用户的消费文化研究中,知乎用户追求品牌消费、品位消费以及时尚消费。知乎用户以社会中产及以上阶层为主,这类消费者的消费能力和购买欲望较强,对生活品质的追求较高。因此,与知乎进行广告合作的品牌,应在同类产品中属于中高端,并且自身产品品质过硬,便于用户在知乎平台上进行口碑传播。选择最佳传播组合方面,虽然硬广合作能够获得较好的传达产品卖点,同时获得较好的视觉效果,但是在Web2.0的时代,消费者的购买行为需要经历注意、兴趣、搜索、购买、分享等一系列的过程。因此,在知乎上进行硬广宣传,应配合软性植入广告,利用知乎用户的口碑传播,达到硬广与软性植入互补的功效。

(2) 开发多样化的广告产品

相对于传统媒体,互联网可利用大数据的优势对用户行为进行更加准确的记录,并根据用户的特征进行个性化的广告推送。通过互联网技术,对个人标签、关注的话题、近期的阅读情况等各因素进行运算分析,了解用户在知乎上的浏览习惯,通过分析用户的浏览内容和访问时间记录,来辨别访问者属性。网站可以按广告主的要求和设置,将广告有针对地投放到目标客户面前。

(3) 打造知乎风格广告

网络文化飞速发展,淘宝和豆瓣都已经有了自己成熟的氛围和文化,并且对于其平台上的广告宣传也有很大的影响。知乎提倡的是一种理性、认真的文化氛围,在此文化氛围下进行广告创意与传播,迎合受众的品位,往往能够得到更好的广告效果。

理性诉求是指在广告中强调产品的属性、功能等带给消费者的实际利益,以引起消费者的购买欲望。知乎定位于精英阶层,提倡理性、认真的文化。虽然在知乎的内容中,不乏抖机灵式的幽默机智回答,但是对于整个社群而言,理性认真仍作为主流文化存在。在知乎的广告营销中,应以知乎的文化氛围为基础,打造符合知乎文化的广告风格,为知乎未来广告的发展奠定基础。

阅读思考 13-3

周源和他的"知乎"

7月,在北京、上海的地铁、地下通道和写字楼里,知乎开始了第一次广告投放。相比请明星代言、醒目大号字体、直截了当的二维码,知乎的广告艰涩而模糊:海报上字数非常多,且不好读。在人流量极大的地铁站,如果只是一眼扫过,很难理解广告内容。

无论是体验式还是科普类回答,知乎用户都习惯用一种在中文互联网上极为罕见的"认真"态度长篇大论。"为什么给猫在身子一边贴上胶布,猫就会斜着走路?"诸如这种看似无厘头的问题,会有生命科学专业的研究员引经据典,从心理学英文论文引述到神经科学期刊,讲述自己的猜想。"认真你就赢了"是早期许多知乎用户的信条,后来也为知乎官方所接受并作为宣传视频的标题。

周源是知乎的CEO,当问到其性格在知乎产品中的最大体现时,他的回答是求实,"现在创业大环境的确是很浮躁,我希望知乎团队一直保持真实的自我,不浮夸,不吹嘘,对内、对外保持信息一致"。

知乎用户斌卡在知乎开设的健身科普专栏拥有19万关注者,他第一次来知乎,就发现这个网站的人群阅读、思考的习惯非常好。"在知乎比较受欢迎的分享答案,都是一些可能虽然看起来不是很有趣,但是分析很深入、资料很齐全的内容。所以,我就觉得至少在这个网站上分享一些专业的内容,不会写一大堆文字也没人看。"斌卡说。在他看来,知乎很多用户认为"无论我做什么事情都要有追求、有品质,可能喝一杯水、买一个包都会有追求"。

在知乎上回答问题3个月后,斌卡的专栏和答案迅速升温,半年后,他不仅出版了自选集,还获得了顺为资本的数百万投资。现在,斌卡的新书《硬派健身》在亚马逊健身与保健新品排行榜里排名第一,他的微信公众号关注者达到50多万人。

文火熬汤

2015年5月,知乎这个创业5年多的互联网社区已经拥有2000多万用户,全站350万个问题横跨10多万个话题领域。每天,站内用户贡献十几万个回答,相比之下,一个新闻门户网站一天大约仅能发布3000篇新文章。

2010年,当周源决定做一个高质量、能认真讨论严肃问题的社区时,市场并不看好。"所有人都觉得做社区基本上已经跟创业公司没有关系了。百度很厉害,腾讯很厉害,然后你基本上不可能再起一个新的社区,(否则)百度导导流量、腾讯搂搂用户就能把你给干掉。"创新工场联合创始人及管理合伙人汪华说。2011年,知乎上线2个月,获得创新工场A轮投资。"就觉得高质量用户会比较理智,而低端用户更容易从他们身上去获取商业价值。所以,当时外界其实对知乎也有很多不看好,觉得是一个有趣的东西,但不觉得是一个能做大的东西。"

创造一个高质量的讨论社区,决定了知乎的培养途径与贴吧、空间、微博等必然不同:流量或总用户数不重要,社区文化、核心用户这种需要耐心与积累的软性指标才是关键。

2011年初上线后,知乎经历了长达2年的半封闭期。在这两年里,登录知乎必须通过邀请码。淘宝上,120元一个的知乎邀请码一售而空。

知乎上线后,百度出品了"百度新知",定位是基于搜索的社会化问答网络平台,类似的还有湖南广电旗下的"他在网"。投资人和站内用户都建议抓住机会扩大规模,但谨慎的周源和知乎团队没有这么做。就像文火熬汤一样,现在知乎所谓的能持续产生优质答案的"头部领域",比如互联网、创业、心理学、健康、电影、财经等,都形成于邀请制时期。一些没有纳入规划的话题,比如考古、滑雪等,也因为用户的自发讨论渐露轮廓。"在2013年初,互联网的头部领域产生的优质内容,那个量就是已经比门户科技频道的要高了。"知乎市场部负责人魏颖说。

每个人的知乎

问答是知乎的核心,评价回答好坏的标准是投票,这包括"赞同""反对""感谢"和"没有帮助"。最初排序中,赞同票减去反对票,得票高的答案就排在前面。但知乎很快发现,对于专业的判断力,普通人和专家的反应有时差别极大。

一位名叫"猎鹿人"的用户曾在知乎上博取大量关注,这位教育经历写着哈佛大学数学系、职业经历在高盛的新用户,主要回答教育、常春藤、社会新闻等话题的提问。其答案中充斥着臆断与故作高深:"经济学就是个特别势利的学科。就是说赚钱多的不一定水平高,但是赚钱少的一定水平低。""在美国这类描写社会的畅销书有个特点,越缺乏常识越脱离实际卖得越好。"但是,在不到1个月的时间内,他的27个回答收获了27000多名关注者和35000多票赞同。

引发关注后,知乎上出现了"怎样评价知乎的用户'猎鹿人'?"的提问,猎鹿人仍然谈笑风生:"知乎上几位想黑人的水平也太低了吧……"233位用户赞同了他的回应。一天后,知乎官方账号判定:"猎鹿人"与其他数十个账号长期使用同一IP地址,并合作互相刷赞,判定为作弊并将其封号。在此之前,知乎就曾受到过经济领域专业用户对其专业性的质疑,便将其列入持续观察的对象。

"大量的问题就是因为它语言非常有煽动性,它本身质量很低,但是它煽动性很强,误导性很强,所以它排到了前面。"知乎产品设计师、北京大学数学系毕业的黄涛说,"它会故意忽略你的那些逻辑细节,用一些排比句,用一些煽动性的表达措词,然后调动用户的情感,用户就会去投票。"

黄涛的团队负责知乎的算法和排序。2014年,为了能让更多真正优质内容更好地呈现,知乎在投票机制中加入了权重:在某个话题下拥有高质量回答的用户,他在这一话题的投票将比普通用户更能影响答案的排序。

如果一个问题每天有大量回答产生时,新出现的优质答案便很难排到前面去。对于已有的高票回答,用户会认为自己的赞同或反对票不会影响现状,也倾向于不再投票。黄涛采用了一种被称为"威尔逊得分"的新回答排序算法:当总投票数较少时,回答如果获得投票,得分会快速增加。随着总票数变大,得分增加速度越慢。这意味着,同样获得一票赞同,新出现的回答将比原有高票回答得到更多分,也会上升得更快。

这也造就了今天知乎的答案排序局面,新出现的优质回答更容易排到前面,在极端情况下,赞同个位数的答案都能排在万票赞同答案之前。不过,这一现象只会持续一个比较短的时间,随着时间变化,最终还是最优质的内容被沉淀下来。是否优质是由相关领域专业用户来评判的,当该领域大部分用户都认可,那就视为足够优质。

2013年开放注册前,知乎团队问过自己一个问题:"到底是做一个小众网站,还是一个大部分人都能使用的网站?"他们的回答是后者。

这也符合周源创立知乎时的初心:把存在于每个人大脑里的知识、经验和见解都挖掘出来,相信每个人的脑子里都有别人所需要的东西。直到今天,每一位新注册的用户都能自由地提问、回答、评论,用知乎联合创始人黄继新的话来说,这是一个UGC(用户产生内容)流在血液里面的一个团队。

在团队内部,对同事充分的信任与放权也是周源认为自己在创建知乎后最大的改变,"我第一次创业的时候是一个什么事情都要管的人,从中午吃什么到未来3个月公司要做什么,我都要管。后来我就成了公司的天花板了。"周源说。

做知乎以后,他变得很放权,信任和尊重他的团队,结果发现他们在各自专业上都比自己厉害100倍,成长得很好。

知乎内部的人说过前几次公司年会,若非大家要求,周源甚至是一个在合影时都不会主动站在中间的人。知乎公关李姗姗提到自己和周源工作的感受是,周源非常尊重她的专业。

这些都让知乎和其他创业公司有截然不同的气质,在交流中,知乎公关认为很多创业公司会凸显CEO的个人英雄主义气质,但知乎的用户最不在乎这个平台的CEO是谁,他们更享受这里的内容本身。

你认为知乎推广的主要营销策略有哪些?知乎CEO周源的故事中,你认为知乎的成功与哪些因素有关?

任务13.4 FAQ营销

13.4.1 FAQ的概念与作用

FAQ是英文frequently asked questions的缩写,中文意思就是"经常问到的问题",或者更通俗地叫作"常见问题解答"。在很多网站上都可以看到FAQ,列出了一些用户常见的问题,是一种在线帮助形式。在利用网站的功能或者服务时往往会遇到一些看似很简单、但不经过说明可能很难弄清楚的问题,有时甚至会因为这些细节问题的影响而失去用户。其实在很多情况下,只要经过简单的解释就可以解决这些问题,这就是FAQ的价值。

在网络营销中,FAQ被认为是一种常用的在线顾客服务手段。一个好的FAQ系统,应该至少可以回答用户80%的一般问题,这样不仅方便了用户,也大大减轻了网站工作人员的压力,节省了大量的顾客服务成本,并且增加了顾客的满意度。因此,一个优秀的网站应该重视FAQ。

13.4.2 FAQ的产生和运用

1. FAQ的产生

以前,每位消费者的意见都会通过电话、传真或邮件等方式反馈给企业,企业也想把众多的信息提供给顾客,由于企业需要一一进行服务,所以在服务时间上产生了滞后,使得服务不及时。在实施网络营销后,为了满足双方的需要,经过讨论和研究后,企业把这些问题的答案及信息汇总整理列在一起,组织成页面或者栏目,就形成了现在的FAQ,如图13-2、图13-3所示的两家企业的FAQ页面。FAQ已是网络营销和服务顾客的主要工具和重要内容之一。

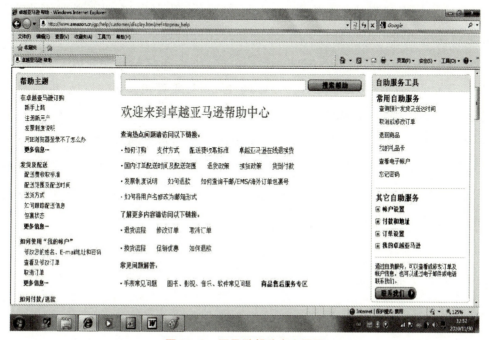

图13-2 亚马逊帮助中心页面

图13-3 欧莱雅FAQ页面

2. FAQ的设计

在FAQ设计过程中,主要有以下两个方面:一是内容设计,即列出常见的问题和答案,二是组织设计FAQ页面。

(1) FAQ的内容设计

FAQ的内容主要来源于两方面:一方面是在站点建立之初,站长首先围绕产品、服务、功能的使用和购买程序进行解答,帮助初次访问网站的浏览者注册,理解产品和服务的购买流程,引导消费者完成网站体验,这部分内容在建站初期完成。另一方面,是在网站运营期间,通过总结顾客的留言、咨询、E-mail,或者在公司的论坛、电话等反馈信息,选择比较有代表性的问题作为FAQ内容。

一般客户比较喜欢问到的问题包括:关于某产品的常见问题;关于产品升级的常见问题;关于订货、送货和退货的问题;关于付款的问题等,如图13-4所示。另外值得注意的一点是,在FAQ中产品信息和相关介绍要少一些,对于这部分内容是可以通过链接将页面链接到产品信息的。

图13-4 京东FAQ常见问题

（2）FAQ的页面设计

FAQ页面设计要做到为用户节约访问时间，保证页面的内容清晰易读、易于浏览。做好FAQ页面设计要从以下几方面考虑。

① 保证FAQ的效用。经常更新问题、回答客户提出的热点问题，并且在保证准确性的前提下使文字尽量简短。

② 使FAQ简单易寻。在主页上设置一个突出的按钮指向FAQ，并在每一页的工具栏中都设有该按钮；提供搜索功能，用户可通过关键词查询到问题；问题较多时，采用分层式目录结构组织问题；将用户最常问的问题放在最前面；对复杂问题可以设置超级链接的方式解答问题。具体可参考图13-5所示的页面设计。

图13-5 招商银行一卡通网站信用卡问答页面设计

③ 选择合理的FAQ分类。FAQ的格式设置一般将问题分成几大类,并且每类问题对应相应的区域,指引客户查询信息。一般网站的FAQ的分类主要有:关于产品的常见问题;关于产品升级的常见问题;关于订货、送货和退货的常见问题;关于获得单独帮助的常见问题。

④ 信息披露要适度。FAQ的问题回答要适度,既要保证用户对信息的需要,又要防止竞争对手对给出的信息加以利用。

⑤ 客户FAQ搜索设计。为了节约用户的查询信息时间,在设计搜索的时候要将搜索安排在所有FAQ页面上。其次,FAQ搜索功能要适应网站的需求,同时从客户的角度去设计搜索引擎的关键词。

阅读思考13-4

客服中心FAQ集锦

Q1:运输时间超过预计时间/工作人员承诺时间,如何向客户解释? 如何处理?

答:×小姐/先生,首先对于我司服务给您带来的不便,我代表公司向您表示歉意,您的货物预计××日到达,我们会及时跟进您的货物,货到后我司会第一时间通知您的收货人。(对于客户态度强烈、或执意要求确认到货时间的情况,可视情况转交后台)

Q2:货物在途时间过长,已给客户造成严重损失,如何解释?

答:(1) 货物在途:×小姐/先生,首先对于我司服务给您带来的不便,我代表公司向您表示歉意。您的货物目前处于××状态,我们会安排人员给您进行跟进,催促货物尽快到达。

(2) 货物已到达:×小姐/先生,首先对于我司服务给您带来的不便,我代表公司向您表示歉意。根据国内道路运输法及物流行业的相关惯例,国内最长运输时限为20日,在此时限内到达,属合约规定范围之内。

Q3:货物在库多天,却并未发出,该如何解释?

答:(致歉用语)针对目前您货物的状态,我们会马上与当地公司进行核实,尽快将您的货物发出,同时会帮您及时跟进。(对于客户执意要求确认发货时间的情况,转接后台)

Q4:货物发现异常,客户不知道情况,如何解释?

答:×小姐/×先生,现在我会马上帮您确认货物具体状态,稍后给您回电。(转后台)

Q5:客户多次来电,说有同事给他回复,却没有做到,如何解释?

答:(致歉用语)您所查询的货物状态及反馈的信息,我的同事正在处理之中,为了保证信息的准确性,需要与相关分公司的同事核信息,可能耽误了给您回电的时间,挂断电话后,我会催促专人负责的同事尽快给您回电的好吗?

网站FAQ系统的设计过程中需要注意哪些方面?

任务总结

随着互联网在我国的普及,网络广告越来越受到人们的重视。作为网络营销工具,问答营销、百度知道、知乎、FAQ受到了越来越多的人员的关注。

通过本项目的学习,大家可以掌握问答营销、百度知道、知乎、FAQ的基本概念与相应的营销策略,掌握在互联网中如何利用这些工具获得更好的广告效果等,帮助大家更好地利用网络广告为企业获得利润。

资源链接

1. 中国互联网络信息中心　http://www.cnnic.cn
2. 艾瑞市场咨询公司　http://www.iresearch.com.cn

参考文献

[1] 冯英健.网络营销基础与实践[M].2版.北京:清华大学出版社,2015.

[2] 江礼坤.网络营销推广实战宝典[M].北京:电子工业出版社,2016.

[3] 张达东,李冰梅.网络营销实务[M].北京:中国财富出版社,2019.

项目 14　新闻营销

知识目标

- 理解新闻营销的概念
- 掌握新闻营销的特点和要素
- 掌握新闻营销的策略
- 掌握新闻营销的写作方法

技能目标

- 能够根据实际需要开展新闻营销活动
- 能够根据需要实施有效的新闻营销策略
- 能够撰写有质量的新闻营销稿

案例导入

涪陵榨菜借势营销

2019年8月7日,在台湾地区的一档节目中,某位嘉宾说:"大陆人吃泡面都要配榨菜,榨菜销量上涨,说明人民生活水平高;但最近连榨菜都吃不起了,所以涪陵榨菜的股价下跌了。"更让人啼笑皆非的是,他还错将"涪(fú)陵榨菜"念成"培(péi)陵榨菜"。这段视频传到网络之后,被多家媒体报道,迅速登上微博热搜,不到两天,微博的话题阅读量就接近7亿。网友们纷纷以"吃不起榨菜"和"吃榨菜炫富"为主题,开始了自己的创作。涪陵榨菜出来表态回应:"第一,抽奖送榨菜礼盒(我们不但吃得起,还送得起);第二,你叫错我名字了,我们是涪(fú)陵;第三,我们还给马拉松赞助。"不久,涪陵榨菜官微晒出快递截图,称已在8月11日将两箱"贵重"榨菜寄往节目组,并称"感谢您以幽默、诙谐、自嘲的方式教授了汉语'涪'的读音。我们吃得起,也能让节目组人人吃得上。再次对您为中国千年榨菜文化的普及、汉语言文化的推广作出的贡献表示感谢!"一波操作下来,涪陵榨菜连上热搜,吸引了一大波关注,圈粉无数。

任务提示

你知道什么是新闻营销吗?在现实生活中你接触过哪些新闻营销的成功案例?如何开展新闻营销活动?通过本项目的学习,你将获得答案。

任务14.1 认识新闻营销

14.1.1 新闻营销的概念

1. 新闻营销的定义

新闻营销指企业在保证真实、不损害公众利益的前提下,利用具有新闻价值的事件,或者有计划地策划、组织各种形式的活动,借此制造"新闻热点",从而吸引媒体和社会公众的注意与兴趣,以达到提高社会知名度、塑造企业良好形象并最终促进产品或服务销售的目的。

2. 网络新闻营销的定义

在新闻营销的基础上,又衍生出网络新闻营销。它是指充分利用网络资源和技术,结合媒体自身的内容优势,通过具有新闻价值、影响力的事件,有计划、有组织、有创意地策划出抓人眼球的新闻点,引起媒体和社会公众的注意力,进而提高品牌知名度、扩大品牌影响力和传播力,通过此种方式来促进产品和服务的销售。

14.1.2 新闻营销的特点

新闻营销包括新闻和营销两部分,但绝不是这二者的简单相加。从特点上看,新闻营销具有目的性、传播性、炒作性和层次性的特点。

1. 新闻营销的目的性

新闻营销既是新闻,更是营销,其中新闻只是手段,营销才是最终目的。成功的新闻营销一般具有极强的目的性,虽然有些新闻出现的时机很突然,但是营销人员必须清楚地知道通过这次新闻营销要达到什么目的。新闻营销一方面可以通过新闻曝光增加企业的知名度,强化受众对企业品牌的印象;另一方面可以配合广告、公关等其他营销活动有计划地开展,以提升知名度,增加实际销量和利润。因此,如何在新闻中体现新闻营销的目的性,将决定新闻营销的发展方向。

2. 新闻营销的传播性

新闻的传播性在某种程度来说也就是其新闻性,新闻每天都有,哪些新闻具备实施营销活动的价值?关键要看什么样的新闻能引起受众广泛而持续的关注,能和企业行为找到契合点。因此如何找到新闻点并为企业所用就显得比较重要。

3. 新闻营销的炒作性

"炒作"这个词在今天看可能带有贬义色彩,事实上新闻如果不炒作就很难发挥其价值。比如2008年的汶川大地展事件中,很多企业捐钱捐物,但基本都是在媒体上出现一条新闻就没有后续动作了,这些企业缺乏利用新闻事件进行持续营销的意识和能力。而王老吉成功地通过这次爱心捐赠为企业打响了招牌。在当年央视《爱的奉献》灾募捐晚会上,当时还名不见经传的王老吉公司捐款1亿元。很快网上就出现诸如《要捐就捐个1亿,要喝就喝王老吉》这样的帖子,随着事件在网络的持续发酵,甚至后来有四川的网友呼吁:"王老吉有一罐中国人就买一罐,王老吉出一箱中国人就扛一箱。"王老吉随之声名鹊起。

4. 新闻营销内容的层次性

在报纸等平面媒体上,新闻都是以一种单线条的方式进行新闻内容组织的,而互联网的发展则使信息与信息之间通过超链接的方式有了更加多元复杂的联系,而这种层次化主要通过以下几个方面来实现。

(1) 网络新闻的层次更加复杂

在报纸的文章中或者早期的网络新闻中,有两个简单层次,即标题和正文,但是随着互联网技术的发展,新闻作品的层次越来越复杂。一个完整的网络新闻作品,一般可以分解为几个层次,如标题、内容提要、新闻正文、关键词、背景面积、相关文章或者延伸性阅读等。

(2) 专题的形式在网络新闻中更加明显

在网络中,专题是在某一个主题或者某一个新闻事件下的相关新闻资料以及言论的整合。与传统媒体的专题不同的是,网络专题是一个可以在时间上无限延长开放的空间。专题本身有个双重的含义,一方面它是网络新闻资源进行包装的一种外在形式,另一方面它是体现网站编辑思想的一种内容整合的手段。因此,专题可以更加形象地展示企业或者的产品的形象。

(3) 新闻页面更加丰富

很多新闻网站,或者是大型的门户网站更多强调的是内容上的广泛,在导读页上推荐的新闻比较多,有的甚至可以达到几百条。比如新浪、搜狐等商业网站新闻频道的首页导读页一般长达多个屏,往往采用多重方式进行新闻推荐。

14.1.3 新闻营销遵循的原则

1. 真实性原则

新闻的实质就是对某一真实事件进行传播和报道,新闻的性质决定了新闻营销必须要遵循真实性原则。真实性是媒体公信力得以维持的基础,同样对于企业来说,在进行新闻营销的过程中,任何虚假不实的新闻都会令公众产生受骗感和不信任感,最终损害企业形象。

2. 时效性原则

新闻的另一个特点体现在"新"上,新闻即为新近发生事实的报道。最能获得受众关注的、受众最感兴趣的永远是最新的消息报道,因此,只有时效性强的新闻事件才能成为社会关注的焦点。在新闻营销中也要抓住第一时间,一旦错过时机,新闻价值将大打折扣,只能成为"炒冷饭"的报道。

3. 轰动性原则

互联网时代,受众每天要面对海量信息的冲击,一般性的新闻内容很容易被淹没在海量信息的浪潮里,很难获得受众的注意。只有那些能够引发社会关注、引起强烈社会反响的新闻事件,才会获得更好的媒体资源和更多的曝光机会。

4. 系列性原则

企业在运用新闻事件营销这一策略时,最好能将新闻事件的发展过程形成一个系列,通过新闻媒体多次重复的报道,在目标消费者心中留下深刻的印象。新闻营销总是以热点话题或新闻事件切入,与品牌信息产生联系,多角度、多层面地诠释企业文化、品牌内涵、产品机理。新闻营销不但具备可读性与可信度,感染力和影响力强,社会关注度高,而且同时还解决了长期以来消费者对广告的排斥和逆反心理,以新闻化的操作手段,对传统营销形式进行了革命性的变革和创新。

阅读思考 14-1

网络新闻炒作

传统媒体一般具有很强的社会责任感和把关意识,通常不会提供不准确的报道,因此多年来人们养成了对媒体的高度信任感。在网络时代,人们开始通过网络获取信息,习惯地将信任拓展到网站提供的信息上,却不知道由于网络推手的干扰,一些网站,特别是商业网站提供的部分信息已经大大偏离了事物的本来面目。

过多、过滥的网络炒作,已经遭到越来越多的网友的抵触和反弹。如何抑制过多、过滥的网络炒作,建立公众对网络的信任,也引发了社会的思考。

有网友提出,对网络推手不仅仅要识别,更应该严加管理。网络推手常常化身为"网络杀手"。当网络推手在力捧某个人、某件事物时,他们是推手;当网络推手在诋毁某个人、某件事物时,他们又会变成"杀手"。因此,不管是网络推手还是"网络杀手",不仅仅需要识别,更需要遏制和打击。

如何在新闻营销的过程中把握好"炒作"的分寸?

任务 14.2　新闻营销的策略

14.2.1　新闻营销的操作流程

1. 发现新闻点

从新闻的角度出发,在选择新闻点的时候,要选择那些有价值的新闻素材,这样才能吸引受众。而在新闻营销中,有价值的新闻还需要跟企业营销活动相结合。因此在发现新闻点的过程中,要围绕企业这一中心,筛选新闻素材。具体来说,可以从企业内部和外部两个方面来挖掘新闻点。企业内部可以从产品的角度、品牌的角度、企业领袖的角度和企业文化的角度出发;企业外部可以从名人明星、热点事件、活动宣传等角度出发,发现与企业营销相关的新闻点。

2. 媒体发布

媒体发布分为以下几个步骤。

(1) 完成内容的生产

不管是开新闻发布会还是编辑新闻稿,新闻营销的内容首先要准备好。

(2) 选择合适的媒体

要综合考虑企业性质、新闻内容和媒体性质三方面因素,从而确定媒体选择,比如一篇介绍数码新品上市的新闻稿发布在"房产报道"这样的栏目里显然是不合适的。

3. 新闻效果反馈

新闻发布以后,谁都不能准确预测将会产生什么结果,要让企业的每次营销活动都做到一种极致,就应关注一些无比细微的变化。比如可以从受众的数量和特征、活动的知名度和好感度、媒体和受众的态度等方面收集相关信息,建立反馈及效果评估机制,为本次活动的及时跟进和下次活动的顺利进行打下基础,同时也可以对新闻营销过程实施监控,及时调整策略。

14.2.2　新闻营销的策略

新闻营销常用的策略有借力造势、自带热点、活动策划和制造新闻点。

1. 借力造势

在新闻营销中,企业如果无法从内部发现有价值的新闻素材,可以考虑从外部寻找线索,借力造势。常见的有借助名人明星、借助热点事件以及借助其他知名品牌的影响力。

(1) 借助名人明星

互联网环境下,名人明星的影响力和号召力被放大,名人明星的一句话就可以引起成千上万的粉丝的评论和关注,这就是名人效应。正是因为普通的消费者会去关注名人明星的消息动态,所以在做新闻营销时,借助名人明星的热度可以起到事半功倍的效果。名人明星既可以是某个领域内的知名专家,也可以是流量明星、文体明星等。但是企业在选择名人明星进行借力造势时,一定要谨慎决策,一方面名人明星的正面形象会带给的企业带来正面效益,但另一方面名人明星一旦卷入负面新闻,也会给企业带来负面影响。

(2) 借助热点事件

利用热点事件借力造势也能达到通过活动指导新闻达到营销的目的,这就要求企业对热点事件保持足够的敏感性,并且要有快速的反应,最好能在事前有所预知,以便抢占先机。热点事件可以分为三类:一是政治事件,二是自然事件,三是社会事件。但并不是每个类型都适合新闻营销活动。政治事件因为牵涉面广、影响力大,一不小心很容易被别有用心之人利用,导致舆论偏离正常轨道,所以要格外慎重。

(3) 借助其他知名品牌

在企业知名度有限的情况下,可以通过合作等方式借助其他知名企业的影响力,带动自身企业提高知名度和影响力。比如在2019年华为Mate X手机的发布会上,其独特的折叠屏引发网友关注,在各大社交网站上获得了一波热度,而这款显示屏的供应商京东方也借助这场新闻发布会获得了很多关注。

2. 自带热点

从企业自身挖掘新闻点、开展新闻营销活动,所需成本较低、开展工作便捷,因此成为新闻营销最常用的一种营销策略。具体策略如下。

(1) 产品策略

企业为自己的产品创造一种新颖的概念,在新闻营销时完全可以将概念市场和产品市场同时启动,先推广一种概念,有了概念就有了新闻价值。比如阿里巴巴的无人超市、百度的无人驾驶汽车等,在新闻刚发布的时候都获得了较高的关注度,成为一段时间的社会热点。

(2) 领袖策略

有些企业的CEO自带流量,有的还被称为"网红BOSS",比如时任阿里巴巴主席的马云、格力的董明珠（如图14-1所示）、锤子科技的罗永浩等。这些企业领导本身就具有强大的个人魅力，无论走到哪里都是焦点，又经常语出惊人，往往一句话、一个举动都能登上热搜、成为关注点，可谓是企业免费的"形象代言人"。

图14-1　董明珠为格力代言

（3）危机策略

企业在陷入负面新闻、官司丑闻时也会成为公众关注的焦点，只是这种关注很有可能会导致企业形象的破坏，但如果运作得好，不仅可以平安度过危机，还能变危机为转机，为企业营销造势。比如加多宝和王老吉的品牌纠纷案这一经典案例，从红罐包装之争，到改名风波，再到广告语争议，官司打了多年，每场开庭都会引发新闻关注。虽然从官司的角度王老吉是胜诉了，但是从营销的角度来看，加多宝通过这长期的官司纠纷不断地刷新热度，成功地完成了品牌置换，在消费者的认知中建立起了"红罐凉茶加多宝"的概念。

3. 活动策划

企业为了推广自己的产品，往往会组织策划一系列宣传活动，吸引消费者和媒体的眼球，达到传播的目的。这实际上是一个创造新闻源的过程，通过制造新闻源，新闻媒体的关注度也会提高。例如：向媒体发布最新的关于产品技术事件与活动的信息，通过各种新闻媒体的宣传报道传达给目标媒体，参加各种活动和展会，与政府相关部门、行业协会等相关团体建立联系组织各种研讨会从而达成合作意向。常见的活动策划形式有体育活动、娱乐活动和公益活动。

（1）体育活动

体育赛事新闻性强、受众广，背后蕴含着无限商机，很多企业开始意识并且投入当中，广州恒大就是一个非常好的例子。作为一家主业为房地产的企业，广州恒大自2010

年开始投入巨资发展足球产业(如图14-2所示)。随着恒大足球俱乐部在国内外足球赛事中的成绩日益突出,恒大企业的媒体曝光度也日益提高,连带其地产以外的产业也逐渐为人们所知晓,比如恒大冰泉、恒大粮油等,都在国内外打响了企业知名度。

图14-2　恒大足球队海报

(2) 娱乐活动

利用娱乐活动制造新闻事件带动企业营销,最成功的例子还是2005年蒙牛赞助"超级女声"。当时蒙牛和超女深度捆绑,一时间蒙牛酸酸乳的广告曲《酸酸甜甜就是我》红遍全国,酸酸乳成为当年蒙牛旗下的爆款商品。当时央视-索福瑞媒介调查公司的数据显示,该活动在湖南卫视播出时,同时段收视率仅次于中央电视台一套,排名全国第二名,短信及广告收入、产品销量均相当可观。由此开始,企业品牌和娱乐活动捆绑的成功案例不胜枚举,比如立白洗衣液和"我是歌手"、加多宝和"中国好声音"等。

(3) 公益活动

不管是企业还是媒体,都肩负各自的社会责任,企业可以在新闻营销的过程中发起相关的公益活动,发动消费者共同参与其中。安徽经视的民生新闻节目《第一时间》自2005年起,每年高考结束后的暑期都有一档爱心助学的栏目《我要飞得更高》,省内一些知名企业,如金种子酒业,先后冠名、赞助过这档栏目,参与爱心助学活动,其他企业和普通老百姓在节目影响下也纷纷参与其中,为企业树立起良好的品牌形象。

4. 制造新闻点

为了获得关注,有些企业会另辟蹊径,制造新闻点。但这种策略在使用时一定要慎重,必须遵守几个原则:首先,新闻点要与企业有关,生搬硬套的新闻素材不仅对企业无用,还容易引发受众的反感;其次,即使是有意制造的新闻点,也要确保实事求是,不能凭空捏造,否则就是制造虚假新闻。

14.2.3 新闻营销的常用技巧

1. 维持良好的媒体关系

新闻营销的成功离不开媒体的支持,所以维持良好的媒体关系是新闻营销的关键。

首先,要建立起长期、稳定的媒体联系制度,经常开展媒体活动,维护组织与媒体之间的关系。

其次,要建立核心媒体关系网。面对各类各样的媒体,要想做到全面网罗、面面俱到几乎是不可能的。这就需要企业组织认真梳理,选择与组织关系最为密切、影响力最大的媒体建立起核心关系网,长期往来,重点关注。这样一批核心媒体力量不仅能在组织需要时助其一臂之力,其本身的行业影响力也会带动一批相关媒体对组织进行关注。

最后,要重视在虚拟网络环境下特有的社交关系,特别是与掌握网络话语权的微博达人、行业自媒体等建立联系。

2. 了解受众的需求

要想更好地发挥新闻营销的优势,就要了解受众在获取新闻的时候有什么样的预期,满足这些预期才是新闻营销成功的基础。

(1) 第一时间获取最新的消息

这一点对于网络环境下的新闻营销尤其重要。在互联网时代,人们希望能在第一时间都够掌握最新的消息,都希望快速了解这个社会发生了什么新闻。滞后的新闻内容对于受众来说是没有价值的。

(2) 主动筛选信息的权利

在互联网上,虽然信息的数量非常庞大,但是受众可以用各种方法实现对信息的自主选择,他们希望找到自己感兴趣的新闻进行阅读评论和传播,希望在最短的时间内,能够以最快捷的速度获取自己最想知道的消息。

(3) 对高质量信息的需求

越来越多的受众希望能够在网上一站式地获取关于某一个新闻事件的全部信息。而一个热点新闻发生后,会发现网络上充斥着大量内容接近、观点雷同的新闻通稿。对于受众来说,此时他们立即想看到事件的起因、经过、结果,还想看到关于这个事件不同层面的评论和分析。如果能利用好这一点,输出独到的观点和立意新颖的内容,无疑会获得更多关注。

14.2.4 新闻营销策略的注意事项

1. 坚守道德底线

企业在借助新闻开展营销活动时,切不可只顾眼前利益、伪造新闻、违背新闻的真实性原则。凭空捏造的虚假新闻不仅会影响媒体公信力,也会使企业失去消费者的信任,对品牌造成致命打击。比如2019年5月,南阳报业传媒的官微曾发布一篇名为《水氢发动机在南阳下线,市委书记点赞》的报道,文章中提到青年汽车集团的这款水氢发动机发明后,"车辆只需加水即可行驶",引发轰动。事后多位行业专家包括水氢发动机关键技术发明人都提出质疑。最后证实,这只是一台试验车,整个项目尚未有实质性启动,且在技术上不是只需要加水那么简单。涉事的媒体和企业因为这篇不实报道都被要求做出公开说明。所以,企业在进行品牌新闻营销过程中,一定要维护道德底线,遵守法律法规的规定。

2. 把握营销分寸

为了实现促进产品和服务销售的营销目标,有些企业在开展营销活动时会出现过分营销的行为。有的企业长期频繁出现在各类营销通稿中,容易引起公众的反感;有的企业玩文字游戏,巧立套路,使公众产生被愚弄之感。比如2017年1月2日,一则网站新闻《大学生娶同学妈妈,背后隐藏的真相竟是这样》被多家媒体转载报道,文中称:一位21岁的帅气大学生迎娶一位比自己大34岁的离婚中年大妈,这位大妈竟然是自己大学同学的亲生母亲。1月4日,河南省公安厅官方微博"平安中原"辟谣称,经警方调查发现,早在2013年类似的消息就曾出现,涉及广东广州、江苏无锡、福建平潭等不同地方。这些消息内容雷同,所用的配图也几乎一致,并都提及某种保养品或美容项目,涉嫌恶意营销。这条"新闻"除了猎奇之外,并不存在何社会价值,谣言背后的营销动机明显,某些企业试图通过这类虚假信息牟利。

阅读思考 14-2

如何举办新闻发布会

1. 前期准备

跟踪信源,想方设法地掌握确保发言万无一失的所有信息;

分析舆情,对收集到的报纸、电视、网络上的信息加以分析,为新闻发布和回答记者提问提供参考；

准确押题，提前预测记者的问题，做好应答的准备；

准备口径，针对不同事件与涉及的部门及个人协商，统一发言口径；

把握时机，一般选择有重点事件发生或重要消息发布的时机召开新闻发布会；

确定人选，选择合适的发言人和主持人，可由同一个人担任这两项工作；

准备文稿，包括发放给媒体记者的新闻通稿和与发布信息有关的背景资料、发言提纲等。

邀请记者，提前制作并发出邀请函，注明重要信息，发布会开始前一两天电话通知确认。

2. 现场流程

形象设计，注意仪容、仪态和仪表，着装以正装为宜，言谈举止也要礼貌、大方；

介绍成员，一般在有领导、专家出席的情况下需要介绍这些人员；

开场白，开场白要控制好字数和时间，特别是在有记者提问环节时，时间不宜过长；

记者提问，在提问环节中会同时有多名记者要求提问，此时选择提问记者一定要注意秉持公平原则；

答记者问，言简意赅，另外在面对一些刁钻问题、敏感问题和尖锐问题时要注意回答技巧的使用；

控制场面，发言人必须及时将媒体的关注焦点不动声色地引导到自己预设的方面上；

控制时间，控制每个问题的问答时间和整个发布会的时间。

3. 会后评估

发布会后需要收集来自组织领导、公众、媒体和组织内部对发布会效果的评价。

结合案例，谈谈新闻营销策略在营销活动中的应用。

任务14.3　新闻营销稿件的写作

随着互联网时代的到来，信息传播加速，新闻营销成为了一种重要的营销推广模式，新闻是大众都认可的信息来源，新闻时时刻刻环绕着我们，但是当切实去撰写一篇新闻营销稿时，却无从下手，如何能写出高质量的新闻营销稿？

14.3.1 设计新闻营销稿件的写作布局

新闻营销稿件谋篇布局的好坏在一定程度上决定了一篇新闻稿件在受众和编辑眼中的"身价",结构清晰的稿件更容易发布到各优质媒体上。因此在正式写作新闻营销稿在正式写之前,必须先设计新闻稿件的结构和要素。

1. 把握新闻的结构

新闻稿件的主要结构分别是标题、导语、主体、背景、结尾。运用得较为普遍的结构类型有以下几种。

(1) 倒金字塔结构

指按照新闻价值的大小,即新闻事实的重要程度、新鲜程度以及读者感兴趣的程度等,依次将新闻事实写出的一种结构形式。按事实轻重安排的倒金字塔结构,把最重要、最新鲜的事实放在最前面,让读者快速掌握事件的情况,用最短的时间了解新闻的主要内容。这种结构的特点在于:前边重、后边轻,上头大、下头小,可以快速阅读,结语往往无关紧要。

(2) 金字塔结构

又称时间序列结构。指按事件发生的时间先后安排的金字塔结构,它采用事实性导语,一段比一段具体,事件的结果要到最后一段才写出来。按照时间顺序安排事实,先发生的放前面,后发生的放后面,事件的开头就是新闻的开头,事件的结尾就是新闻的结尾。这种结构的特点在于:符合阅读习惯,精彩隐藏在最后结尾部分,适合报道故事性强、人情味浓的新闻。

(3) 并列式结构

又称双塔式结构。将同等重要的事实平行排列,重在通过对比,揭示差异,突出新闻主题。这种结构的特点在于:开头有一个总括性的导语,随后的几个自然段所涉及的内容基本上是并列关系。并列式结构适用于经验式、公报式的新闻报道。

(4) 延缓兴趣结构

又称悬念式结构。在开头设置疑团,使读者急于了解事件的发展和结果。然后在主体部分或结尾处解开悬念。开始设置悬念,让读者逐渐增加对事件的兴趣,最后形成高潮,一般按时间顺序安排事实,一段比一段写得具体,事件得结果到最后才显现出来。这种结构的特点在于:叙事具体完整、条理清晰、重点突出,使读者容易理解和接受新闻信息,适用于以戏剧性见长的新闻事件,如亲历记、现场目击记、新闻故事等。

新闻结构没有一成不变的固定模式,它处于不断的发展变化之中,要根据"内容决定形式"的原则,选择最佳的新闻结构,灵活多样地表述新闻内容。

2. 新闻稿件的六要素

新闻稿件包括六要素：① 发生了什么事情（何事）？② 谁参与了这件事（何人）？③ 这件事发生在什么时间（何时）？④ 这件事发生在什么地方（何地）？⑤ 为什么会发生这件事（何因）？⑥ 这件事产生了怎样的后果（何果）？新闻的开头必须包含这六大要素中的前五项，让人们能了解到事件的有关信息。在新闻稿的主要内容中，事件需要进一步阐述，但必须用最简短的语言进行描述；在最后一段中，也必须使用简短的语言来描述事件或活动的意义。

3. 新闻稿件的写作原则

"用事实说话"是新闻稿件的独特魅力所在，也是一篇新闻稿件的价值所在。虽然有时新闻内容是真实的，但由于过度的宣传，反而可能会不符合新闻的真实性，所以新闻稿件的撰写必须符合新闻的真实性要求，写作者对新闻稿件的内容要有一定的把控能力。另外，新闻稿首先要专注于主题、强调主题，然后在内容中进行补充说明，这样就会避免因主题不明确导致新闻焦点模糊不清的现象。

14.3.2　设计新闻营销稿的标题

标题是文章的眼睛，一篇新闻营销稿件如果有别致新颖的标题，往往更能够吸引读者的注意力。新闻营销稿件的标题应该要总结新闻稿的内容，因为如今人们通常通过网络浏览新闻头条，然后根据感兴趣的标题点击新闻稿件的全文，所以新闻营销稿件的标题要新颖独特，这是新闻营销稿件撰写中一个至关重要的环节。在设计标题的时候，要保证标题的时新性与趣味性。

一般设计标题时应注意以下几点。

第一，标题不宜过长，标题长度应在90～120字符之间，中文标题建议在17～25个词之间。标题中可以包含数字，人们一般喜欢看到明确的数字，使用数字的对比和反差更容易吸引读者的目光。

第二，搜索引擎只索引标题的前65个字符。若想达到最佳效果，应把最重要的关键词放在标题开始处，要结合当前热门事件和话题，戳中读者的痛点，必要时可设计疑问或反问句。

第三，千万不要把标题当成关键词的堆砌。搜索引擎很擅长发现自然语言，很快能把关键词垃圾进行屏蔽。

下面来介绍一些常见标题的写作手法，主要包括：悬念式标题、对比式标题、借力式标题、提示式标题、叙述式标题等。

1. 悬念式标题

指将新闻中最引人的内容,先在标题中来个提示或暗示,在读者心中悬下疑团,诱发读者的好奇心,跟着设计好的思路走下去的制题方式。

公式:反常或好奇的内容＋引出疑问

　　　警惕性词语＋具体悬疑的内容

例如:《水果也有副作用,这5种不是所有人都能吃的》

　　　《当心！双脚是全身健康的放大镜,出现这7个症状千万别忽视》

2. 对比式标题

指着眼于眼前事物的某个特性,选择使用典型的、性质截然不同的新闻事实,为读者提供认识这个事物及其发展的对立物,鲜明地表达新闻事实,揭示新闻主题,使新闻具有更强烈的点化力和感染力的制题方式。

公式:过去失败经验＋现在应该如何避免

例如:《曾经错过大学,别再错过本科》

　　　《面试碰壁多少次,才知道去考个本科证》

3. 借力式标题

指将时下的热门事件和名人明星的热门话题植入到标题中,充分发挥热点效应,有利于增大标题对读者的吸引力,在众多的信息中脱颖而出的制题方式。

公式:热点事件/知名人物＋广告类别

例如:《马云又扔出重磅"炸弹"！不掏手机,PK亚马逊,无人超市要来了!》

4. 提示式标题

往往使用"注意""开始""今天""新消息""新资讯"等词语提醒读者注意,催促读者采取相应的行动的制题方式。

公式:目标群体＋提示性词语＋具体提示的内容

　　　提示性词语＋具体提示的内容

例如:《春节回家的小伙伴注意,下周四可买春运火车票了(附抢票攻略)》

　　　《教育部最新资讯:高考今天可查分！填志愿这几个流程一定要清楚!》

5. 叙述式标题

是把最主要、最新鲜的事实写出来,无需多加描绘,便能吸引读者的制题方式。标题中通常包含时间、地点和事件等信息。

公式：时间＋地点＋事件

　　　　人物＋时间（地点）＋事件

例如：《××广场今天认筹开启，现场盛况火爆，势不可挡！》

14.3.3　设计和新闻营销稿的导语

导语是新闻的开头部分，是全文的精神，是整篇新闻稿件中最有价值的部分。导语的作用有两个，一是用最简单、最清晰的语言将新闻内容核心告诉读者，二是使读者有兴趣把新闻读完。没有好的导语，就算不上一篇成功的新闻营销稿件。导语的字数最好控制在60字以内，重点约略提出，提纲挈领。导语可以分为概述式导语、描述式导语、评述式导语、提问式导语、引语式导语、对话式导语、对比式导语等。

1. 概述式导语

又称"直叙式导语"，也称叙述式导语、摘要式导语或概述式导语。这种导语采用直接叙述的方法，简明扼要地写出消息中最新鲜、最主要的事实。其特点是简明、平易、朴实，要求直截了当叙述事实，并且能揭示实质性内容或突出事物的特点，让读者有新鲜感。

2. 描述式导语

在导语写作中适当地运用白描的修辞手法，使导语生动、形象，增加现场感。其特点是消息的开头即出现画面、出现镜头，具有可视可感的效果。

3. 评述式导语

又称"议论式导语"，是在叙述新闻事实的同时，作者公开、直接地表明自己观点和倾向的导语，是叙议结合、虚实相生的一种导语形式。其特点是通过导语中的议论，将意义介绍给读者，让读者有所启迪。对报道的新闻事实有明显的议论或进行巧妙的评述，在夹叙夹议、叙议结合的基础上，对新闻事实的内在规律及本质含义进行评述。

4. 提问式导语

是用设问的修辞方式突出新闻主题，引发读者思考的一种导语形式，是叙述式导语的一种变体。为避免平铺直叙而采取设问句式，不仅使导语跌宕有势，而且会使读者产生"必欲穷其究竟而后快"的阅读兴趣。其特点是边问边答，也有的是只在导语中提问，在主体或结尾部分作答。

5. 引语式导语

也称引述式，即引用一两句新闻人物重要的讲话或精当的俗语、诗歌，借以概括地表达出新闻事实或揭示主题。这种导语观点鲜明，主题突出。引语式导语，最常见的是引用领导人、权威人士或知名人士的话语、言论。

6. 对话式导语

采取你一言我一语或一问一答的对话形式。运用这种导语，对话内容要精心选择，最忌不着边际或拖沓。

7. 对比式导语

利用同一事物或同类具有可比性的事物，如先进与落后、喜与忧、甜与苦、富与贫、多与少等进行两相对比，必须是相差悬殊的两个极端，方能收到好的效果。其特点是着眼于当前，让过去衬托现在、以别处衬托此处，使消息蕴涵的新闻价值充分显露出来。

14.3.4 设计新闻营销稿的主体与结尾

1. 设计新闻营销稿的主体部分

新闻营销稿件的主体是新闻稿的核心部分，要设计符合新闻性质的内容，就要准备充足的典型材料来展现主体，这也正是新闻营销稿件的独特魅力。新闻主体是报道新闻的主旨，在撰写新闻营销稿件时要有一个明确的目标，要让读者第一时间明白新闻要讲述什么事件、反映什么现实情况，所以必须学会提炼新闻的主题。要写好新闻主体，首先要提前收集丰富的材料，要获得丰富的材料，就要深入生活、工作、学习中去收集；其次要进行筛选，去伪存真、去精华弃糟粕，才能保留最有价值、最能反映新闻营销核心内容的素材；最后以目标用户的阅读习惯和需求为导向，选择合适的布局方式，组合排列新闻素材。收集素材和了解目标用户需求可以从以下几个方面着手。

（1）以品牌为核心，充分开发品牌文化价值

每个产品在问世之前，都要经历漫长的设计过程，可以挖掘产品品牌演变历史，继而挖掘产品的文化价值，让目标用户感受到产品历史的价值。

（2）使用企业真实数据，树立企业良好信誉

可以从企业产品的销量、质量、价格等各个方面来挖掘数据信息，用数据分析、图表展示等方式让目标用户信服，增强新闻稿件的真实性。

（3）以用户需求为标准，有针对性地设计新闻稿件

营销产品的价值除了质量和信誉以外，还来自客户的需求和体验，所以在了解产品之后，还需要了解产品的目标客户，了解他们的消费动机和心理，有针对性地撰写新闻稿件，这样才能打动用户。

总的来说，新闻营销稿以新闻的形式存在，新闻营销的内容应具备内容真实、布局清晰、文字易读、叙述流畅等特点。此外，在新闻内容的选择和描述中，还应保证内容的真实性，提供详细真实的人员信息，避免过度夸张和主观意识过强，因为这样不仅能说服公众，也能很好地隐藏推广意图。

2. 设计新闻营销稿件的结语

新闻营销稿件的结尾是新闻的最后一段或对新闻进行的总结一句话，是阐明新闻事件的真实意义，使读者加深了解该新闻事件，从中获得更多的启示或信息。结语部分起到的作用有：总括全文、画龙点睛、展望未来、引发思考、释疑解惑等，因此结语的设计要与标题、导语相对保持一致，保证布局的统一性和完整性。

（1）首尾呼应式

首尾呼应式的结尾能让新闻稿件脉络互相贯通，结构更完整，也让新闻的立意找到了落脚点。

（2）片尾升华式

新闻稿件开篇没有提出明确的主旨，在结尾的时候通过一句话或一段话来点明主旨、升华主题。

阅读思考 14-3

新闻稿营销

新闻稿营销是指以新闻的形式传播为企业品牌等做宣传推广的一种方式。这种模式非常有利于引导市场消费，在较短时间内快速提升产品的知名度，塑造品牌的美誉度和公信力。

一次成功的新闻稿发布应该有其强烈的目的性，虽然有些新闻由头出现得很突然，但必须要知道通过这次新闻发布达到什么目的。早期有些企业客户认为偶尔发布新闻、增加企业形象就足够了，但从传播的角度上讲，一次新闻发布的目的应该是通过新闻稿的是否可以打动用户、是否可以与用户形成互动。不断发布的高质量新闻稿会促进品牌的稳定提升，而品牌的稳定提升就会对产品的销售产生长时期的影响。

导语:中国人民银行宣布从10月8日起,下调一年期人民币存贷款基准利率各0.27个百分点,同时宣布下调人民币存款准备金率。一个月内连续两次降息,对房地产市场将有何影响呢?

请你谈一谈以上导语是哪种类型的导语?除了这种导语设计,新闻营销的导语设计有其他哪些类型,分别有什么特点?

 任务总结

新闻营销是运用新闻为企业宣传的一种营销方式,其特点就是在营销活动中综合有效运用新闻报道传播手段,创造最佳的传播效能。新闻营销通过新闻的形式和手法,开展各项营销活动。这种模式非常有利于引导市场消费,在较短时间内快速提升产品的知名度,助力品牌的美誉度和公信力建设。

通过本章的学习,大家可以掌握新闻营销的概念、特点和要素,了解新闻营销的基本策略,能够撰写规范的新闻营销稿件,开展新闻营销活动。

项目 15　事件营销

知识目标

- 理解事件营销的概念与价值
- 掌握事件营销的策划过程
- 掌握事件营销的策划技巧
- 掌握事件营销的监测与效果评估

技能目标

- 能够选取或设计符合公众需求的营销事件
- 能够根据特定事件设计事件营销方案
- 能够监控并把握事件营销方案的实施过程
- 能够对事件营销的效果进行评估与改进

案例导入

华帝"夺冠退全款"事件

华帝股份有限公司创立于1992年4月,是一家主要从事生产和销售燃气用具、厨房用具、家用电器的企业。2018年5月31日,华帝在报纸以及微博上宣布,如果法国队获得俄罗斯世界杯冠军,那么在6月1日至6月30日期间购买华帝"夺冠套餐"的消费者持产品发票可获得全额退款,也即"法国队夺冠,华帝退全款"活动。2018年7月16日凌晨,法国队以4比2战胜克罗地亚队,夺得2018俄罗斯世界杯冠军。与此同时,华帝连夜宣布:正如之前承诺,法国队夺冠,华帝退全款,华帝"退全款"正式启动(如图15-1所示)。

图15-1 华帝退款事件

"夺冠退全款"活动的目的在于,让一个品牌在推广活动的同时,也让产品在终端市场上的销售得到带动。"夺冠退全款"将消费者自身的利益与法国队的表现产生关联,使消费者对华帝品牌的关注持续下去,并贯穿于世界杯比赛期间。

"华帝启动退全款"牢牢占据了7月16日百度搜索热点的榜首,除此之外,整整半个月的时间内,华帝的百度搜索指数都居高不下,尤其是法国队杀进决赛的7月11日,该指数更一度冲上44188的制高点。

本次活动在大众层面已经得到了广泛的话题传播,无形中也减少了华帝后续需要投入的营销费用。华帝在这一次世界杯中花费7900万的"法国队夺冠华帝退全款"活动,转化而来的经济收益、广告效益惊人得可观,远超其他投入了数亿元营销成本的品牌商的传播效果。

从华帝的营销案例可以看出,以特定事件开展营销活动是提高企业销售绩效、减小营销成本的有效方式。那么应该如何筹划一次成功的事件营销呢?

任务15.1 认识事件营销

15.1.1 事件营销的概念

1. 事件营销的定义

事件营销是企业通过策划、组织和利用具有新闻价值、社会影响以及名人效应的人物或事件,吸引媒体、社会团体和消费者的兴趣与关注,以求提高企业或产品的知名度、美誉度,树立良好品牌形象,并最终促成产品或服务销售目的的手段和方式。简单地说,事件营销就是通过把握新闻的规律,制造具有新闻价值的事件,并通过具体的操作,让这一新闻事件得以传播,从而达到广告的效果。

2. 事件营销的特点

事件营销相比其他的营销方式,具有目的性、风险性、低成本、多样性、新颖性、高效性等特点。

(1) 目的性

事件营销应该有明确的目的,这一点与广告的目的性是完全一致的。事件营销策划的第一步就是要确定自己的目的,然后明确通过怎样的新闻可以让新闻的接受者达到自己的目的。

(2) 风险性

事件营销的风险来自于媒体的不可控和新闻接受者对新闻的理解程度。虽然企业的知名度扩大了,但如果一旦公众得知了事情的真相,很可能会对该公司产生一定的反感情绪,从而最终伤害到该公司的利益。

(3) 低成本

事件营销一般主要通过软文形式来表现,从而达到传播的目的,所以事件营销相对于平面媒体广告来说成本要低得多。事件营销最重要的特性是利用现有的非常完善的新闻机器,来达到传播的目的。由于所有的新闻都是免费的,在所有新闻的制作过程中也是没有利益倾向的,所以制作新闻不需要花费太多成本。

(4) 多样性

事件营销具有多样性的特点,它可以集合新闻效应、广告效应、公共关系、形象传播、客户关系于一体来进行营销策划,多样性的事件营销已成为营销传播过程中的一把利器。

(5) 新颖性

大多数受众对新奇、反常的事件充满好奇心,而事件营销正是通过当下的热点事件来进行营销,毕竟在目前环境下,创意广告不多,而将一条广告词重复无数遍的广告容易让用户觉得反感,而事件营销用当下最火热的事件来展现给客户,更多地体现它的新颖性,吸引用户关注。

(6) 高效性

一般通过一次事件营销就可以聚集很多用户一起讨论该事件,然后很多门户网站都会进行转载,营销效果显而易见。

15.1.2 事件营销的发展

事件营销在炒作盛行的今天,早已不是新鲜的名词。中国事件营销的发展历程,从传播的角度来划分,主要有四个阶段。

第一个阶段是在大众传播媒体诞生之前,人际间的信息传播以口口相传为主。例如世代传为佳话的"大禹三过家门而不入""商鞅徙木立信"等故事都是这个阶段的经典案例。所谓"醉翁之意不在酒",这个时期的案例多注重口碑传播。在事件策划上,也从最初的"不着痕迹"慢慢发展到后来的"费尽心机"。

第二个阶段是中国改革开放以后,大众媒体开始对广告解封,中国的广告业进入了正常发展阶段。事件营销的传播途径也从以口碑传播为主,开始向大众媒体转变。此时,广告的威力在中国市场初显,"省优、部优、国优"的广告信息不断在消费者面前重复。此时,事件营销还未成为企业市场工作的重点,尚处于"无意识"或者说是"误打误撞"的阶段。通常是一些大型企业的发展状况报道,或者是优秀企业家的先进事迹报道。

第三个阶段始于20世纪90年代,"都市报"和"都市电视台"的涌现带动了对新闻资源的需求。经济类、生活类、休闲类、体育类、文艺类新闻的版面和内容都比以前有了较大的增长。一些企业开始认识到,通过制造良好的公关事件,甚至只要是能引起社会轰动效应的事件都可以使企业和品牌很轻松地得以广泛传播。在这个阶段,最经典的案例就是"海尔公司砸冰箱"事件(如图15-2所示)。

图 15-2 "海尔公司砸冰箱"事件

第四个阶段即进入互联网时代,网络的飞速发展给事件营销带来了无比巨大的契机。通过网络,一个事件或者话题往往会引发"爆炸性"的传播。把握新闻的规律,制造具有新闻价值的事件,并通过具体的操作,可以让这一新闻事件经由互联网迅速传播扩散,从而达到广告的效果。

15.1.3 事件营销的价值

1. 事件营销的作用与优势

"事件营销"集新闻效应、广告效应、公关效应、形象传播于一体,尤其是其新闻价值和公众性话题,使其具有很强的传播能力,具有事半功倍的营销效果,是近年来国内外流行的一种市场推广手段。事件营销能对企业在开拓市场时产生以下作用。

（1）提高产品、企业的知名度

企业在开拓新市场时,前期宣传肯定是举步维艰的,因为这时企业的知名度和影响力都不高,消费者不能在短时间内接受企业的产品,这就需要企业迅速扩大目标市场的受众面,提高企业的知名度。而事件营销则可切合人们的兴趣点、争论的焦点,将具有吸引力的活动和事件进行精心策划,使其成为大众关心的话题,同时可配合完美的公关宣传技巧,调动媒体的积极性,使事件和宣传同步进行,并且在关键时刻可实现与消费者心理层面的深度沟通。不仅如此,一个事件一旦成为热点,成为人们津津乐道的话题,那么它的传播途径就不仅仅局限于这条新闻的读者或观众,还可激发"多级传播",扩大事件的影响面,达到四两拨千斤的效果。

（2）开拓新市场

市场竞争越来越激烈,加上传媒的多样化,消费者对膨胀的信息已经无动于衷,企业要想跃居为市场领袖的位置更是难上加难,但事件营销所具有的轰动效应则赋予了企业很好的契机。它超越了固定的思维模式,特别是思维定势,不落俗套,树立一种别具一格的市场形象,恰到好处地运用公关策略创造良好的社会效应,企业可以趁机提出新的消费理念来引导用户、形成新的细分市场,引导出一种新的消费趋向,从而在这个新的市场领域占据有利地位,以迅雷不及掩耳之势使其他竞争对手望而却步。

(3) 节约企业营销成本

事件营销是企业有意识地制造新闻的行为,不属于企业的传统广告活动,它借助全社会所关注的重大事件或热点事件进行营销,新闻媒体往往不请自来,为企业节约了大量的广告和宣传等市场开拓费用,而且新闻的制作过程是没有利益倾向的,在理论上甚至是不需要投入的,同时又避开了地方媒体高居不下的收费。并且,事件营销与广告相比,企业同等投入所获得的宣传收益往往会达到数十倍、数百倍,甚至更高。

2. 事件营销的局限性

(1) 传播者自身的限制

新闻采编者的新闻敏感度、写作能力、编辑技巧和知识修养等都直接影响新闻价值的实现。新闻从业人员的业务能力是影响新闻价值实现的重要因素。

(2) 传播媒介的限制

传播媒介技术水平和工作质量也是影响新闻价值实现的因素。有时摄像记者的镜头还没架好,新闻事件就已经结束了。为了避免这样的突发情况,就应该提前安排进行记录,届时,所收集的资料就可以提供给记者采用。

(3) 新闻接受者的限制

网络用户、报刊、广播听众和电视观众的文化知识水平和接受理解能力对于事件营销的实现同样产生影响。读者是有自己思维的人,他们往往通过对新闻的阅读产生自己的独特联想。有时这种联想对于事件营销的策划单位是有利的,有时则是相当不利的。

阅读思考 15-1

新世相成立于 2015 年 10 月,是一家以微信公众号"新世相"为起点,从文字生产拓展到流行事件、影视制作、在线教育等内容领域的知名企业和品牌。

2017 年,新世相的微信推文《4 小时后逃离北上广》一度在朋友圈和微博刷屏,成为了当年的现象级营销事件。

在这一事件发起之前,新世相就在微博做了一个预热活动,但反响寥寥,而在预热中所提到的"4小时后逃离北上广"也并没有激起水花。不过,这一预热在微信中取得的效果却要好很多。在微信公众号上,新世相推送了一篇文章《我刚刚决定不结婚了——18个说干就干的故事和18个想逃逃不掉的故事》,其推送摘要正是活动的预告:"明早8点,我带你马上离开。"在这篇推文中,其内容是18个小故事,正是这些故事吸引了很多微信用户的阅读,也同时注意到了文章中的活动预告。

到了第二天,预告中的活动如期而至,新世相公众号发布了一条《我买好了30张机票在机场等你:4小时后逃离北上广》的图文消息,详细地对这一活动进行了介绍。从图文中阅读者可以知道在7月8日8~12点赶到机场的人可以免费获得一张机票,目的地未知,而这一活动是由新世相和航班管家联合发起的,其活动内容和目的不言而喻。

在一定的预热之后,活动曝光的效果非常显著,仅仅一个半小时,这条图文的阅读量就达到了10多万,公众号也在三小时内迅速获得了10万涨粉;在微博上,这一话题也毫不意外地登上了热搜。

从这一事件的曝光和走红来看,微博和微信两大双管齐下是非常重要的一个因素,但从事件本身上来说,"逃离北上广"本就是一个热门的讨论话题,它很容易引发很多人的情感共鸣和交流,并且活动介绍简单明了,其利益点非常突出且诱人,营造的奖励和稀缺概率引发了很多人的关注,因此具有十分强烈的参与感。

什么样的事件才具备营销的价值?如何设计符合企业或产品特点的事件?

任务15.2　事件营销策划

15.2.1　营销事件载体的选择与设计

作为营销方案的主体和载体,营销事件的设计显得尤为重要。信息的传播具有一定的规律,当事件发生之后,只要它具备的新闻价值足够大,那么就一定可以通过适当的途径被新闻媒体发现,然后以成熟的新闻的形式来向公众发布。因此,只要当一件事情真正具备了新闻价值,它就具备成为企业实施事件营销的载体。

1. 事件载体的选择标准

一般而言,事件是否具备营销的价值可以从以下几点进行判断。

(1) 重要性

指事件内容的重要程度。判断内容重要与否的标准主要看其对社会产生影响的程度,一般来说,对越多的人产生越大的影响,事件的新闻价值越大。

(2) 接近性

越是心理上、利益上和地理上与受众接近和相关的事件,新闻价值越大。心理接近包含职业、年龄、性别等诸因素。一般人对自己的出生地、居住地和曾经给自己留下过美好记忆的地方总怀有一种特殊的依恋情感,所以在策划事件营销时必须关注到受众的接近性的特点。通常来说,事件关联的点越集中,就越能引起人们的注意。

(3) 显著性

新闻中的人物、地点和事件的知名程度越高,新闻价值就越大。国家元首、政府要员、知名人士、历史名城、古迹胜地往往都是体现新闻价值的元素。

(4) 趣味性

大多数受众对新奇、反常、有人情味的内容比较感兴趣。有人认为,人类天身就有好奇心,或者称之为新闻欲本能。

一个事件事实只要具备一个要素,就已具备新闻价值。如果同时具备的要素越多、越全,新闻价值自然越大。当一件新闻同时具备所有要素时,肯定会具有很高的新闻价值,会成为所有新闻媒介竞相追逐的对象。

2. 营销事件载体的层次

以企业对营销过程的控制能力为标准,可以把事件营销分为三个层次。第一个层次中事件是可以预测的,事件的发生、发展、结束都是可以被人们熟知和预见的。第二个层次是利用突发事件进行事件营销,这个层次的营销由于其事件的发生具有不可预测性,所以在营销时竞争对手较少,对企业资金上的要求比较低,但是对于企业把握市场机会的能力也提出了更高的要求。第三个层次就是自己搭建平台,主导和创造事件进行营销。

15.2.2 事件营销的策划实施过程

一般而言,事件营销的策划实施过程如下。

1. 确定事件营销的目标

事件营销的目标是指特定的事件营销活动所要完成的任务。事件营销的目标必须以事件策划者的产品类型、目标市场、潜在客户等为依据。

2. 选择事件营销的目标受众

事件营销的目标受众应该是产品的潜在消费者。例如,一个男性服装的企业,它的目标消费者应是男性群体,按照服装的价格、风格、款式,细分的目标受众又可以分为青年群体、中年群体、老年群体等,或者是普通收入群体、高收入群体等。

3. 分析目标受众的信息接收方式以及思维习惯

信息的传播需要媒介,根据目标受众的思维习惯和信息接收方式,采用合适的传播媒介来进行事件营销。例如,微信时代,采用微信公众号发布事件信息就是很好的传播方式。

4. 设计事件营销方案

企业根据营销的目标并结合目标受众的需求,设计符合产品特点并迎合大众口味的事件和传播方案。

5. 分析媒体传播关系

第一类传媒:即人们面对面传递信息的媒介,主要指人类的口语,也包括表情、动作、眼神等身体语言。口语与身体语言实现了人与人之间最早的信息交流。

第二类传媒:包括绘画、文字、印刷和摄影等。在这种信息交流方式中,信息的接受者仍要靠感官接受信息,信息的发出者则开始使用一定的传播设施。

第三类传媒:无论是信息的发出者还是接受者,都必须借助传播设施。这类传媒包括电话、唱片、电影、广播、电视、互联网等。

现今有人认为智能手机视频是第四类传媒。

6. 制订活动细则和预算

任何一项活动都需要耗费一定的人力、物力、财力。策划一个活动的费用一般主要是包括固定策划费用和不确定策划费用。

7. 建立事件营销风险评估方案

事件营销风险的评估可以从以下几点来衡量和监测。

① 是否脱离产品营销目标。

② 媒体对事件的兴趣程度、是否已有重复案例。

③ 是否引起公众反感及负面效应。
④ 是否有违法律和道德的倾向。
⑤ 是否会引起竞争对手的效仿或反制措施。

8. 控制事件营销衰变量及修正方案执行。

由于审美疲劳存在,公众对事件的关注度是不断下降的。所以一个成功的事件营销必须时刻注意营销事件的关注度的变化,精心策划和保证后期维护,适时"添油加醋""火上浇油"。当传播出现偏差的时候则需要及时"降温",甚至修正原有的营销方案。

15.2.3 事件营销的实施技巧

1. 事件营销的作用机制

(1) 事件营销的原始动机——注意力的稀缺

注意力是对于某条特定信息的精神集中。当各种信息进入人体的意识范围,人将关注其中特定的一条信息,然后决定是否采取行动。对于企业来说,注意力是一种可以转化为经济效应的资源,把握住大众的注意力,也就有了事件营销的动力。

(2) 事件营销的实现桥梁——大众媒介

所谓的大众媒介议程设置简单说来,就是大众传播媒介具有一种为公众设置议事日程的功能,传媒的新闻报道和信息传达活动以赋予各种议题不同程度的显著性的方式,影响着人们对周围世界的"大事"及其重要性的判断。因此,如果企业想成功地实施一次事件营销,必须善于利用大众媒介。

(3) 事件营销的必要途径——整合营销资源

营销大师菲利普·科特勒认为,整合营销就是企业所有部门为服务于顾客利益而共同工作。它有两层涵义,其一是不同营销手段共同工作,其二是营销部门与其他部门共同工作。企业整合的资源表现在整合多种媒体发布渠道、整合多种媒体渠道传播的信息、整合多种营销工具。

2. 事件营销的实施技巧

(1) 事件传播的技巧

当确定好了事件营销的选材内容之后,要依据选材内容进行整合策划,制订出一个事件营销的传播方案。策划事件就是如何编好所要营销的"故事","故事"要想得到受众的赏识,就必须动听、完整、曲折。因此,策划事件时,需要力求做到事件完整且有看点。除此之外,如何讲"故事"也是非常重要的内容。大致可以采用以下几种方式。

① 主动出击,先入为主。
② 捕捉热点,借花献佛。
③ 创造热点人物,搭车热点人物。

(2) 事件舆情的控制技巧

制定好事件营销的传播方案是远远不够的,当下事件营销和过往传统媒体的营销差别十分大,互联网可以让一个不起眼的感人小故事火爆网络,也可以让一个令人不齿的不良社会举动遗臭朋友圈。网络是一把双刃剑,这就要求在策划传播方案的同时,也要配备完善的监测和应急预备方案,其主要包括内容传递、舆情监控和媒体报道监控等方面。

① 内容传递指企业应保证自己所传递至网络的内容要在保质、保量、保证进度的前提下有序地进行,确保在传递的过程中,减少人为的损耗,保证所传递的信息符合大众主流价值观、合乎法律法规等。

② 舆情监控主要指的是监测当前网络是否出现了不利于策划者进行事件营销的信息。当出现了不良信息时,应当立即启动应急预备案,积极应对。

③ 对媒体报道监测,也可以理解为媒体风控和媒体反馈,简而言之,就是要时刻关注媒体的推广效果,防止出现误读。在策划营销事件时,有些媒体可能不能敏锐地理解策划者所要传递的思想价值观,这会造成一些误读,这时也需要联系媒体进行澄清。

(3) 事件营销的过程把控技巧

当确定了营销内容、传播方案和监测应对方案之后,就需要去执行方案。事实证明,即使内容和方案再好、应对机制再完善,如果不能有效地执行方案,也有可能断送前期所有的努力,最后竹篮打水一场空,导致网民把策划者精心准备的"事件营销"当作"骚扰广告"直接拦截或删除。在执行方案时,除了执行方案要系统之外,执行力是重中之重。好的方案配上强有力的执行力,才能将事件营销做好。执行方案时需要注意以下几点。

① 时间节点的控制。
② 传播效果的反馈及调整。
③ 与网民、媒体积极互动。
④ 危机公关的及时响应。
⑤ 渠道整合。

企业在进行实际策划操作过程中,除了要遵守相应的法律法规和道德规范之外,还要思维活跃地创造事件,以及学会全面、谨慎、多方位地进行思考,只有这样,事件营销才能做得越来越好。

3. 事件营销的社会责任与义务

(1) 求真务实

事件营销不是恶意炒作,网络把传播主题与受众之间的信息不平衡彻底打破,必须首先做到实事求是,不弄虚作假,这是对企业网络事件营销最基本的要求。这里既包括事件策划本身要"真",还包括由"事件"衍生的网络传播也要"真"。

(2) 以善为本

所谓"以善为本",就是要求事件的策划和网络传播都要做到自觉维护公众利益,勇于承担社会责任。市场竞争越来越激烈,企业的营销管理也不断走向成熟,企业在推广品牌时,策划事件营销就必须走出以"私利"为中心的误区,不但要强调与公众的"互利",更要维护社会的"公利"。自觉考虑、维护社会公众利益也应该成为现代网络事件营销工作的一个基本信念。营销实践证明,自觉维护社会公众利益更有利于企业实现目标;反之,如果企业只是一味追求一己私利,反倒要投入更多的精力和财力去应付本来可以避免的麻烦和障碍。

(3) 力求完美

所谓"完美"就是要求网络事件策划要注重企业、组织行为的自我完善,要注意网络传播沟通的风度,要展现策划创意人员的智慧。在利用网络进行事件传播时,企业应该安排专门人员来把控网络信息的传播,既要掌握企业的全面状况,又能巧妙运用网络媒体的特性,还能尊重公众的感情和权利,保护沟通渠道的畅通完整,最终保护企业的自身利益。

阅读思考 15-2

成功的事件营销的攻略技巧

1. 名人攻略

名人可以是歌曲界、影视界、体育界和文化界等行业内的知名人士,名人的选取要看企业的需求、资源和时机。需求是企业铁定的要求,一般不能轻易更改,资源主要看策划的时候能找到哪些名人,时机就看当时所处的环境的态势,三者合一,筛选出最终方案。

事实上,名人是社会发展的需要与大众主观愿望相交合而产生的客观存在。利用名人的知名度,可以加重产品的附加值。例如:可口可乐公司为了扩大营销效果,选择北京郊区的一家艺术俱乐部举行别开生面的新闻发布会,并聘请知名影星站台,新闻发布会的现场被布置成广告片的拍摄现场,邀请全国60多家媒体参加新闻发布会,以广告片的模拟拍摄为开场,引起现场记者极大的兴趣。

2. 体育攻略

体育赛事是品牌最好的新闻载体,其背后蕴藏着无限商机,已被很多企业意识到并投入其间。苹果、三星等国际性企业都会借助体育赛事进行深度新闻传播。中小型企业也可以做一些区域性的体育活动,或者国际赛事的区域性活动,如迎奥运长跑等,这些手法都是常见的。

3. 实事攻略

实事攻略就是通过一些突然、特定发生的事件进行一些特定的活动,在活动中达到企业的目的。实事往往需要有前瞻性,可以提前预知的要提早行动,以便抢占先机;对于突发的事件,最好具有迅雷不及掩耳的速度反应。实事基本分为政治事件、自然事件和社会事件。

这里的实事是指消费者广泛关注的热点事件。企业可以及时抓住聚焦事件,结合企业的传播或销售目的展开新闻"搭车"、广告投放和主题公关等一系列营销活动。随着硬性广告宣传推广公信力的不断下降,很多企业转向了公信力较强的新闻媒体,开发了新闻报道在内的多种形式的软性宣传推广手段。

明星娱乐事件可以成为事件营销的素材吗?你能举一个案例吗?

任务15.3　事件营销效果监测

15.3.1　事件营销效果的影响因素

事件营销在传播的过程中会受到诸多不确定因素的干扰,这些因素都可能会影响事件营销的最终效果。所以策划者要想让事件营销的效果出彩,就必须降低或减少干扰因素的影响,这主要包括以下几方面。

1. 新闻事件本身的限制

事件营销的关键是事件本身,事件传播好坏和新闻本身有重要的关联。如果是一个好的新闻事件,或者说新闻事件本身的话题性符合大众的主流价值观,就会对新闻的传播非常有利,比如公益活动的宣传。反之,如果所传播的新闻事件不符合大众的主流价值观,可能就会影响事件本身的传播,这时就需要新闻媒体以及相关新闻主体对此事进行评论,使大众的关注点聚焦在从此事中汲取的经验教训上。

2. 相关法律法规的限制

事件营销的策划者必须遵守相关的新闻法规、互联网行为规范以及日常的行为准则等。如果突破了相关的法律规章制度,事件营销的传播必然受到影响,甚至一些敏感的话题事件可能在传播过程中会遭到强制删除,这不仅会降低事件传播的广泛度,还会对公司造成负面影响。

总而言之,遵守相关法律法规是新闻事件传播的基本要求与前提,只有符合了这些规范,新闻事件的传播才有可能做好。

3. 新闻传播者的限制

新闻从业人员的职业素质、价值观念及行为偏好都会深深地影响事件传播的效果。资深的新闻从业人员对待一个新出现的话题,往往能迅速了解事件策划者的想法,通过新闻的撰写能力、评论能力和响应速度等将事件迅速传播开来。文化底蕴深厚的新闻工作者,往往还能用很短的时间明白事件背后蕴含的文化现象,结合自己过往所学知识,挖掘新闻深层次的价值,使事件持续发酵。反之,受到文化涵养、职业偏好等因素的影响,一些从业者可能会有选择性地对话题进行筛减、偏向理解等,造成新闻事件本身的价值不能被完全开发出来,从而影响了新闻事件的传播效果。

4. 新闻传播媒介的限制

技术因素、人为过失等原因都会影响新闻事件的传播效果,新闻事件后期传播过程中的编排、印刷以及传播媒介的业务水平也会影响新闻事件本身的传播。比如很多新闻事件的价值稍纵即逝,有的新闻策划者会选择广播来实现新闻的传播。

5. 新闻受众者的限制

电视观众、网民、广播听众以及纸媒读者的文化素质、阅读偏好和理解能力等可能会影响新闻事件的传播。面对同一个新闻事件,每一位读者都会有自己独特的见解,或因价值观不同,或因生活背景不同,或因职业习惯不同等,但这将会影响他们对新闻事件传播的效果。因此,新闻事件的策划者需要考虑这个因素,对选题以及将要引导的思维定论或者大众评论的偏向都要非常慎重。

15.3.2 事件营销效果评估

事件营销效果的评估,主要分为两个阶段:第一阶段是对事件本身的评估,第二阶段是对品牌影响的评估。对事件本身的评估可以从事件的知晓率、认知渠道分布和对具体内容的评价等指标来衡量;对品牌形象的评估可以从认知、情感和意愿三个方面来着手,具体指标如品牌认知率、品牌认同感、品牌推荐等。

对于评估的方法,可以从静态和动态两个角度来进行评估。静态评估是指经过此次事件后受访者对于相关品牌的评价,侧重的是目前的状态,便于进行长期的品牌监测;动态评价是指事件前后受访者态度改变的情况,侧重的是变化的程度。

1. 事件本身的评估

第一阶段的评估主要侧重于事件本身,从事件的知晓率到具体内容的评价,都是较为具体的指标。

(1) 事件知晓率

事件的知晓率是指对于此次事件营销有多少人知道,也就是此次事件本身的影响力。对于一个事件来说,知晓率是非常重要的,因为它是衡量各品牌知晓率的基础。除此之外,可以对事件中的具体内容进行知晓率的调查,进一步来反映受访者对事件的了解程度。

(2) 信息准确性

信息的准确性是指企业通过事件营销希望传达的信息与受访者真正接收到的信息两者之间的差异。信息在传播的过程中,由于新闻法规、传播者限制、媒介损失等原因,不可避免的会产生一定的偏差,这是无法避免的。

(3) 获取渠道

信息的获取途径主要是用来了解受访者获取信息的主要方式,以及企业对各个主要传播渠道的覆盖情况。另外可以与受访者背景资料交叉,了解各类受访者获取信息的主要渠道,进而便于企业针对目标群体进行更加有效的传播。

(4) 报道/转载次数

在网络科技迅猛发展的今天,绝大多数的报纸、杂志都能在网络上找到痕迹,我们可以通过"关键词+搜索引擎"的方式来测量事件营销被报道或转载次数,从而作为衡量事件营销效果的一部分。

(5) 事件(内容)评价

对事件内容的评价考虑评价主体的多元性,建立多元的内容评价体系,对内容进行科学客观的考核,具体包括以下几个方面。

① 内容质量。对内容进行评价，最重要的还是从对内容本身质量的评价出发。在网络传播时代，不仅需要具有"10万＋"的影响力、"爆款"的内容，也必须留住可能会"坐冷板凳"的好内容，哪怕在传播过程中会出现"叫好不叫座"的情况，这部分优质内容依然值得被重视。对于内容质量的评价，还应结合对内容独家性、原创性和创新性的考虑。很多媒体为了留住用户纷纷发布和转载相同或相似的信息，内容的同质化越来越严重。在这种情况下，独家、原创或具有新意的内容就显得格外珍贵。

② 内容形式。技术的发展带来了丰富的内容呈现形式，优质内容还需要多样化的呈现形式。基本的内容呈现形式有文字、图片、音频、视频、直播、VR、H5等，优质的内容需要恰当的内容表现形式将其呈现出来，才能真正吸引受众，清晰地向受众传达信息，以达到预期的传播效果。

③ 受众体验。优质内容应该满足受众的需求，让受众满意，并对受众产生足够的正面影响力。在对内容进行评价时，要考虑内容传递的信息、表达的方式、呈现的形式是否能真正满足受众对内容的需求，以达到让受众满意的效果。

④ 内容价值。内容价值的评价要考虑三个维度：专业价值、社会价值和市场价值。优质的内容必须具备专业价值，在行业发挥模范带头作用，促进内容市场的健康可持续发展。优质内容可以通过所传递的信息引起读者的理性认知和正向情感价值观，从而实现社会价值。在市场经济条件下，媒体的生存和发展离不开收益，这就对内容的市场价值提出了要求，不能误导内容生产者为追求市场价值而忽略内容的专业价值和社会价值。

最后，分析受访者对于事件营销的总体评价以及各具体内容的评价，可以通过重要性因素模型，推导出事件营销中的薄弱环节，从而有针对性地予以调整，避免在今后出现同样的问题。

2. 品牌影响的评估

第二阶段的评估主要侧重于对品牌的影响，按照对公众影响的深度和流程来看，品牌影响的评估主要包括认知、态度和行为三个层面的效果。公众最终的购买行为，很大程度上取决于其对于企业营销行为的认知和情感。

（1）认知层面

品牌认知是评估品牌影响的第一个环节，这里面的认知包括几层含义，一是认知的广度，二是认知的深度，三是品牌形象的认同。通过这三个指标，一方面可以衡量经过此次事件后相关品牌的知晓率，另一方面可以了相关品牌在认知方面的深刻程度。

认知的广度可以通过事件后品牌的知晓率来衡量，也就是在事件营销中涉及的相关品牌有多少人知道，通过这两个指标来反映认知的广度。

认知的深度可以通过相关品牌在无提示下的第一提及率来反映——也就是在没有任何提示的情况下,询问受访者知道哪个相关的品牌,此时受访者第一个提到的,往往就是经过此次事件对受访者影响最大、印象最深的品牌。

品牌形象认同是受访者对于企业对外树立的品牌形象的认可程度,可以通过静态和动态两个角度来衡量,判断经过此次事件对相关品牌形象的认同程度以及变化幅度。

(2) 情感层面

情感层面是指经过此次事件营销的影响,公众对于相关品牌在感情上的变化情况。这里通过两个指标来测量:①品牌偏好,即通过此次事件是不是更加喜欢某个品牌,喜欢的变化幅度如何;②品牌信任,即通过此次事件是不是更加信任某个品牌了,信任的变化幅度如何。通过这两个指标的变化程度,能够较为准确地反映出事件营销对于受访者情感方面的影响。

(3) 意愿层面

意愿层面也可称为行为层面,认知是基础、情感是过程,而意愿才是真正的结果,它是指受访者经过此次事件营销的影响,对于相关品牌在最终行为上的变化程度。这里通过三个指标来测量:① 品牌关注,即通过此次事件是不是对某品牌更加关注了,可以通过官方网站日浏览量的变化来衡量;②尝试和购买,即通过此次事件是不是更加愿意尝试和购买某个品牌,尝试和购买的变化幅度如何;③品牌推荐,即通过此次事件今后在家人或朋友要购买相关产品时是不是会优先推荐某品牌,变化的幅度如何。

另外,根据事件营销的不同目的,可以有选择性地进行交叉分析,例如:对品牌有认知的与对品牌没有认知的在各方面的评价有无显著的差异,这些差异说明什么问题等。

阅读思考 15-3

热点事件来得快、去得快,所以事件营销一定要"轻、快、爆"地出创意、见效果。

1. "轻"

指的是内容要轻、媒介选择要轻。太复杂、太花哨的创意在事件营销过程中不被提倡,而且媒介最好是选择线上的投放形式。"轻"本身就是为事件营销争取最快的时间。

2."快"

指的是传播速度、发力速度要快。当下的市场情况瞬息万变,如果预热准备期过长,等到创意出街,市场和竞争环境可能已经出现了巨大的调整和改变。一个好的广告作品可以打磨3个月甚至半年以上,但是性价比高的事件营销,首先要求速度要快,要超过大众预期。

3."爆"

是指事件营销的爆点要强而有力。现在的事件营销爆发的核心路径普遍都在互联网的社交媒体上,所以不论是创意设计还是媒介组合,都要围绕着社交媒体来设计。在"爆"的方面,有以下几个方面可以借鉴。

① 热点。顾名思义,热点就是借势营销、借公众情绪达到推广宣传品牌的效果。

② 爆点。事件营销中的爆点,其实更多指向的是营销的"关键词"或"符号"。每个事件营销必须有简短且识别度高的主题词,还要具有强化统一的视觉符号,创意要干净简单。只有关键词和符号突出,才有利于大众的口口相传和媒体的报道描述。

③ 卖点。在事件营销的整个过程中,必须紧跟自己产品的核心卖点。只有把握住核心卖点,才能防止流量外溢,营销活动才能落地。

④ 槽点。社交媒体让大众传播变得更加便捷和简单,在人人都可以发声的情况下,吐槽的门槛越来越低。受众对于事件的参与度之高,扩散性之强,达到了一个前所未有的高度。品牌可以借助吐槽的势能,通过"埋槽点",控制受众吐槽的方向,然后借助段子手、普通网民的吐槽来保持话题热度,最后再进行传播。

你能找到一个因吐槽而火爆的事件营销案例吗?

事件营销是企业通过策划、组织和利用具有新闻价值、社会影响以及名人效应的人物或事件,吸引媒体、社会团体和消费者的兴趣与关注,以求提高企业或产品的知名度、美誉度,树立良好品牌形象,并最终促成产品或服务销售目的的手段和方式。

通过本项目的学习,掌握事件营销的特点与实施技巧,特别是设计符合企业或产品特点的营销事件,帮助企业完成事件营销,从而达到广告的效果。

资源链接

1. 凡科互动　https://www.ahd.fkw.com
2. 中研网　http://www.chinairn.com
3. 网络广告人社区　http://iwebad.com
4. 人民网　http://www.people.com.cn
5. 鸟哥笔记　https://www.niaogebiji.com

项目 16　病毒营销

知识目标

- 理解病毒营销的概念与起源
- 理解病毒营销的特点与优势
- 理解病毒营销的作用机制

技能目标

- 能够根据受众特点设计病毒营销方案
- 能够熟练应用病毒营销的操作技巧
- 能够对病毒营销的效果实时监测与效果评估

案例导入

佛系游戏:旅行青蛙

"旅行青蛙"是由游戏公司HIT-POINT研发的一款放置类型手游(如图16-1所示),2017年11月24日在安卓上架,在1月18日、19日出现了第一个大爆发,迅速登顶App Store,被一名拥有500万粉丝的微博红V评论并转发,接着在微信朋友圈、微博、小红书、知乎等一切你能想到的社交平台呈病毒式蔓延。

游戏的主角是一只大眼睛的小青蛙,小青蛙独自居住在一个石头洞的小屋里,房子外面的庭院中种着一片三叶草,屋里则是木头做的小阁楼。小青蛙平时就会在这里吃饭,在阁楼上的被窝看书,过着十分"居士"的生活。小青蛙最大的爱好出去外面的世界旅行。它去旅行时,会带上它的荷叶帽子和行李。

这个游戏的创意源自团队中的一名游戏策划师,他喜欢旅行,因为可以收到旅行者拍的照片,还可以收获旅行纪念品,听旅行者讲述旅行中发生的故事,他认为这些都是旅行中的乐趣。

图16-1 旅行青蛙

病毒分析

产品背后的佛理哲学支撑,产品设计上的随缘玩法,这两点是旅行青蛙病毒营销的关键。

营销启示

以萌、免费、随缘玩法的特点,抓住女性玩家,在细分领域突围成功。

"互联网+"时代的产品设计,最大的原则是"能拿住消费者",产品设计必须要抓住行业本质,首先要审视自己的核心竞争力是否满足行业本质的需求。

"互联网+"时代的逻辑是这样的:因为信息的去中心化,传统营销中玩弄"品牌幻术"几乎不可能,营销回归本质——产品。好的产品,借用移动互联网成本近乎为零的传播成本,借助圈层化的传播机制,凭借强大的口碑,很快就能传播起来,而且由于互联网强大的两极分化特点,即使企业比竞争对手在某一方面优秀1%,在口碑上很可能被互联网放大到50%,最终销量上可能就会有一个天上、一个地上的差距。

任务提示

病毒是自然界常见的现象,病毒的扩散机制是什么?我们是否可以利用这种原理进行一次成功的营销策划?请认真学习本项目的内容,掌握利用病毒扩散的原理来设计完美的营销方案。

任务16.1　认识病毒营销

16.1.1　病毒营销的概念与起源

1. 病毒营销的概念

病毒营销(viral marketing,又称病毒式营销、病毒性营销、基因营销或核爆式营销),是利用公众的积极性和人际网络,让营销信息像病毒一样传播和扩散,营销信息被快速复制传向数以万计、数以百万计的观众,它能够像病毒一样深入人脑,快速复制,迅速传播,将信息短时间内传向更多的受众。病毒营销是一种常见的网络营销方法,常用于进行网站推广、品牌推广等。

2. 病毒营销的起源

病毒营销是由欧莱礼媒体公司总裁兼CEO提姆·奥莱理提出的,即信息直接从一位用户传播到另外一位用户,一位用户对另一人传递消息,"某个人被视为有影响力,吸收信息并将其传给他们接触过的人,重点是影响人物的影响力,来自他们与社群和其他人的关系,除此之外,这些人较难接受或吸收信息"。也就是说,病毒营销是通过提供有价值的产品或服务,"让大家告诉大家",通过别人为企业宣传,实现"营销杠杆"的作用。病毒式营销也可以归为口碑营销的一种,它利用群体之间的传播,从而让人们建立起对服务和产品的了解,最终达到宣传的目的。由于这种传播是用户之间自发进行的,因此是几乎不需要费用的网络营销手段。

16.1.2 病毒营销的功能和特点

1. 病毒营销的功能

人们在获得利益的同时，不知不觉地、自发式地宣传了商家的在线生意，信息传播者往往是信息受益者。

商家生意信息的传播通过第三者"传染"给他人，而非商家自己，而通常人们也更愿意相信他人介绍，而非商家自己。

2. 病毒营销的特点

病毒营销利用公众的积极性和人际网络，让营销信息像病毒一样传播和扩散，被快速复制传向数以万计、数以百万计的受众。它存在一些区别于其他营销方式的特点。

（1）营销成本低廉

之所以说病毒营销是无成本的，主要指它利用了目标消费者的参与热情。渠道使用的推广成本是存在的，只不过由于有吸引力的病原体即产品信息或事件的存在，目标消费者受商家的信息刺激自愿参与到后续的传播过程中，原本应由商家承担的广告成本转嫁到了目标消费者身上，因此对于商家而言，病毒式营销是无成本的。

（2）指数级别的传播速度

大众媒体发布广告的营销方式是"一点对多点"的辐射状传播，实际上无法确定广告信息是否真正到达了目标受众。病毒营销是自发的、扩张性的信息推广，它并非均衡地、同时地、无分别地传递给社会上每一个人，而是通过类似于人际传播和群体传播的渠道，产品和品牌信息被消费者传递给那些与他们有着某种联系的个体。例如，目标受众读到一则有趣的消息，他的第一反应或许就是将这则消息转发给好友、同事，这样一传十，十传百，无数名参与的"转发大军"就构成了以几何倍数传播的主力。

（3）高效率的接收

对病毒营销而言，信息是受众从熟悉的人那里获得或是主动搜索而来的，在接受过程中自然会有积极的心态；接收渠道也比较私人化，如手机短信、电子邮件、封闭论坛等。不仅如此，有时还会存在几个人同时阅读的情况，这样更加扩大了传播的范围。这些优势，使得病毒式营销尽可能地克服了信息传播中的噪音影响，增强了传播的效果。

当然，作为一种新的营销方式，病毒营销也存在一些风险与不足。

3. 病毒营销的风险与不足

（1）扩散速度快易造成失控

网络产品或信息有自己独特的生命周期，一般都是来得快、去得也快，病毒式营销的传播过程通常是呈S形曲线的,即在开始时很慢,当其扩大至受众的一半时速度加快,而接近最大饱和点时又慢下来。针对病毒式营销传播力的衰减,一定要在受众对信息产生免疫力之前,将传播力转化为购买力,方可达到最佳的销售效果。

（2）过分追求扩散效应而违反公众道德

一些企业或个人为了能吸引公众的注意力,为了使信息快速扩散,往往会利用公众的某些心理,将错误或负面信息传播开来,易造成个人或企业隐私的泄露;或是恶意制造一些夸大事实甚至是谣言的信息,这些显然与公众道德的相背离的。

16.1.3 口碑营销与病毒营销的区别

口碑营销与病毒营销是一对兄弟,甚至很多人直接将它们合二为一,称之为"口碑病毒营销"或是"病毒口碑营销"。虽然它们的表现形式和操作手法很相似,却有一定的区别。

1. 传播动机和观点的区别

病毒营销利用的是"看热闹的羊群效应"。在病毒营销的实施过程中,用户基于有趣的内容而主动传播,而对于传播的内容几乎是不了解的。他们只是出于内容新鲜有趣才参与其中,却不对传播的内容负责。在口碑营销的过程中,用户是基于信任而主动传播,他们对传播的内容不但了解,而且还很认可,并且他们愿意对传播的内容负责。

2. 传播效果的区别

病毒营销满足的是知名度,通过高曝光率获取用户的关注,但是并不代表受众对品牌或产品已经认可。而口碑营销满足的是美誉度,通过引导用户相互之间口口相传,以达到增加用户信任度和认可度的目的。

阅读思考 16-1

2018年9月29日,支付宝推出了一个"转发中国锦鲤"的活动,转发指定的微博,支付宝会抽出一位集全球独宠于一身的中国锦鲤,奖品包括鞋包服饰、化妆品、各地美食券、电影票、SPA券、旅游免单、手机、机票、酒店等。同年10月7日,支付宝通过官方微博抽奖平台,从近300万转发者中抽出了唯一的一位"中国锦鲤",也就是网友"信小呆",这位幸运儿将获得由200多家支付宝全球合作伙伴组团提供的"中国锦鲤全球免单大礼包"。由于礼包内含礼物太多,怕"锦鲤"头晕眼花,支付宝还拉起了百米横幅庆贺,所有免单旅游的国家和商家名称都印在百米横幅上。

在9月29日支付宝公布活动玩法不到6个小时,就已经有100万人参与转发,第二天直接破200万,成为微博史上转发量最快破百万的企业微博;400万转评赞,2亿曝光量,在公布结果后,迅速占据微博热搜第一位和第五位,微信指数日环比大涨288倍;中奖用户"信小呆"的微博,粉丝数一夜间暴涨到80万。

课堂讨论

"中国锦鲤"活动为什么能够成功?它体现了病毒营销的哪些特点?

任务16.2 病毒营销策划

16.2.1 病毒营销的作用机制

病毒营销不同于传统营销,前者更侧重于少量用户引爆大规模的用户新增,而后者往往更侧重于高价获取新用户。如果我们将传统营销称为倒三角漏斗模式,那么病毒营销则可以称为正三角漏斗模式,如图16-2所示。

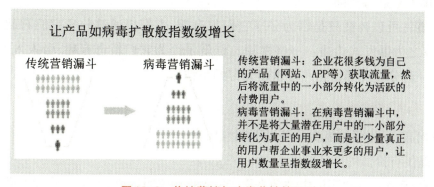

图16-2 传统营销与病毒营销的区别

1. 病毒营销传播的类型

(1)口碑式病毒传播

口碑式病毒传播很容易理解:一款产品太棒了,人们忍不住要告诉他们的朋友。比如,当Google刚起步时,如果有人看到你在用其他搜索引擎时,他们会告诉你:"用

Google 吧,这个搜索引擎好多了。"因此,下次进行搜索时,你会尝试 Google 搜索,很快你就会推荐别人也用 Google。由于口碑是来源于好的用户体验感,这种传播方式的含金量很高。

(2) 激励式病毒传播

激励式病毒传播指人们将产品或者服务在推荐给朋友时,有一些额外的动机。例如:推荐朋友注册账户,既会给新用户优惠券,也会对引荐用户有奖励。这种方式侧重于物质激励,是指运用物质的手段使受激励者得到物质上的满足,从而进一步调动其积极性、主动性和创造性,最终促使用户为了获得相应的物质奖励而被动传播产品信息。

(3) 示范式病毒传播

示范式病毒营销指的是产品的功能显而易见,当用户在使用产品的时候已经达到了宣传的效果。这种方式能向顾客提供有力的说服证据。俗话说,"耳听为虚,眼见为实。"一种产品的性能如何,广告上说得再好,也不如亲眼目睹让人信服。示范式传播的将使用产品的过程公开,可以加深顾客对商品的实际感受,强化营销效果。

(4) 传染式病毒传播

传染型病毒传播是指一个产品的设计里,人们会努力让其他人使用,因为它会让他们双方更好。这是指一个产品能让一个用户通过病毒"感染"另一个用户。邀请是传染病毒营销的关键,但是,错误的或者给别人造成困扰的邀请方式常常适得其反。如果有人用群发的方式邀请你,你会觉得不够真诚。如果你推荐给某人之后,他压根没有使用这个产品,那么下一个接棒的人可能就没那么积极了。

(5) 爆发式病毒传播

有些事件可以传播只是因为分享它们很有趣,人们想通过分享它们看起来很有意思,可以称之为爆发式传播。一些视频走红就是因为它们新奇有趣、引人入胜,能跟你的朋友们一起分享视频也是一件乐趣无穷的事情。

2. 病毒营销传播的要素

一般而言,病毒营销需要具备以下四点要素。

(1) 提供有价值的产品或服务

在市场营销人员的词汇中,"免费"一直是最有效的词语,大多数病毒性营销计划提供有价值的免费产品或服务来引起注意,例如,免费的 E-mail 服务、免费信息、免费下载、具有强大功能的免费软件(包括破解版软件)。"便宜"或者"廉价"之类的词语可以使用户产生兴趣,但是"免费"通常可以更快引人注意。

(2) 利用公众的积极性和行为及社会关系网络主动传播

巧妙的病毒性营销计划会利用公众的积极性,这种积极性就是一种驱动力。由于人们渴望美好、高级、炫目的东西,同样,饥饿、爱和理解也是驱动力,欲望需求的驱动力产生了数以百万计的网站和数以十亿计的信息。为了传输而建立在公众积极性和行为基础之上的营销战略将会取得成功。

（3）利用大众化的互联网工具传播

大多数人都是社会性的。社会科学家告诉我们,每个人都生活在一个8~12人的亲密网络之中,网络之中可能是朋友、家庭成员和同事,根据在社会中的位置不同,一个人的宽阔的网络中可能包括几十、几百或者数千人。

（4）充分利用别人的资源进行信息传播

最具创造性的病毒性营销计划是利用别人的资源达到自己的目的。例如网络会员制营销,在别人的网站设立自己的文本或图片链接,营销信息广为传播耗用的是别人的而不是你自己的资源。

特斯拉的新病毒营销——激励式推荐售车案例

据美国媒体报道,特斯拉准备尝试用病毒营销来促进其Model S车型的销售。在当年10月底前,只要特斯拉车主介绍他人成功购买特斯拉产品,那么双方都会得到1000美元的奖励。特斯拉CEO埃隆·马斯克将这个项目称为与经销商的"游击策略"。

图16-3　特斯拉的新病毒营销——激励式推荐售车案例

特斯拉此次的营销计划是:一名特斯拉车主通过在网站上注册,能够获得一个专属网络链接。如果这名车主介绍其他人点击此链接预定购买特斯拉成功,那么买家将直接获得

1000美元的购车折扣,这名车主也能获得价值1000美元的车辆保养或未来购买特斯拉产品的折扣额度(如图16-3所示)。

推荐购车成功最多的车主还将获得特斯拉设立的大奖。奖项包括参观特斯拉在内华达州的超级电池工厂的机会,以及购买限量版 Model X 25000美元的折扣。

此计划将从特斯拉新车型 Modle X 正式量产时开始。此前特斯拉将2015年 Model S 和 Model X 的销量目标设定为55000台——这次病毒营销举措,显然传达出了特斯拉为达到这一目标的决心。

特斯拉CEO埃隆·马斯克近日在接受媒体采访时表示,希望此项营销举措最终能成为削减在美国全国建立经销店网点成本的有效手段。他指出,如今在经销店展厅内销售一辆特斯拉的成本已超过2000美元,而通过用户之间的口碑相传,相信成本会低得多。"马斯克表示,目前特斯拉在美国各地开设经销店受到了来自各地经销商的阻挠。"在一些州,特斯拉被禁止开设经销店销售,但是这并不能阻止非销售人员的特斯拉车主介绍他们的朋友购买我们的产品。因此,这项营销计划可称作是我们在这些地区与经销商发起的'游击战'。虽然我并不想承认这是我们的主要目的,但这个计划的确能帮到我们。"马斯克说。他还表示:"虽然这只是一次短期的营销实验,但是我们将尝试从中归纳制订出有效的长期营销策略。"

16.2.2　病毒营销的策划实施过程

病毒营销的关键在于找到营销的引爆点,需要制造适合网络传播的舆论话题,如何找到既迎合目标用户口味又能正面宣传的话题是关键。一般来说,病毒营销的实施过程有以下6个步骤。

1. 营销创意提出

首先,要确定产品是什么,企业主打的产品有什么特点,即创意与规则的设定,例如特斯拉的激励式推荐售车,就是非常好的创意。

2. 具体病毒信息策划

仅有创意还不足以引爆整个病毒营销,还需要策划具体的话题或信息作为病毒源,好的话题是病毒式营销成功的关键。病毒源的制造要围绕着趣味内容、以情动人、以利诱惑、话题炒作、价值资料提供等关键点进行。热点传播时,简化我们的营销信息,让用户容易复制、传递、转帖、下载、发送邮件等。

3. 选择病毒传播起点或种子

确定传播信息的平台,开展病毒营销,可以选择有效且成本低廉的传播平台。例如：在论坛大火的年代，论坛的版主就是典型的病毒传播起点；博客大热的时候，知名博主就是典型的传播起点；微博流行时，大V则是起点。由于这类关键人物在平台中拥有天然的影响力和可信度，因此选择病毒营销的起点传播者非常重要。

4. 寻找易感人群

易感人群一定要和你的目标客户有很大的交集，否则不能称之为成功的病毒式营销策划。分析自己的产品针对哪一类群体，才能选择正确的易感人群。这些群体有什么特点，喜欢怎样的营销方式，然后寻找容易感染的、反馈、参与我们病毒营销的潜在感染者。

5. 舆情引导

随着病毒信息被引燃，事件可能会快速发展，需要时时对舆情做好引导，防止话题跑偏甚至走向反面。在进行病毒营销的时候，必须全程监控病毒传播的效果和反应。面对用户的反应，与时俱进的修改，调整病毒，成为一个生命力顽强的病毒。初期主动制造人气，中期维护话题的导向性，后期交代高潮情况或者升级更大规模的营销。

6. 数据监控与评估

好的病毒式营销，一定要体现在数据上，没有数据支撑的病毒式营销，难以说服企业，也难以让业内人士信服。数据监控不仅可以体现某次病毒式营销的传播效果，还可以从中发现问题，为下次营销提供可资借鉴的经验教训。

16.2.3　病毒营销的技巧

1. 病毒源的策划设计

病毒营销的操作过程与计算机病毒类似，第一步都是制造病毒。好的病毒源的前提是传播力要足够强，可以参考以下几个设计角度。

（1）免费和利诱

"免费"二字在消费环节中一直是吸引人眼球的词语，大多数情况下病毒性营销计划就是通过提供免费的服务或产品吸引消费者的注意，比如免费下载、免费赠送、免费服务、免费信息等，当用户在使用这些免费的产品以及服务时，就为企业带来了广告收入、电子商务以及有价值的电子邮件地址等。

（2）娱乐类

用户上网最重要的目的之一就是娱乐，所以娱乐类的内容是很容易引发病毒效应的。比如最典型的就是各种搞笑的图片、视频,这类内容是用户最愿意主动传播的内容之一。例如"百变小胖"(如图16-4所示),仅靠一张照片,就红遍互联网,而且至今还在被传播着。

图16-4　百变小胖

(3) 情感类

在病毒营销中,通过情感层面引导用户帮我们进行病毒传播是一条有效的途径。以下是几种常见的情绪。

① 愤怒:愤怒不仅仅指当愿望不能实现或为达到目的的行动受到挫折时引起的一种紧张而不愉快的情绪,也存在于对社会现象以及他人遭遇甚至与自己无关事项的极度反感。一旦把用户的这种愤怒心理给点燃起来,用户的愤怒就会转化为传播的力量。

② 显摆:每个人都喜欢显摆,只是显摆的方式不同罢了。而如果能够为用户提供一个显摆的平台,用户肯定会主动进行传播。网络上经常疯传的炫富视频,就是这种显摆情绪的最典型代表。

③ 诱惑:现实中一些额外获得的利益还是有诱惑力的。在策划病毒营销时,适当地给用户一点小便宜,会起到非常好的效果。比如在QQ群中,经常出现所谓的"转发某某消息就送Q币"的信息,虽然其真实性存疑,但还是经常有人转发。

(4) 便民服务类

便民服务不像前文所提到的免费服务一样需要一定的财力物力,比较适合小公司或者个人网站。在网上提供日常生活中常会用到的一些查询,如公交查询、电话查询、手机归属地查询、天气查询等,把这些实用的查询集中到一起,能给用户提供极大的便利,会得到用户很好的口碑,也就能很快地在网民中推广开来。

(5) 投票类

投票也是能够引发病毒效应的有效手段同之一,当然,前提是相关的投票活动能够引起大家的关注和兴趣,能够引起大家的拉票欲望。

（6）恶搞祝福类

逢年过节时，我们都要给亲朋好友带去一声问候、送上一份祝福，因此，各类节日也是制造"病毒"的绝好素材。例如：在某年中秋节期间，某站长制作了一张别出心裁的祝福页面，结果该页面在节日期间，日访问量超过了70万。

与各种祝福页面异曲同工的还有各种整人页面、恶搞页面。适当地与朋友开开玩笑，进行小小的恶作剧，可以起到调节气氛、增进友谊的作用。如果企业能够为用户提供此类富有创意、趣味十足而又不失友好的页面，自然会被用户传播。

2. 病毒传播过程把控技巧

（1）标题简短有亮点

"病毒式"传播内容都有一个特点：标题好，有亮点。冗长而无聊的标题是无法吸引受众点击的。尽管内容很好，但如果人们不愿意点击进去查看内容，再好的内容都不会被发现。

（2）内容更视觉化

据研究，一张照片就能传达出1000个字表达的意思。图像、表情包、GIF动画、信息图、视频等能让内容更容易被理解。读者十分愿意分享易于理解且有营养的内容。一些表情包在社交软件上流传很广，就是因为图片更能展现复杂的情感，视觉化的东西远比文字更有吸引力。

（3）减少"广告"成分

人们不爱分享广告内容。如果企业想让内容传播开来，不要在里面提太多关于公司或产品相关的内容，要创造受众、顾客真正感兴趣的内容。当然，它仍然为企业的品牌推广起到很好的作用。例如，可口可乐公司推出的音乐表演秀"Coke Studio Africa"，对其品牌推广就起到了很好的推动作用。

（4）不要设置内容访问权限

如果想要内容获得传播，千万不要设置访问权限。要求用户注册或成为会员才能看到内容，将阻碍内容的传播，因此需要将内容设置为所有人都可免费访问的模式。另外，注意弹出窗口虽然能带来部分客户，但会分散读者或访问者的注意力，将他们带离该页面。

（5）态度明确，不要中立

在创建内容的过程时，亮出企业的态度，保持中立并不利于内容传播。需要仔细研究某一个事物或话题，然后选择特定的立场，创建内容。通过表明态度，可以吸引与自身情绪或志趣相投人们的认同，获得他们的支持，这将大大增加内容的分量和曝光度。

（6）有幽默感

人们都喜欢分享幽默有趣的内容,当看到令人捧腹大笑的内容时,一般都很想分享给亲朋好友。因而,在内容中加入一点幽默元素,将激发受众的分享欲。

（7）主动分享

全球每天有数以百万的、博客文章、生活视频、YouTube 视频、网站等内容被创造出来。只是创造有趣的内容是远远不够的,内容是无法主动将自己分享出去的,需要花时间,把内容分享给需要它的人是非常重要的,通常内容的第一批读者就是首批传播人,需要将这些人聚集起来,创建独特的受众群。

阅读思考 16-2

"好事不出门,坏事传千里",群众对"负情绪"内容有着天然的关注积极性,对应的"负情绪"内容更具有传播优势。

越来越多的企业在发布内容的时候,都会可以的使用更为"隐晦"或"暗示"类型的字眼,以获取更多的关注,让内容更容易传播出去。低俗内容的病毒营销在如今市场的运用可以说是遍布各行各业,以各种形式无孔不入地冲击着市场。虽一直在封禁,却从未消停。从受众意向出发,该营销策略能够成功,主要因为大部分网民在浏览信息的时候,遇见自己感兴趣的内容,便会自发地做出"点击"的动作。基于这一点,低俗营销如此的受欢迎的疑惑也就迎刃而解了。人们更倾向于了解"隐晦""暗示"类型的文章,能够极大的满足人们内心的阴暗面,这是人性的缺陷。比如朋友圈热搜中,负面内容更容易成为热点,更容易产生话题,之前的某当红小明星抽烟,便可以直接引爆网络。对于绝大多数普通人而言,国家科研成果方向的报道与"某20岁女大学生失联"相比,后者对于网民产生的吸引力更大。因此,网民在对各类自媒体或网络现状开喷的同时,自己是否反思过自身的问题。为何越来越多的报道偏向于负面情绪?所有的文章服务的对象都是人,他们更倾向于产出人们感兴趣的内容,以为自己公司带来效益。

利用"人性"的低俗营销,企业对低俗营销的选择,终究是飞蛾扑火的"无知",还是明知山有虎,偏向虎山行的"无畏",这是一个问题。

病毒营销如何避免低俗化并在营销效果与社会价值之间取得平衡点?

任务16.3　病毒营销效果监测

16.3.1　病毒传播效果的衡量公式

病毒性营销并非真的以传播病毒的方式开展营销,而是通过用户的口碑宣传网络,信息像病毒一样传播和扩散,利用快速复制的方式传向数以千计、数以百万计的受众。

以下公式可以用来衡量病毒传播效果:

$$Custs(t) = Custs(0) \times \frac{K^{[(t/ct)+1]} - 1}{K - 1}$$

其中:$Custs(0)$是种子用户数量,即病毒传播时间起点,此时 t 为0时刻,$Custs(t)$是过了时间 t 后,增加的新用户人数。ct 是传播扩散的一个原始周期,可以选择天、月或年。K 为扩散的广度,可以理解为一名旧用户可以面对多少名新用户。确定一个时间段后,通过大数据统计,可以计算出 K 值和 ct 值。

ct 作为传播周期是指种子用户在一轮传播后,这个过程所花费的时间。可以根据需要自行决定长短。在这里我们假定 $ct=1$,单位为天。

K 因子是一个用户以 ct 为一轮传播周期后可以成功推荐的新用户。因此需要通过新用户到老用户的转化率来计算。以上面 ct 假定为1天为例:某日新增用户有10000人,这些新用户里进行了朋友圈分享推荐,推荐带来了13000名新用户。总之根据本例中的数据统计,K 因子等于13000/10000=1.3,即每名用户可以带来1.3名新用户。

K 因子必须要大于1才能实现用户数量的快速增长,假如用户基数是100,100名用户带来了100名新用户,平均每名用户只带来一名新用户,K 因子就是1,此时用户人数的时间轴曲线是线性的,如图16-5～图16-7所示,分别为 $K=1$、$K>1$ 和 $K<1$ 时的用户增长曲线图。

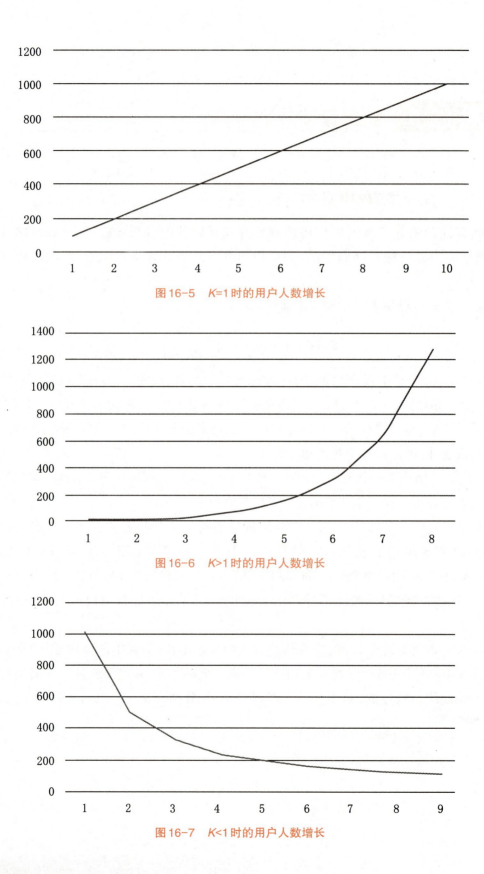

图 16-5 *K*=1 时的用户人数增长

图 16-6 *K*>1 时的用户人数增长

图 16-7 *K*<1 时的用户人数增长

所有通过病毒营销、自我复制最终实现爆炸式增长的互联网产品，K因子都远大于1。在Facebook发展初期，1名用户可以带来20名新用户。对应的用户增长图表就是图16-6。它反映出，在初始阶段迅速积累用户，在4～5个传播周期过后，系统用户就呈现惊人的爆炸增长。仅用6个传播周期，人数就达到14亿。

以上是理想的情况，即假设K因子不变的情况。真实的情况是在一个系统发展的后期，实际上由于用户周围遍布着老用户，传播能力大大下降，K因子会逐渐降低到很低的水平。因此K因子的初始值越大，越有利于系统长期的发展。实际运营中，当用户数量增长趋势下降，K因子小于1的时候，市场部门就得谋划着转型，从拉新为主转为更加注重用户留存和体验。一个城市的K因子小于1的时候，不影响另一个城市，产品还是同样的产品，但全国各地市场发展情况都会不一样。

16.3.2 病毒传播的效果评估

除了通过传播数量的计算来评估病毒营销的效果，还可以从产品销售额（利润）、品牌影响力和口碑美誉度三个方面来进行效果评估。

1. 产品销售额（利润）

作为一种营销的手段，病毒营销以"低投入成本，高产出率"为显著特征，病毒营销最直接的目标就是提高企业的产品销售量，最终提高销售利润。病毒营销进行一段时间后，观察企业的销售额是否有显著提升，利润是否有明显变化，是评估病毒营销效果的最有效的标准。除了实体行业，针对一些服务型企业，用户注册率或订阅率是否提高，也是重要的评价标准。

Hotmail是世界上最大的免费电子邮件服务提供商，在创建之后的1年半时间里，就吸引了1200万注册用户，而且还在以每天超过15万新用户的速度发展，令人不可思议的是，在网站创建的12个月内，Hotmail只花费很少的营销费用，还不到其直接竞争者的3%。Hotmail之所以爆炸式的发展，就是由于利用了"病毒营销"的巨大效力。

2. 品牌影响力

品牌影响力是用于衡量企业在病毒营销过程中，对用户、媒体及广告业主等产生的影响力，相比将产品销量提升作为评估的标准，品牌影响力更倾向于对病毒营销效果的持久性进行评估。

品牌影响力主要包括以下四个基本指标：① 用户关注度，反映网民对产品或服务，或者是网民对企业网站的关注程度。包含目标用户群体的关注度、用户数量、用户网站访问次数。② 用户参与度,包含网民对产品相关页面或新闻的回复率、评价数,参与相关话题的积极程度。③ 媒体关注度,可以通过相关新闻媒体的报道次数、报道频率反映出来。例如一件热门新闻话题很容易登上热搜榜首,成为大众争相关注的话题,如果这个话题与企业相关,便无形中提升了企业的曝光度或知名度。此外,通过搜索引擎的自然排名,也能体现出媒体和公众的关注度。

3. 口碑美誉度

口碑美誉度是衡量用户或媒体对产品的评价的重要指标。主要包括网络上用户评价好评率(差评率)和媒体报道的正面率(负面率)。图16-8所示的是游客对旅游景点的评价,包含正面评价与负面评价。

图16-8 网友点评

在实际操作中,一般性的病毒营销未必会引起新闻媒体的广泛报道,因此网络上的用户评价就是最重要的标准。

病毒营销注重短期内的爆发式影响,病毒营销的短期效果可以从用户数量、销量来衡量。但企业的口碑、品牌不是一蹴而就的,是一个长期的战略性行为。

阅读思考 16-3

某天,有个人得了甲流,当天接触10个人,传染2人。甲流处于潜伏期,第二天开始传播。

一天后，共有3个甲流患者，新增甲流2人，今天他们每人又接触10个不同的人，传染6人……

两天后，共有9个甲流患者，新增甲流6人，今天他们每人又接触10个不同的人，传染18人……

三天后，共有27个甲流患者，新增甲流18人，今天他们每人又接触10个不同的人，传染54人……

…………

七天后，共有255个甲流患者，新增甲流128人，今天他们每人又接触10个不同的人，传染510人……

十天后，共有2047个甲流患者，新增甲流1024人，今天他们每人又接触10个不同的人，传染4094人……

在这个理想模型下，短短10天多时间，从一个甲流患者，按20%传染率，居然发展到几千名患者。

这就是病毒传播的威力！如何计算某个时间点的病毒传播影响人数？仔细研究后发现这是一个等比数列求和公式。

你能利用等比数列求和公式，结合上述的甲流病毒扩散的案例，简单推导出病毒营销影响人数的计算公式吗？

病毒式营销通过利用公众的积极性和人际网络，让营销信息像病毒一样传播和扩散，营销信息被快速复制传向数以万计、数以百万计的受众。它能够像病毒一样深入人脑，快速复制，迅速传播，将信息短时间内传向更多的受众。病毒营销是一种常见的网络营销方法，常用于进行网站推广、品牌推广等。

资源链接

1. MBA智库-百科　https://wiki.mbalib.com/wiki
2. 商业评论网　http://www.ebusinessreview.cn
3. 网易云阅读　http://yuedu.163.com
4. 个人图书馆　http://www.360doc.com

项目 17 其他营销

知识目标

- 了解各类营销方法的定义
- 理解各类营销方式的含义与使用方法
- 理解各类营销方法的优势及注意事项

技能目标

- 能够根据实际情况选择适合的营销方式
- 能够根据实际需要制订营销方案
- 能够进行营销工作的运营并实现效果评价

案例导入

小米手机的饥饿营销策略

说到"饥饿营销",很多人第一反应可能就是当下炙手可热的国产品牌产品——小米手机。的确,小米手机采用的饥饿营销方式,通过限量供应、网上预订的方式创造了手机销售行业的一个传奇。

饥饿营销是很多企业较为常用的营销手段之一,但能将其灵活运用并带来实际效益的企业屈指可数。小米手机通过产品发布前的大肆宣传以及在发布后的限量销售,使得产品一直处于"供不应求"的状态,让消费者始终保持对产品的"饥饿"。

从小米1到小米9,小米新品的上线每次都会引起消费者的抢购。"米粉"们不得不通过网络关注小米的销售情况,但是能抢到的人却不多(抢购失败界面如图17-1所示)。可以说小米9又一次成功的吊起了人们的欲望,小米又一次靠着"饥饿营销"成功了。

小米每次的发布会都会吊足消费者的胃口,促使消费者的持续关注,但是真正开售以后,能买到手机的消费者少之又少。越是得不到的东西越是想要拥有,这就是大多数人的心理,可以说小米手机是与消费者打了一场心理战。很显然,小米手机在一场场心理战中都获得了不错的战绩。

图17-1 小米手机抢购失败界面

任务提示

你知道各种营销方式的使用方法吗?各种营销方式都有优点和缺点,以及怎样在提升商品销量的同时不引起客户的反感?请认真阅读本项目内容,相信会让你受益匪浅。

任务17.1　饥饿营销

17.1.1　饥饿营销的含义

1. 饥饿营销的定义

饥饿营销实际上就是通过控制产品的供应量,在市场上产生一种供不应求的假象,刺激和引导消费者产生购买需求,从而维持商品售价和利润的营销活动。在饥饿营销活动的诱导下,消费者们反而更想要得到这类产品,这也就是我们常说的"物以稀为贵"。产品的供应量被控制在需求数量之下,使得产品本身的附加值得到了一定程度的上升。因此,饥饿营销的作用不仅仅是为了维持一个较高的商品价格,更是为了给产品添加一个较高的附加值,从而为品牌树立起高价值的形象。

2. 饥饿营销的由来及理论基础

饥饿营销这一概念来源于何处?传说,古代有一位君王,吃尽人间一切的山珍海味,却从来都不知道什么叫作饿。因此,他越来越没有胃口。有一天,御厨提议说,有一种天下至为美味的食物,它的名字叫作"饿",但无法轻易得到,非付出艰辛的努力不可。君王当即决定与他的御厨微服出宫,寻此美味,君臣二人跋山涉水找了一整天,在月黑风高之夜,饥寒交迫地来到一处荒郊野岭。此刻,御厨不失时机地把事先藏在树洞之中的一个馒头呈上:"功夫不负有心人,终于找到了,这就是叫作'饿'的那种食物。"已经饥肠辘辘的君王大喜过望,二话没说,当即把这个又硬又冷的粗面馒头狼吞虎咽下去,并且将其封为"世上第一美味"。

"饥饿营销"最早的应用者现在已经很难确认,但是饥饿营销在如今的商业推广中是非常实用的。目前,比较公认的说法是,西方经济学中的"效用理论"为"饥饿营销"提供了理论支持。"效用理论"即消费者从对商品和服务的消费中所获得的满足感。在特定的时间、地点、环境,某种产品或服务满足了消费者的特定需求和满足感,这种产品或服务的价值就会被极度放大,成为消费者追逐的目标。经济学家萨缪尔森提出了幸福公式:

$$幸福 = 效用/欲望$$

从这个公式中,我们可以得出以下结论:在保持一定的幸福水平的前提下,一旦消费者的欲望被拉动提升,消费者就必须从购买的产品或者服务中获得更高的效用,即产生了一种为满足欲望的消费。这会使卖方在市场上享有更大的主动权,不但可以决定何时何地为消费者提供产品或服务,甚至还能决定提供的价格和数量。

人是一种有欲望的动物,欲望伴随着社会的发展和人类的进化而产生。同时,欲望也随着社会的发展而不断地提高,这也使得人永远无法满足自己。人类的这个心理特征为饥饿营销提供心理基础。现如今各种APP、网站、微博、微信等发达的网络传媒体系,使商家的饥饿营销方式更加多样、高效和精准。饥饿营销的全程把控也更加科学,商家从前期产品预热造势、面市报道、缺货抢购报道等方面形成完美的传播曲线,扩大了饥饿营销战场的深度与广度。

17.1.2 饥饿营销的实施步骤

1. 引起关注

如果消费者对商家的产品没有一点兴趣,那么也就没有"饥饿"一说了。因此引起潜在客户的关注并对产品形成初步的认识是实施饥饿营销的第一步。以大家熟悉的手机行业为例,目前比较常用的做法是在产品推出市场之前,运用官网、APP、微博、微信等种网络媒体对产品进行大力宣传,制造出一些能够足够吸引消费者购买欲望的"卖点",促使消费者产生一种迫不及待得到该产品或服务的需求和冲动,为新产品的最终上市做好充分的准备。

2. 建立需求

当然,仅仅是引起消费者的关注是远远不够的,还要让消费者发现产品的卖点与自身的需求是契合的,只有购买了产品才能满足自身的需求。比如,小米手机每次新产品推出市场之前,都会通过各种形式向消费者宣传新机的各种软硬件功能,通过深度介绍超高的相机像素、极快的CPU处理速度、特有的UI以及诱人的性价比,引导客户产生购买需求。

3. 限量销售

在供应量有限的情况下,消费者如果想第一时间"尝鲜",就必须付出比正常价格更高的金额。比如,消费者前往实体店购买时,需要通宵排队。而网络销售则会出现由于购买者过多,出现"缺货"现象。不少消费者甚至宁愿通过"黄牛"多花钱来购买。

17.1.3 饥饿营销成功实施的条件

1. 品质是前提

如今的消费者愈加理性,他们不会再为一个品质不好或者没有明显优势的产品去等待、去抢购。因此,突出产品的品质,使得产品在同行中具有独有的优势,并且竞争对手在短期内还无法达到和超越,是企业实施饥饿营销的前提条件。

2. 品牌是基础

相较于普通品牌,消费者对于知名品牌的认可度和忠诚度都更高,对企业制造的供不应求的营销气氛更容易接受,更容易加入到购买的队伍之中。

3. 心理因素是关键

在现实的商业环境中,不存在完全理性的消费者。在产生具体消费行为时,他们多少都会受到一定的心理因素影响,比如好奇、求新等。好奇会强化消费者的购买欲望,对于供应量越少的产品越是有购买欲望;求新会导致消费者高度关注即将推出的新产品,并在产品公开销售后愿意花费超额的金钱和精力去获得产品。

4. 有效的宣传造势是保障

饥饿营销的效果如何,与宣传造势时的时机把握、方式选择、宣传媒介的应用均有密切的关系。有效的宣传造势,能够吸引消费者的注意力,引起消费者的购买欲望。通过对产品上市后的排队抢购和缺货等实况传播,更会在消费者中营造生一种产品供不应求的氛围。当然,在前期宣传造势时也要注意控制信息传播的度,过多,产品无秘密可言;过少,激不起媒体与消费者的兴趣。

17.1.4 饥饿营销的负面影响

1. 客户流失

如果在营销过程中,将客户"饿"得太厉害,则可能使客户倒向竞争对手。饥饿营销实际是商家与客户进行的心理战,如果商家没有把控好饥饿的度,导致消费者期望过大或者在销售时将产品供应控得太紧,最终超过了消费者能花费的时间或者可承受价格,这时消费者会转而求其次,放弃原有的购买计划,寻找其他企业的产品。

过度的饥饿营销会促使客户冷静思考,理性行事,更加充分地收集信息,并利用得到的信息来"解剖"饥饿营销的本质,当他们发现饥饿营销是人为地高挂自己胃口的时候,他们就会感到自己被企业"愚弄"了。这是对消费者购买消费心理的最大打击,对企业在消费者心中形象的影响是致命的。

2. 品牌伤害

品牌的影响力贯穿于整个饥饿营销的过程中。客户会因为对品牌的认可而关注相关产品,也正由于有品牌这个因素,使得饥饿营销是一把双刃剑。剑用好了,可以使得原来就强势的品牌产生更高的附加值;如用不好,将会对其品牌造成伤害,从而降低其附加值。

3. 排斥顾客

饥饿营销的实施是建立在消费者求购心切、求新求快的心理上的。企业在产品推广初期,利用短期内的信息不对称,人为地制造产品供应紧张的气氛,造成供不应求的假象,进而加价来实现丰厚利润。随着消费者对信息的掌握了解以及消费心理的成熟,消费者会对此做法越发"麻木"。另外,由于物质的极大丰富,替代品或者直接竞争产品的进入会分散消费者的注意力,而如果竞争产品一窝蜂地效仿,则会令这一"谎言"不攻自破。

阅读思考 17-1

饥饿营销的三个层次

第一层:机会越少越难得

机会越少越难得,价值就显得越高,吸引力也越大。所以,当产品限量供应后,能让消费者提高对产品的价值感知,而且也会增加产品的吸引力。

第二层:得而复失的东西,价值显得更高

当产品由充足变成稀缺时,人们产生了比供应一直稀缺时更积极的正面反应。这意味着,比起一直稀缺的产品,刚变成稀缺的产品具有更大的吸引力。得而复失的东西,价值显得更高,吸引力也更大。

第三层:制造争夺

由争夺导致得而复失的东西,价值显得最高,吸引力也最大。这就是饥饿营销的第三层,也是饥饿营销的真正含义。

如果去观察别人的饥饿营销活动,凡是没有效果的,一定是只知道限量,而没有设计出让用户互相争夺的画面或者感觉的营销活动。

真正的饥饿营销,是在限量供应的背后,又制造了一个隐形战场。只有用户争夺得足够激烈,才能达到足够好的效果。

运用饥饿营销方式的企业很多,请用根据生活经验举出几个实例。

任务17.2　口碑营销

17.2.1　口碑营销的含义和由来

对于企业来说,良好的口碑是品牌价值的一种体现。口碑营销是一种通过各种渠道来吸引消费者或者媒体自发的注意,并使之主动地向第三人介绍或者谈论相关商家的产品,并以此为基础,得到第三人的认同,逐步引导第三人进行消费的行为。它是一种高效、低成本的营销策略和手段。

口碑营销可以被认为是一种传统的营销方式,可以追溯到人类开始商品交易的最初时期。那时候缺少信息传播的媒体,对于商品的评价只能通过口口相传的方式。当然,这种传播不能被定义为口碑营销,因为,这种传播是消费者的一种自行行为,没有商家有意识的参与。

在传统的广告营销中,商家要做的是抢占有限的媒体资源,把受众从眼花缭乱的信息之中吸引过来。但是随着商业市场的不断完善,如此这般地"抢占"技术越加熟练和专业,也带来很大程度的负面影响,那就是受众对广告的信任度普遍降低。而口碑营销的出现,一度被认为是解救广告低信任度的"良药",以亲历者为主的,熟人熟事式的口口相传让其具有较高的可信度。

总的来说,从广告价值方面来看,网络口碑营销与传统营销方式相比,成本低、传播速度快、广告投向精准、传播效果显著,有着良好的发展前景。

17.2.2　口碑营销的类别

1. 与产品不相关的口碑营销

与产品不相关的口碑营销主要指事件病毒式传播,也叫病毒式营销。具体实施方式是组织企业内部人员,在各个网络媒介上进行信息的发布、转载,不论受众是否愿意,都会看到相关的信息。由于这种营销方式传播速度快,而且传播方式野蛮,很多受众都是被动、非自愿的接受,在多数情况下会引起受众的反感,甚至传播者本身对所传播内容都不认可、不了解,因此叫作病毒式营销。此种营销方式通过高曝光率来取得营销效果。

2. 与产品相关的口碑营销

与产品相关的口碑营销则是指与产品相关的评论的传播,这种传播是一种基于信任的、主动的传播。传播者了解传播内容,在认可其传播内容的前提下进行传播。与产品相关的口口传播主要有以下两种形式:一种是博客、主播等的收费口碑营销。其主要是通过给予一定的费用让博主发表关于产品的报道来实现营销的效果。不过这种口碑营销模式存在争议,因为付费这一形式就在一定程度上影响了口碑营销的主动性、公正性和实际效果。还有一种形式就是体验式口碑营销,这是通过让消费者试用,并作出一些评价从而达到口碑营销的目的。为了鼓励消费者试用并作出相应的评价,商家会对积极参与的消费者进行采取一些激励措施,比如淘宝上常见的向"五星好评+图片+10字以上评价"的消费者提供返利或下次购买优惠券就是一种营造客户口碑的方式(如图17-2所示)。这样下次再有客户想购买该产品不但可以查看宝贝详情,也可以参考之前购买者的评价。从用户接触产品、分享体会、制造口碑,从而形成一个良性循环。体验式营销对于口碑营销的重要性在于,它并不是由商家自己说出来的,而是消费者自己亲身体验之后自己说出来的。

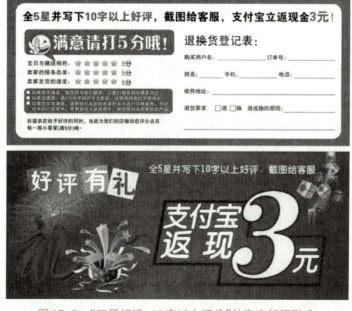

图17-2 "五星好评+10字以上评价"的淘宝好评形式

17.2.3 口碑营销实施的必要条件

1. 前提

口碑营销并不适用于所有的商品,要针对不同产品以及不同目标消费群体制定相应的营销策略。通常情况下,与生活密切相关的各种商品或服务更适合进行口碑营销,如食品、衣服、日用品、家电、外卖等。在不同消费群体之间,年轻的目标消费群体比年长的目标消费群体更适合进行口碑营销;男性目标消费群体更适合进行汽车、电脑、手机等产品的口碑营销;女性的目标消费群体则更适合进行服装、化妆品、鞋帽等产品的口碑营销。

2. 基础

当产品和服务与客户最初的期望相等时,很难有口碑产生。只有当产品和服务超出了顾客的期望值,才会有好的口碑,但当产品和服务不及顾客的期望值,就会有坏口碑。因此,优质的甚至是超越客户期望的产品和服务是口碑营销的基础。没有一个坚实的基础,任何营销技巧都是空中楼阁。

3. 意外惊喜

做好了产品和服务的基础工作,给客户再来点意外惊喜会给口碑营销带来有益的帮助。多和顾客发生故事,多为客户提供期望以外的产品和服务,顾客才会有好的话题和动力进行口碑传播。如何给顾客意料之外的惊喜?如何给顾客话题?如何和顾客发生故事?这都是进行口碑营销的企业需要提前考虑的。

4. 细节

意外惊喜意味着更多的成本、更多的创意。当"意料之外"的脑洞不够用的时候,如何把产品的每一个细节和服务做到尽善尽美就显得尤为重要了。在当今竞争如此残酷的时代,创意和创新容易被复制,真正比拼的是一个个细节。一点一滴细节的积累渐渐形成的就是话题和故事,产生的就是好口碑传播。

乔布斯时代的苹果产品感动一群又一群"果粉",他有着对每一个细节的超严格把控的偏执狂精神,外观与系统、界面与按钮,无不透露着细节的魅力和完美的气质;海底捞的口碑如此之好,也是在口味不错的基础上把服务的每一个细节都做到了极致。

5. 意见领袖

信息的传播本身就是呈指数型的,一个普通人可以把一条信息传递给10个人,但一个意见领袖也许可以把一条信息传递给1000个人,甚至更多。比如订阅量百万计的"大

V"，他们在互联网上的影响力不容小觑。因此，在信息传播中把握好意见领袖这一传播节点是非常重要的。

6. 互联网

互联网口碑营销使信息传播速度加快、信息流动性更强、覆盖到的潜在顾客更多，但缺点是职业水军太多导致可信度下降，然而这并不妨碍互联网口碑营销的开展。

7. 内部口碑营销

除了针对顾客的口碑营销，也还要对内部员工进行口碑营销，虽然企业员工说自己产品好，对顾客的好口碑传播帮助不大，但企业员工一旦讲自己的产品不好，对顾客的坏口碑传播影响就非常大。内部口碑营销没做好，前面六项工作都将前功尽弃，因此内部口碑营销的工作也不能轻视。

8. 全民皆兵

口碑营销不仅仅是企业营销人员的事情，而且是整个企业所有员工骨子里都应该要有的意识，还需要上游供货商、下游经销商的共同协作，任何一个环节出现问题都会影响到口碑。打造好口碑就像针挑土，毁掉好口碑犹如水推沙。

17.2.4 口碑营销存在的问题

1. 个人的偏见和片面

由于口碑是由个人发起，因此极易带有消费者个人的感情色彩。稍不注意，便会因个人好恶不同而染上强烈的个人感情，致使褒贬不当，成为偏见。因为消费者的个人情绪而不满，也许就会对某个产品或服务，造成偏见的传播行为，自然不会有良性的口碑。

口碑传播的内容，也就是人们对于某类产品或服务所发表的意见，往往局限在自己的所见、所闻、所记等范围内。部分产品涉及专业知识、价值等，个人不可能全部都了解。因此，这也在一定程度上会对口碑营销的准确性产生影响。

2. 病毒式传播盛行，引起口碑的信任危机

个别商家会通过病毒式营销的方式进行网络口碑的传播。这种营销方式以发布信息的数量作为衡量营销效果的标准，投入的营销费用转变为网络上海量的"灌水"。这些信息往往侧重于厂商的诉求，广告色彩偏浓，在论坛、微博、APP等网民自由交流的地方很容易受到排斥，也容易被删除。为了获得点击率和流量，扩大影响获得广告收入，很多网络互动营销公司雇用"水军"进行网络顶帖，通过"枪手"配合炒作，刷博客、博客

流量作假的事情也时有发生,为了吸引眼球,低俗内容、假消息、假新闻、恶意炒作事件在一定范围也存在。这都会使消费者对企业发布的信息敬而远之。

3. 错误的言论

人们对于某类产品或服务,在交流中有时会因为记忆上的差错,让其他人对企业的产品或服务造成了错误的理解,造成对历史事物空间、时间、经过等重要事实表述上的差错,使事物的一些细节失真。有时还有可能因为道听途说、以讹传讹致使口碑资料的内容完全错误,违背事实真相。而且听到错误言论信息的他人也会根据自己的认知进行二次负面传播。

基于以上劣势,企业只有在充分了解口碑营销优缺点的基础上,对其进行运用才能获得较好的效果。作为一种替代性强的认知方式,口碑营销传播的针对性和传播深度方面明显优于媒体广告和任何一种营销活动,因此口碑营销仍然是非常值得运用的一种信息传播方式。

阅读思考 17-2

常见网络口碑营销术语

1. WOM

口碑相传,是 Word of Mouth 的缩写,即口头传递信息,特别指推荐产品,也指由人与人之间一般的交流产生的信息,而不是通过大众媒体(广告、出版物、传统营销)传递的。口碑相传通常被认为是一种口头沟通方式,随着网络科技的发展,网络对话,如博客、论坛和电子邮件开始成为了口碑相传新的沟通方式。

2. IWOM

网络口碑,是 Internet Word of Mouth 的缩写,指公司或消费者(合称网民)通过论坛、博客和视频分享等网络渠道和其他网民共同分享的关于公司、产品或服务的文字及各类多媒体信息。这些讨论相应的传播效力会影响到这个品牌、产品及服务的信誉度,也就是网络口碑,从而也会在某些方面对其生意造成一定的影响。

3. Buzz

网络讨论,在网络社区媒体中发布的各种网络留言称之为网络讨论。原意可追溯为许多人说话的声音(也是蜜蜂发出的嗡嗡声)。

4. Efluencer

网络社区意见参与者,指所有通过论坛、博客和视频分享等网络渠道发表对品牌、产品或服务的相关讨论以及相关多媒体信息的人,泛指在网络社区中参与发表个人观点和意见的网民。

5. Online Opinion Leader

网络社区意见领袖,网络社区的核心成员,往往是社区中最活跃、发帖最多、具有一定威信和影响力的网络社区意见参与者。

6. E-community

网络社区,包括三个关键要素:社区平台、社区内容和社区成员。社区平台,指社区成员快捷、便利的相互交流的平台,如论坛、评论、博客、维基百科、圈子或社会性网络、即时通讯等;社区内容,指可以满足社区成员的特定需求,或引起他们共同兴趣爱好从而参与社区活动的信息;社区成员,即在这个社区中聚集和生活的每一个人。这些要素聚集在一起,最终形成了一种网络社区文化和大环境,从而成为了真正意义上的网络社区。

以拼多多为例,进行课堂讨论,思考拼多多为了引导客户完成口碑营销采取了哪些措施?

任务17.3　软文营销

17.3.1　软文营销的含义

软文是一种注重技巧性的广告形式。之所以称之为"软文",是为了区别传统的硬广告形式。如果说硬广告是一种强迫式的产品信息灌输,那么软文则是一种"润物无声"的广告形式。软文的精妙之处就在于一个"软"字,表面上看是一片普通的叙事或者技巧性文章,但实际则是藏而不露、以柔克刚的一种广告形式。当客户发现这是一篇软文时,早已掉入了软文广告的"陷阱"。软文一般由企业的市场策划人员、市场营销人员或者广告公司专业的文案人员负责撰写。软文可以不讲究华丽的文字或者震撼的图片,但一定是推心置腹、春风化雨般的家常话,让消费者觉得文章并不是一个广告,而是从头到尾绵绵道来的文字,一字一句都在为消费者的利益着想。

软文营销是一种个人或者企业通过撰写、推广软文,进而实现广告推广,最终达成交换或者交易目的的营销方式。在具体的实际应用中,软文营销又可以分为广义和狭义两类。狭义上指的是企业在网络、报纸、杂志上以付费形式刊登的纯文字性的广告,即所谓的付费文字广告。广义上指的是企业在网络、报纸、杂志、DM、APP等各类宣传媒体上刊登的宣传性、解释性、经验类文章,如百度经验、百度知道、新闻报道、付费文字广告等,以塑造企业品牌形象,提升企业知名度。

17.3.2 软文营销的要点

1. 软文撰写要切中要害

软文营销的本质还是一个商业营销活动,因此,把产品的卖点向潜在消费者说明白是重中之重。不但要使客户对产品有印象,还要让客户对产品的各项功能、特性了解清楚,从思想情感上入手渗透读者的情感深处,软化他的抵触心理。

2. 抓住客户兴趣点

要想使客户对软文保持关注,最重要的是抓住客户的兴趣点,让客户与商家有共同的利益点。只有这样,客户才会接受软文所传输的思想,接受软文所介绍的商品。

3. 重视口碑在软文营销中的作用

口碑传播性也是软文营销的一个重要特征。网上文章写得再好,也不如亲朋好友的推荐。好的软文会让读者在看过后还记得,这是需要一定技巧的,而且不能欺骗读者,那样会给用户留下一个不好的印象,加大了后期宣传的难度。

17.3.3 常见的软文形式

1. 故事式

以讲故事的方式介绍产品,为产品赋予"光环效应"。通过制造"神秘性"给消费者心理造成强暗示,诱导客户消费,如"一般人我不告诉他的秘密""神奇的远古生物"等。

2. 悬念式

悬念式又叫设问式。其主要方法是先提出一个问题,然后针对这个问题在文中进行回答,如"怎样才能长生不老?""×××病真的可以治愈吗?"等。

3. 促销式

促销式软文常常跟进在上述几种软文见效时,如"上海人抢购×××""疯了,疯了,×××在北京卖疯了"等。

17.3.4 软文写作的技巧和注意事项

1. 题目要有吸引力

如果标题没有一定的吸引力,潜在的消费者都不会去看相关的文章,那软文本身写得再好也无法达到效果。当然,单纯为了博得眼球而刻意做标题党也不是可取之道。如果客户因为被标题吸引而阅读文章,但看了内容后却发现上当了,则会对整个文章的内容给予负面的评价,这会极大地影响产品宣传的效果,甚至损害商品的口碑。

2. 导语要精彩

一篇好的软文,标题和导语起到了很大的作用,有时起到的作用甚至是决定性的。如金龙鱼1:1:1调和油最初上市时,其推出的第一篇软文是《健康不再是秘密》,它的导语是这样写的:"黄太和李太在一起聊天,黄太神秘兮兮地与李太说:'你知道吗?世界营养组织公布说人体膳食脂肪酸的最佳构成比例是1:1:1,许多人的饮食搭配方式都不正确,营养结构达不到这个最佳标准。'"这篇文章之所以收到了较好的传播效果,这段导语发挥了重要作用,因为它通过暗示性的语言拉近了与读者的距离,同时恰到好处地带出了全文最重要的"1:1:1"的信息,让读者产生了强烈的阅读欲望。

3. 尽可能写成新闻软文

软文虽然本质上是广告,但是软文的精髓又是通过各种方法,让消费者不会发现它是广告。将软文写成新闻稿就是其中一种方法。因为相较于广告,新闻稿在各类媒体上比较容易发布,且更具有公信力。

将软文新闻化,有以下几个要点:第一,内容要有新闻价值。虽然企业发布软文的目的是宣传自己,但是在稿件中要尽量减少宣传的内容,以叙述性的语言对新闻进行客观的描述,避免消费者反感。第二,新闻稿所需的要素要齐全,即交代清楚时间、地点、人物、事件、起因、结果,并将最希望读者了解的内容写在最显著的段落中。第三,要控制全文字数。要力求简洁明了,直切主题,减少套话和空话。第四,事实描述准确。对事件客观描述、准确描述即可,不要用浮夸、虚构的数据。当然,优秀的软文撰写人,除了要注意以上几点,还要在平时注意积累,留心其他企业优秀的案例,这样才能够驾轻就熟,写起软文来风生水起。

4. 引述权威语言

不论是专家还是"砖家",权威人士的观点都远比大段的自卖自夸更有说服力。因此,写作软文要多引用第三方权威观点和语言。小罐茶之所以能够在市场上做到家喻户晓,除了铺天盖地的广告宣传外,恰到好处地请到相关茶叶专家为其进行背书,也起到了很大的作用。通过"8位制茶大师,敬你一杯中国好茶"的宣传语,暗示客户其茶叶具有极高的品质(见图17-3)。

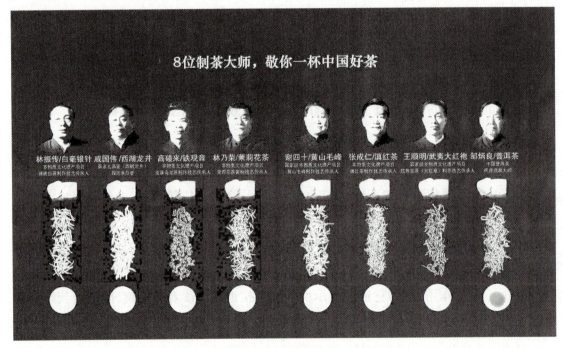

图17-3 小罐茶广告

当然软文宣传只是一个形式,要想客户为产品持续地花钱,一定要先练好内功,在产品和服务上下工夫,内外兼施,才能达到比较理想的效果。

阅读思考 17-3

软文对于SEO网站优化的重要性

1. 软文类的原创内容在搜索引擎的权重不断提高

目前以百度为首的搜索引擎调整了排名算法,将用户体验度在网站排名中的权重进一步提高。但是"内容为王"始终是网站优化中一条铁的定律,只有将内容作为坚实的基础,才有用户体验进一步提高的可能。什么内容是好内容?这就是原创内容,所以网站优化需要大量的软文作为原创内容以提高搜索引擎排名。

2. 软文推广是创造优质外链的主要手段之一

虽然SEO的导向逐渐降低了链接在排名中的权重,但是链接的地位不是一朝一夕就能被改变的,高质量的链接对网站排名仍然起到举足轻重的重用。给网站发展外链的主要手段包括软文、友情链接、论坛博客、购买链接。购买链接需要持续投入费用,而论坛博客的链接权重则相对较低,相比之下软文是得到高质量链接最有效的手段。虽然软文也需要投入一定的费用,但这种投入是一次性的,带来的链接是单向导入链接,而且是从门户网站过来的,搜索引擎给的权重相对较高,可使网站短期内在链接建设方面取得卓越成绩,提升网站的排名。

3. 优质软文可提升网站的用户体验

用户体验就是用户的感受,包括视觉、听觉等感官感受和实际内容带来的心理感受。感官感受主要依靠网站编辑和美工完成,而内容感受则要靠软文作者。因此,优质的软文是可以提升用户体验的。

请各位同学联系自己的经历,举出一个你认为成功的软文营销案例,并对其特点进行分析。

任务17.4　SNS 营销

17.4.1　SNS营销的含义

随着各类网络媒体和社交APP的诞生,网络开始出现社区化的发展趋势,与此同时,也衍生出多种与之相适应的营销方式,SNS营销就是其中的一种。SNS,全称social networking services,即社会性网络服务,专指旨在帮助人们建立社会性网络的互联网应用服务。SNS虽然出现相对较晚,但是借着网络快速发展的东风,SNS现在已经成为备受广大用户欢迎的一种网络交际模式。

SNS营销也就是利用SNS社区的分享和共享功能,通过病毒式传播的手段,将营销信息从一个社区传播到另一个社区,达到宣传目的。参与、互动、分享是SNS网络社区用户的特点,而SNS营销也正是顺应了网络发展的新趋势,最大限度地满足了社区用户的需求。传统的媒体是单向的信息传播形式,无法将人与人之间的关系拉得如此紧密。无论是好友的一条说说、转发的一篇美文,还是参与的一个活动,都会让人们在第一时间及时地了解和关注到身边朋友们的动态,并与他们分享感受。

17.4.2　SNS营销的优势

1. 精准的目标用户

SNS网站用户群体相对比较固定,而且同一用户群体在兴趣、爱好、需求上类似,因此,SNS营销信息可以在最大程度上达到目标客户,而且在目标客户的指向上非常的精准。

2. 庞大的用户群、浏览量和黏度

经过这两年的发展,各类SNS网站拥有了庞大的用户群,而且黏度特别高,活跃用户非常多,这都是一种可观的网络资源。有了用户资源作为基础,SNS营销的推广难度将会大大降低。

3. 强大的口碑营销

SNS营销传播的速度快、效率高。以朋友、同学关系为基础的社交圈,可以形成巨

大的口碑营销场所，消息传播的速度快。而且得益于熟人之间的信任，营销信息的可信度会进一步提高，使得营销效果更容易实现。

17.4.3 SNS营销的步骤

1. T(Touch)：接触消费者

SNS网站为满足用户需求提供了多种服务和产品。使用同一服务或产品的用户具有相似的客户属性，而且这些服务和产品本身就是广告优良的载体，可以通过精准定向广告直接定位目标消费者。

2. I(Interest)：消费者产生兴趣

由于SNS营销可以精准指向目标客户，因此其营销信息与客户兴趣点的契合度会更高。比如，来自好友关系链的信息、与品牌结合娱乐化的APP更容易引起用户的兴趣，进而产生消费行为。

3. I(Interactive)：消费者与品牌互动

消费者通过参与活动得到互动的愉悦与满足感，企业也可以通过APP植入与消费者进行互动，APP植入广告在不影响用户操作体验的情况下，可有效地传递品牌信息。

4. A(Action)：促成行动

通过与品牌的互动，消费者在娱乐过程中潜移默化地受到品牌信息的暗示和影响，继而提升了对品牌的认知度、偏好度及忠诚度，这对用户的线上及线下的购买行为和选择产生了影响。

5. S(Share)：分享与口碑传播

用户与品牌的互动及购买行为，可以通过自己的博客进行分享，而这些基于好友间信任关系链的传播又会带来更高的关注度，从而使品牌在用户口碑传播中产生更大的影响。

17.4.4 SNS营销的主要形式

1. 事件营销

事件营销需要推广者时刻关注行业中的新闻热点事件，及时收集相关信息，从新闻中提取出对自己有帮助的信息,并通过这些信息来制订营销计划,通过制造爆点,让用户主动参互动与和传递信息。当然,为了快速将活动推广开,推广者也可以制定一些激励措施,如邀请朋友一起来参加分享,将有机会获得一定数量的奖品等。

2. 科普贴营销

推广者需要整合一些专业、权威、有价值、与生活息息相关的信息,并将其提供给关注的粉丝们,通过文章的知识性、专业性,提高用户的认可度和使用便利性。

3. 热点话题营销

主要是针对当下热门话题,通过合理的行文构思将热点与企业所要宣传的产品或服务相结合,以吸引客户进行浏览,从而达到营销的目的。热点话题营销最好采用图文结合的方式,这样能更加突出热点和自身产品。

4. 第三方软件(小程序)营销

SNS提供相关第三方软件接口,在相应的版块提供诸如投票、游戏之类的服务,以进一步提高SNS社区的客户活跃度。比如,一个做线上服装销售的企业可以同时为SNS客户提供一款在线搭配的第三方软件。

17.4.5　SNS营销的注意事项

1. 确定营销对象

在实施SNS营销之前,首先要明确企业的营销对象,找到潜在客户。只有做到有的放矢,才能把营销工作做得有效、有持续性。如果商家的产品比较合适程序员和互联网工作者,那么相关的科技网站就比新闻类网站更加适合。

2. 找到营销对象

确定了营销对象之后,就应该将营销对象从SNS网络中找出来。这里推荐两种方法:一是利用SNS网站中的搜索功能,尤其是高级搜索,筛选出性别、年龄、爱好等符合条件的潜在客户。以营销化妆品为例,可以选择20~50岁的女性作为营销推广重点。二是通过撰写、发布相关文章,或者转载一些对潜在客户比较有用的文章,这样就会让更多的潜在客户意识到企业的存在,通过不断建立的信任感作为营销的基础。

3. 在营销之前端正心态和意识

营销都是带有一定引导性的,让客户相信商家的宣传是推广商品或服务的前提。只有获得客户的信任和认同,才会不断地产生消费行为。商家要以诚待人、童叟无欺,要时刻保持一种服务客户的意识。

4. 积极主动激活客户人群

通过合适的方式来推广自己的产品或者服务,可以起到激活人群网络的作用。这里包括如何去和其他人进行互动、如何能够更加吸引眼球。比如反向营销中大家熟悉的炒作等方式,其实这里并不是鼓励大家炒作,而是要学习这样的营销思路,要学会了解大众的心理,思考他们需要什么、想要看到或者得到什么。

常见SNS营销模式

1. 植入型营销

通过在SNS的游戏、道具、虚拟礼物场景中植入产品、品牌或服务,来对用户施加潜移默化影响的一种营销方式。

2. 互动活动型

它的核心在于互动和分享,多以有趣的游戏来设置活动环节,让网友自行在SNS网络里进行传播和分享,来实现一定的营销目的。

3. 公共主页型

通过打造自主的形象页面,与用户交朋友,主动互动活动,进行品牌宣传口碑传播的一种营销方式。

4. 虚拟用户型

以个人身份注册,不明示自己的推广目的,通过与SNS用户成为好友或进入相关群组发布相关信息来实现推广目的的营销方式。

请各位同学结合阅读思考材料内容,通过分组讨论,为以上四种常见的SNS营销各举一个实例。

任务总结

网络营销包括跨时空营销、多媒体的信息形式和交互式的信息传播模式,具有市场虚拟性和消费者主导的个性化营销等特点,而这些特点也使得网络营销形式发展得更为广泛。

通过本项目的学习,大家可以掌握饥饿营销、口碑营销、软文营销、SNS营销的概念、特点、实施步骤、优缺点,掌握各类营销方式的注意事项,提高在实际应用中的成功率。

参考资料

1. 百度文库 https://wenku.baidu.com
2. CSDN社区 https://www.csdn.net
3. 百度经验 https://jingyan.baidu.com
4. 360百科-SNS营销 https://baike.so.com/doc/5502493-5738789.html